Darío S

LAS LLAVES DEL PODER
Pautas para una vida plena

Vida®

Natalia Vaca

LAS LLAVES DEL PODER
Edición en español publicada por
Editorial Vida – 2001
Miami, Florida

©2009 por Darío Silva-Silva

Edición: *Ark Productions Inc*
Diseño interior: *Jannio Monge*

ISBN: 978-0-8297-3437-9

CATEGORÍA: Vida cristiana / Crecimiento espiritual

IMPRESO EN ESTADOS UNIDOS DE AMÉRICA
PRINTED IN THE UNITED STATES OF AMERICA

12 13 14 15 ❖ 17 16 15 14 13

CONTENIDO

ADVERTENCIA

Este libro no fue escrito sino transcrito. Trátase de una copia textual de sermones que el autor ha pronunciado desde el púlpito y, por eso está sin ropaje literario. Mi estilo de predicación ha sido siempre directo, más bien descarnado y hasta coloquial. Los editores de este volumen me suministraron las transcripciones para ser maquilladas con el fin de dignificarlas para la imprenta. He descubierto, sin embargo, que soy capaz de escribir un libro como de pronunciar un sermón, pero incapaz de encajar un sermón en libro, y de reciclar un libro en sermón.

Hasta hace cincuenta años, todo ciudadano metido en la vida pública debía ser, sin alternativas, orador. Particularmente la política y la religión exigían elocuencia. Con el auge de lo audiovisual, el género de la oratoria ha desaparecido. Hoy no se requiere ser orador, sino comunicador. Mi antigua profesión de periodista, ejercida en toda clase de medios escritos, radiales y televisados, me hizo desarrollar después, como ministro del Evangelio, una homilética no muy clásica. Por eso, mis sermones se distinguen por un lenguaje contemporáneo, penetrante y común, en contraste con mis libros, en los cuales busco celo idiomático.

Por lo tanto, nadie hallará en estas páginas las cataratas verbales de Emilio Castelar vertidas taquigráficamente;

ni tampoco los párrafos pacientemente elaborados de Paúl Tillich. Solo contienen grabaciones magnetofónicas de sencillas charlas dadas por un pastor en la intimidad de su redil, entre intermitentes balidos y chas-quear de tijeras trasquiladoras No pretendo ser original, solo leal El Evangelio no necesita novedad, sino fidelidad. En distintas épocas, varios comentaristas se habrán ocupado de estos temas, a través de variantes interpretativas o, también, coincidencias con ideas de este libro. Aunque eso no es relevante, debo marcar discrepancias con otros autores cristianos en el enfoque de algunos tópicos aquí tratados. Hago, por ejemplo, una distinción radical de tres conceptos Leyes, armas y llaves

Leyes, son exigencias para cumplir

Armas, son habilidades para desarrollar

Llaves, son elementos para abrir y cerrar

Las Llaves del Poder no tiene más pretensiones que las que nacen de un corazón sincero que procura ser dócil a la guía del Espíritu Santo, y una mente alerta a las Sagradas Escrituras para oír lo más claramente posible la voz siempre actual de Jesucristo

Dedico este trabajo a Esther Lucia, con amor, y a nuestros nietos David, Pablo, Marco y Silvana Espíndola; Sofía y Arturo Jalube.

INTRODUCCIÓN

Hay un pasaje de la Biblia que se ha prestado durante siglos a tremendas discusiones, no por sí mismo sino por culpa de quienes acomodan los textos bíblicos a sus creencias, en vez de acomodar sus creencias a los textos bíblicos. Leamos:

Cuando llegó a la región de Cesarea de Filipo, Jesús preguntó a sus discípulos:

—¿Quién dice la gente que es el Hijo del Hombre?

Le respondieron:

—Unos dicen que es Juan el Bautista, otros que Elías, y otros que Jeremías o uno de los profetas

—Y ustedes, ¿quién dicen que soy yo?

—Tú eres el Cristo, el Hijo del Dios viviente —afirmó Simón Pedro.

—Dichoso tú, Simón, hijo de Jonás —le dijo Jesús—, porque eso no te lo reveló ningún mortal, sino mi Padre que está en el cielo Yo te digo que tú eres Pedro, y sobre esta piedra edificaré mi iglesia, y las puertas del reino de la muerte no prevalecerán contra ella Te daré las llaves del reino de los cielos; todo lo que ates en la tierra quedará atado en el cielo,

y todo lo que desates en la tierra quedará desatado en el cielo
(Mateo 16:13-19).

Quienes predican las doctrinas reencarnacionistas dicen entender que aquí se habla de Jesús como de alguien que reencarnó, porque al preguntar: ¿Quién dicen los hombres que soy?, se le responde: Juan el Bautista, Elías o Jeremías o algún otro de los profetas. Sin embargo, miradas las cosas con simple sentido común, encontramos la imposibilidad respecto a Juan el Bautista, porque este contemporáneo de Jesús (nacieron con meses de diferencia) murió cuando ya ambos tenían más de treinta años. ¿Cómo podría ser Jesús una reencarnación de su pariente?

En el caso de Elías, obviamente se trataría de un regreso directo, puesto que el profeta no murió, sino fue arrebatado en cuerpo, alma y espíritu. Su caso sería el de un retorno y no una reencarnación. Ahora bien, mal podría tratarse de Jeremías, o de algún otro de los profetas, pues la creencia de los fariseos es la resurrección de los muertos, no su reencarnación. Por lo tanto, en gracia de discusión, si alguien hubiera supuesto que Jesús era Jeremías, o algún otro de los profetas, estaría hablando de resurrección en sentido literal. Un fariseo jamás pensaría, ni por asomo, en la reencarnación. Por otra parte, en Roma se cree que el apóstol Pedro fue instituido como roca de fundación de la iglesia con base en el pasaje que nos ocupa, punto que nos permite entrar al meollo de este asunto.

¿QUIÉN ES PEDRO? Vamos a contestar esta pregunta con las Sagradas Escrituras, en base a palmarias afirmaciones puntualizadas de manera simple, a saber:

No fue nombrado jefe. Pocos días después del episodio que acabamos de examinar, ocurre este otro:

En ese momento los discípulos se acercaron a Jesús y le preguntaron:

—¿Quién es el más importante en el reino de los cielos?

Él llamó a un niño y lo puso en medio de ellos Entonces dijo:

—Les aseguro que a menos que ustedes cambien y se vuelvan como niños, no entrarán en el reino de los cielos. Por tanto, el que se humilla como este niño será el más grande en el reino de los cielos (Mateo 18:1-4).

¡Qué sorpresa! Jesús no les responde: «¿Son amnésicos? Cuán pronto olvidaron cómo hace poco les dije que Pedro es el mayor». Es, pues, una inconsistencia la interpretación romana que, para ser válida, requeriría una respuesta de Jesús en términos como: «El mayor es Pedro, él es la roca de fundación de la iglesia, por encima de él no queda ningún otro». Jesús no dijo eso. Pedro no fue nombrado jefe.

Se negó a recibir culto. Un general del ejército romano de nombre Cornelio, ama sinceramente a Dios y le ha pedido que se le revele. Entre tanto Pedro, en otra ciudad, recibe la orden de ir donde este gentil a hablarle de la fe en Jesucristo. Veamos lo que pasa:

Al llegar Pedro a la casa, Cornelio salió a recibirlo y, postrándose delante de él, le rindió homenaje Pero Pedro hizo que se levantara, y le dijo:

—Ponte de pie que solo soy un hombre como tú (Hechos 10:25-26).

En esta escena elocuente, Pedro no exige: «Bésame el anillo»; es más, no se considera alguien especial, sino un hombre común y corriente, como Cornelio mismo. El apóstol rechazó vivamente que se le rindiera culto. Y esto lo honra, al mostrarlo como una persona modesta y humilde, conforme al deseo de nuestro Salvador, a quien conoció de cerca como pocos.

No presidió el primer concilio. Al principio de la era cristiana, luego de la ascensión del Señor, se presentan las primeras discusiones doctrinarias. Pedro y sus amigos consideraban que los gentiles que se convertían a Jesucristo debían ser circuncidados y, radicalmente, guardar toda la ley de Moisés. El apóstol Pablo, un judío con formación grecorromana, hombre de mente universal, dotado de cosmovisión, que había recibido la revelación de Jesucristo en el camino a Damasco, manifestaba no estar de acuerdo, porque el Espíritu Santo le había dicho que, después de la muerte y resurrección de Cristo, la ley de Moisés no existía más. Para discutir asunto tan espinoso se reúne el primer concilio en Jerusalén y, durante su curso, se desata una gran polémica para dirimir si a la gente hay que obligarla a reglamentaciones sobre vestuario, comida, bebida y, en general los legalismos que aún hoy algunos grupos cristianos mantienen en pie y que contradicen, en muchos casos, la libertad otorgada por el Espíritu de Dios. Vamos al texto bíblico:

> *Los apóstoles y los ancianos se reunieron para examinar este asunto Después de una larga discusión, Pedro tomó la palabra:*
> *—Hermanos, ustedes saben que desde un principio Dios me escogió de entre ustedes para que por mi boca los gentiles oyeran el mensaje del evangelio y creyeran* (Hechos 15:6-7).

Pedro interviene como uno más de los que discuten el tema, hace un relato de su entrevista con Cornelio y, cuando termina de hablar, entre muchos que lo han hecho antes,

> *Toda la asamblea guardó silencio para escuchar a Bernabé y a Pablo, que les contaban las señales y prodigios que Dios había hecho por medio de ellos entre los gentiles* (v. 12)

Pablo mismo habla después de Pedro; este no dice la última palabra. La discusión continúa y el propio Bernabé habla también, con posterioridad a Pedro. Pero lo sorprendente viene luego:

> *Cuando terminaron, Jacobo tomó la palabra y dijo:*
>
> *—Hermanos, escúchenme Simón nos ha expuesto cómo Dios desde el principio tuvo a bien escoger de entre los gentiles un pueblo para honra de su nombre. Con esto concuerdan las palabras de los profetas, tal como está escrito:*

»*"Después de esto volveré y reedificaré la choza caída de David Reedificaré sus ruinas, y la restauraré, para que busque al Señor el resto de la humanidad, todas las naciones que llevan mi nombre Así dice el Señor, que hace estas cosas" conocidas desde tiempos antiguos* (vv. 13-19).

El último orador hace un resumen de toda la discusión, y luego determina:

Por lo tanto, yo considero que debemos dejar de ponerles trabas a los gentiles que se convierten a Dios (v 19).

¿Quién toma la decisión? Jacobo, no Pedro. Y, por supuesto, la historia de la iglesia nos dice que la autoridad en Jerusalén era Jacobo, el mismo Santiago, autor de la epístola universal que lleva su nombre y, por más señas, hermano de Jesús. ¿No es extraño que Pedro no juzgue, si era él la roca de fundación de la iglesia? Pedro hacía parte del concilio, como hombre inteligente aportó ideas claras a la discusión, pero no la presidía ni tomó la decisión final.

No era el pastor en Roma. Según una de las más insistentes versiones de la iglesia romana, Pedro fue su fundador. ¿De dónde sale esta idea? El único documento bíblico sobre la iglesia de Roma es una epístola, no de Pedro sino de Pablo; y al final de ella, el autor saluda a todos los líderes cristianos que trabajaban en la gran capital: Febe, Priscila y Aquila, Epeneto, María, Andrónico y Junias, Amplias, Urbano y Eustaquis, Apeles, los de la casa de Aristóbulo, Herodión, los de la casa de

Narciso, Trifena y Trifosa, Pérsida, Rufo, Asíncrito, Flegonte, Hermas, Patrobas, Hermes, Filólogo, Julia, Nereo y Olimpas. Pablo enumera a veintisiete personas y ninguna de ellas se llama Pedro. ¿Cuál es la conclusión? Pedro no estaba en Roma. Los cazadores de curiosidades han observado cómo en las Sagradas Escrituras, y aun en la historia de la iglesia, Pedro y Pablo coincidieron en varios lugares, pero nunca en Roma, y menos durante los años en que se sostiene que Pedro ejercía funciones en la localidad. La idea según la cual Pedro fue alguna vez pastor en Roma es una tradición transmitida oralmente, sin comprobación historiográfica, ni científica, ni mucho menos escritural. Respetamos, con todo, la creencia de que Pedro y Pablo coincidieron en la capital del imperio en el último año de sus vidas con motivo de las persecuciones neronianas, de las cuales ellos mismos fueron víctimas.

Pastoreaba a judíos. Una de las evidencias que mejor aclaran este asunto se observa en que Pedro, luego de su visita a Cornelio, nunca más aparece predicándole a ningún gentil, sino solamente a personas de su propia raza y religión judías. Por eso, Pablo pone las cosas en su sitio:

Al contrario, reconocieron que a mí se me había encomendado predicar el evangelio a los gentiles, de la misma manera que se le había encomendado a Pedro predicarlo a los judíos El mismo Dios que facultó a Pedro como apóstol de los judíos, me facultó también a mí como apóstol de los gentiles (Gálatas 2:7-8).

Este pasaje no requiere explicaciones. Por lo demás, el propio Pedro es muy explícito en cuanto a quienes dirige su correspondencia.

Pedro, apóstol de Jesucristo, a los elegidos, extranjeros dispersos por el Ponto, Galacia, Capadocia, Asia y Bitinia (I Pedro I:I).

¿Quiénes son los elegidos y extranjeros dispersos? Obviamente los judíos expulsados a la diáspora instigada por el Imperio Romano y que habitaban en tales regiones. Pedro edifica a judíos del exilio y no a gentiles.

No era infalible. Como todo el mundo sabe, el dogma de la infalibilidad papal es relativamente moderno. Y que el presunto primer Papa se hallaba lejos de él, lo demuestra la Escritura.

Pues bien, cuando Pedro fue a Antioquía le eché en cara su comportamiento condenable (Gálatas 2:II).

¿Y cómo se le ocurre a Pablo condenar a Pedro? Los versículos siguientes son una reprimenda terrible. De ser cierta la infalibilidad, Pablo no habría discutido con Pedro.

No es la roca de fundación. Es absurda la pretensión de que la iglesia fuera fundada sobre un hombre, como los imperios simplemente humanos. Pablo escribió con precisión:

Porque nadie puede poner un fundamento diferente del que ya está puesto, que es Jesucristo (I Corintios 3:II).

Introducción

No se dice, ni en forma alegórica, que el fundamento sea Pedro, sino claramente Jesucristo Esta realidad se ratifica sin alternativas una y otra vez.

Edificado sobre el fundamento de los apóstoles y los profetas, siendo Cristo Jesús mismo la piedra angular (Efesios 2.20)

La piedra principal, o piedra de fundación, es Jesucristo mismo. Desde que el obispo de Roma instrumentó la pretensión de controlar toda la cristiandad, surgieron muchas y respetables voces en contra. Algunos de los santos de la propia iglesia romana, como Juan Crisóstomo, Ambrosio, Olegario, Jerónimo y, sobre todo, Agustín, objetaron que Pedro fuera la roca de fundación de la iglesia. Particularmente el último escribió en forma clara sobre este asunto y lo que dijo en síntesis fue La iglesia no está edificada *superpetram*, que querría decir sobre la persona de Pedro, sino *superpetram*, que significa sobre lo que Pedro ha dicho, sobre la confesión de Pedro. Fue lo que Simón recibió en su espíritu lo que hizo que Jesús le diera tratamiento de piedra en ese momento, pero no con exclusividad.

Todos somos pedros. El propio pescador de galilea en su sencillez, muestra una verdad profunda·

Cristo es la piedra viva, rechazada por los seres humanos, pero escogida y preciosa ante Dios. Al acercarse a Èl, también ustedes son como piedras vivas, sobre las cuales se está edificando una casa espiritual (l Pedro 2 4-5),

Literalmente el apóstol indica que todos los creyentes somos piedras vivas para edificar la iglesia, que no es un edificio material, sino una federación de almas como bien lo expresó el inolvidable John Wesley.

LAS LLAVES ESENCIALES. Hechas las anteriores aclaraciones, entremos al verdadero tema de nuestro libro.

Te daré las llaves del reino de los cielos Todo lo que ates en la tierra quedará atado en el cielo, y todo lo que desates en la tierra quedará desatado en el cielo (Mateo 16:19).

Nadie se detiene a pensar qué significa esto. Bíblicamente consiste en que el Señor entrega a todos los pedros o creyentes una serie de herramientas que nos permiten abrir y cerrar puertas sobrenaturales en nuestra vida. Analicemos, en primer lugar, las llaves esenciales.

La llave de David. Hay unas llaves cuyo uso exclusivo es de Jesucristo, y que conviene identificar debidamente.

Esto dice el Santo, el Verdadero, el que tiene la llave de David, el que abre y nadie puede cerrar, el que cierra y nadie puede abrir (Apocalipsis 3:7b).

Esta es la llave maestra sobrenatural, la que sirve para abrir y cerrar todas las puertas en el tiempo y en la eternidad.

Las llaves de la muerte y el infierno. Nos hallamos en el plano sobrenatural, y esta lectura es sobrecogedora, pues habla el Primero y el Último:

Y el que vive Estuve muerto, pero ahora vivo por los siglos de los siglos, y tengo las llaves de la muerte y del infierno (Apocalipsis 1:18).

¿Qué es la llave de la muerte? ¿Qué significa esa expresión? Que Jesucristo, cuando bajó al reino de la muerte, tenía en su mano esta llave y abrió la puerta para que nosotros pudiéramos resucitar, para que todos los que están en la muerte y pusieron su fe en Él, puedan levantarse en la gloria de la resurrección. La llave que abre la puerta de la vida, es llamada llave de la muerte.

¿Y en cuanto al infierno? Es allí donde permanecen los condenados. Terrible día cuando el Señor tome esta llave y cierre la puerta para siempre. Observemos la diferencia: la llave de la muerte es para abrir la puerta de la vida. La llave del Hades, para cerrar la puerta de la muerte.

La llave del abismo. Poca gente es tan espiritual para entender que el abismo puede abrirse y cerrarse como si fuera un aposento.

Tocó el quinto ángel su trompeta, y vi que había caído del cielo a la tierra una estrella, a la cual se le entregó la llave del pozo del abismo. Lo abrió, del pozo subió una humareda, como la de un horno gigantesco; y la humareda oscureció el sol y el aire. De la humareda descendieron langostas sobre la tierra y se les dio poder como el que tienen los escorpiones de la tierra (Apocalipsis 9:1-3).

Aquí se habla del juicio de Dios. Él abre la puerta del abismo, y cuando ese pozo infinito es liberado, llega el castigo sobre la tierra. Pero el sagrado libro tiene algo más sobre esta llave.

Vi además a un ángel que bajaba del cielo con la llave del abismo y una gran cadena en la mano. Sujetó al dragón, a aquella serpiente antigua que es el diablo y Satanás, y lo encadenó por mil años (Apocalipsis 20:1-2).

Aquí no se abre, sino que se cierra la puerta del abismo. En el primer caso, se abre para castigar a los desobedientes; en el segundo, se cierra para que Satanás quede encarcelado por mil años. Pero aún hay más.

La llave de la ciencia. Hemos de ser especialmente cuidadosos en la lectura de la Santa Palabra.

¡Ay de ustedes, expertos en la ley!, porque se han adueñado de la llave del conocimiento Ustedes mismos no han entrado, y a los que querían entrar les han cerrado el paso (Lucas 11:52).

En el antiguo pacto, Dios entregó a los hombres la llave de la ciencia, la que abre el conocimiento de las cosas espirituales, pero los dirigentes religiosos extraviaron tal instrumento. ¿Qué pasó entonces? Por la carencia de sabiduría de quienes vivían bajo la ley, surge el petrus del Nuevo Pacto, a quien Jesucristo entrega las llaves del reino de los cielos.

Hay trece de tales herramientas fundamentales, que analizaremos más adelante, pues necesitamos dotarnos adecuadamente para vivir en el nuevo milenio bajo la perspectiva del primer siglo, con poder espiritual real en nuestra vida, no bajo un cristianismo cosmético simplemente social, de religiones muertas y aburridas que a nadie regeneran.

Introducción

Me identifico con el teólogo español Alfonso Ropero quien expresa:

«El cristianismo, cuando vive en la intensidad y convicción de su propia fuerza, es la energía humanizadora más potente conocida en la historia».

LLAVE 1

El Despojo

La primera llave del poder fue descrita por el apóstol Pablo con su acostumbrada precisión.

> Con respecto a la vida que antes llevaban, se les enseñó que debían quitarse el ropaje de la vieja naturaleza, la cual está corrompida por los deseos engañosos, ser renovados en la actitud de su mente; y ponerse el ropaje de la nueva naturaleza, creada a imagen de Dios, en verdadera justicia y santidad (Efesios 4:22-24).

Quitarse el ropaje es despojarse. Pero ¿Despojarse de qué? De la vida que antes se llevaba. La técnica paulina consiste en quitarse de encima los vicios y resabios del a.C. y vestirse un nuevo traje, d.C., necesariamente de luces, porque la ropa de estreno no tiene remiendos. El nuevo hombre es creado, no refaccionado ni zurcido. Se trata de una nueva creación, una nueva criatura. Analicemos el cambio de vestuario.

La Nueva Vestidura

¿Cuáles son los materiales, de qué hilos está tejida la nueva vestimenta del regenerado? Allí lo dice Pablo: verdadera justicia y santidad. Los textiles que se usan para tejer el traje de gala son, pues, verdad, justicia y santidad.

La verdad. Cuán serio es hablar de la verdad en un medio donde todos mienten, aunque sea para dar estadísticas sobre crecimiento económico, o cifras del costo de vida, o sobre promesas matrimoniales, impuestos, etc. Cada vez que mientes, es Satanás quien habla por tu boca, porque Jesús lo llamó «mentiroso y padre de la mentira». El Señor también dijo: «La verdad os hará libres». ¿Por qué hay tantos cristianos que no experimentan la libertad espiritual? Porque todavía son esclavos de la mentira. Si fueran realmente veraces, entonces serían realmente libres.

La justicia. Es inútil que una persona pretenda haberse convertido en nueva criatura, si todavía subsisten en su conducta voluntarios actos de injusticia por leves que sean. La primera característica del renacido, del que ya es un hijo de Dios por el poder del Espíritu Santo, es un carácter justo en todas las acciones de su vida. Convendría examinar la carta de Santiago, vibrante escritura vindicatoria de la justicia social ante los flagrantes abusos de los ricos opresores.

Oigan como clama contra ustedes el salario no pagado de los obreros que les trabajaron sus campos. El clamor de esos trabajadores ha llegado a los oídos del Señor Todopoderoso (Santiago 5:4).

Todos vivimos furiosos por la violencia, pero no nos alteramos ni siquiera levemente por la injusticia social. No nos percatamos de que, mientras haya injusticia social, habrá violencia. Algunos dirán: «Nosotros no expoliamos a los trabajadores desde que nos hicimos cristianos; estamos pagando salarios justos, tenemos sentido de equidad». Está bien. Pero recordemos que la injusticia incluye otros aspectos. Algunos, por ejemplo, adquieren la tendencia a volverse perfeccionistas, lo cual los convierte en inflexibles y, necesariamente, injustos. Los seres humanos no son perfectos, solo perfectibles. Como todos luchamos por perfeccionarnos, el perfeccionismo nos lleva a la intolerancia y a la inmisericordia, formas sutiles de injusticia. Hay algo indiscutible: el perfeccionista no ha sido perfeccionado.

La santidad. Resulta tedioso el caso de cristianos que se consideran santos solo porque no son unos crápulas morales. Ellos dicen: «Ya no robo, no mato, no fornico, no soy un degenerado». Y la conclusión facilista a la que llegan es la de que se han santificado. Tienen una mentalidad inconsciente que aun hace diferenciación entre pecados mortales y veniales, olvidando que frente a Dios todo pecado es simplemente pecado. Y, por supuesto, todos al convertirnos nos alejamos de las cosas horripilantes: No somos asesinos, ladrones, ni promiscuos sexuales. Y, ¿cómo está lo demás en nuestra vida?

En la enumeración de obras de la carne que nos ofrece Gálatas 5:21 figuran algunas «cosas pequeñas»: contiendas, disensiones, celos, envidias. ¿Cómo anda eso? El carácter del santo tiene que rechazar también esas «pequeñeces». Es muy triste reconocer que en la iglesia los que se autoconsideran santos son expertos en buscar la paja en el ojo de su hermano, tienen espíritu de juicio y de crítica, y muchos usan lupa para ubicar el pequeño lunar en la piel del prójimo; otros se gradúan como bacteriólogos espirituales y manipulan microscopios para detectar las bacterias y los virus que, en su ilustrado concepto, contagian al cuerpo del Señor. Casi siempre los perfeccionistas son gente detestable.

¿Debemos ser exigentes? Sí. ¿Debemos ser diligentes? Sí. Pero no podemos exigir perfección, porque la perfección en el terreno humano sencillamente no puede existir. A Jeremías el Señor le dice que aprenda a entresacar lo precioso de lo vil. ¿Qué es un diamante? Un carbón feo y sucio que, al ser despojado de lo exterior, muestra una oculta piedra preciosa. Aprender a entresacar lo precioso de lo vil, desechar el carbón y buscar el diamante en cada persona es la obra del santo verdadero.

Hay también los magnificadores de los problemas: toman una pulga y la vuelven un elefante, de un conejo sacan un dinosaurio. Sobrevaloran la dimensión de los escollos. En el terreno de la santidad, otros simplemente se consideran santos porque son muy religiosos. ¡Qué gran mentira de Satanás!

El religioso puede ser lo contrario del santo, porque la religiosidad es generalmente hipocresía. Estos son los sepulcros blanqueados de los que habló Jesús, los mismos descritos por Pablo como que tendrán apariencia de piedad pero negarán la eficacia de ella. No son santos. Solo santurrones, mojigatos, simuladores de virtud. La santidad no consiste en aspavientos falsos de devoción. La santidad es solamente limpieza de pensamiento, pureza de corazón, integridad de conducta.

EJEMPLOS BÍBLICOS DE DESPOJO

Examinemos a través de algunos ejemplos del Antiguo y el Nuevo Testamento la llave del despojo, para confirmar sus benéficos efectos en el creyente.

El patriarca Abraham. La tendencia general entre cristianos es mirar a Abraham solo por la positiva: ¡Qué tipo tan bendecido!, el hombre más rico de la antigüedad, a quien el Señor le ofreció y cumplió todas las promesas que puedan caber en la mente de un ser humano. Pero casi nadie piensa por qué ocurrió eso en la vida del patriarca. Dicho sencillamente es porque él se despojó de todo para obedecer a Dios. Fue desarraigado de Caldea y enviado a un país extranjero. Fue separado de su parentela, formada por gente rica y de alta clase en Ur, una especie de Nueva York de aquel tiempo. Ya en Canaán, llega a la conclusión de que no será bendecido con un hijo porque su mujer es de vientre estéril. Decide entonces engendrar un niño a su esclava Agar, de nacionalidad egipcia. Así nace Ismael, el padre de los árabes.

Después, de las propias entrañas de Sara nace Isaac. Dios le da dos hijos a un hombre de casi cien años de edad. Pero ¡cuidado! Un día Dios ordena a Abraham que expulse a Agar y a su hijo. Con las entrañas hechas jirones por cumplir la voluntad de Dios, manda a Ismael con su madre al desierto. ¡Menudo despojo! Con todo, aún queda Isaac a su lado. Sin embargo, otro día Dios le dice: «Ahora te voy a probar en serio. Hasta hoy me has obedecido en términos muy correctos, mas voy a hacerte una exigencia adicional: levantar un altar, colocar en él la leña, prender el fuego, degollar a tu hijo, derramar su sangre sobre el túmulo y sacrificarlo delante de mi presencia. Así sabré si eres obediente».

¿Qué hizo Abraham? Simplemente despojarse. Entonces, la cosa no es tan simple como decirnos: Qué agradable es ser como Abraham, alguien lleno de salud, muerto a los ciento setenta y cinco años dejando una descendencia en la cual se encuentran los ismaelitas, los judíos y los cristianos por igual. ¿Por qué este caballero fue llamado padre de la fe? ¿Por qué vivió su vida con tanta alegría y seguridad? ¿Por qué recibió las bendiciones de Dios? Simplemente porque tomó la llave del despojo y abrió con ella el reino de los cielos.

El despojo franquea la puerta de la bendición. Sorprende que aun hoy se cumple la palabra que el Señor le dio a Abraham hace casi cuatro mil años en medio del desierto: Bendeciré a los que te bendijeren y a los que te maldijeren los maldeciré. Mediante la llave del despojo, llegaron las bendiciones del padre de la fe hasta nosotros.

El rey David. Para gobernar a su pueblo Dios llamó a Saúl, lo ungió como rey, puso la corona sobre su cabeza, y le entregó la comisión de organizar su reino. Deplorablemente este monarca no se quiso despojar, más aun, se negó a hacerlo; fue un terco desobediente, un contradictor del Señor. A menudo la gente confunde los conceptos de siervo de Dios y hombre de Dios, que no significan lo mismo. Hay muchos que sirven a Dios pero no lo obedecen. El caso de Sansón es uno: fue levantado como juez, el Espíritu Santo lo dotó de fuerza descomunal y talento bélico extraordinario. Pero él no se despojó de sus sentimientos, de sus debilidades, sobre todo en materia sexual. Fue siervo de Dios, pero no hombre de Dios.

¿Y qué pasó con Saúl? Fracasó en todas sus empresas y, finalmente derrotado por los filisteos, terminó por suicidarse. Aprendamos esto: El que no se despoja será despojado. En cuanto a David, después de ser ungido como futuro rey fue inmediatamente acosado por Saúl, quien procuraba quitarle la vida. Se vio precisado a organizar un grupo subversivo en las cavernas y colinas de Judea, para protegerse de la persecución del monarca, que había puesto precio a su cabeza. Sin embargo, examinemos el carácter de este varón.

Entonces Saúl tomó consigo tres batallones de hombres escogidos de todo Israel, y se fue por los peñascos de las cabras, en busca de David y de sus hombres Por el camino, llegó a un redil de ovejas; y como había una cueva, entró allí para hacer sus necesidades David estaba escondido en el fondo de la cueva, con sus hombres, y éstos le dijeron:

—En verdad, hoy se cumple la promesa que te hizo el Señor cuando te dijo:

«Yo pondré a tu enemigo en tus manos, para que hagas con él lo que mejor te parezca»

David se levantó y, sin hacer ruido, cortó el borde del manto de Saúl Pero le remordió la conciencia por lo que había hecho, y les dijo a sus hombres:

Que el Señor me libre de hacerle al rey lo que ustedes sugieren No puedo alzar la mano contra él, porque es el ungido del Señor (1 Samuel 24:2-6).

David tuvo allí la oportunidad de quitarse de encima a su enemigo, pero renunció a sí mismo, se despojó, puso en peligro su propia vida para obedecer a Dios. Una forma de despojo admirable en tiempos primitivos. David entendió algo importante que hoy tiene plena vigencia: el que se despoja será exaltado. Nuestro hombre se convirtió en el gran rey en Jerusalén; de sus lomos surgió Salomón, el más sabio de los antiguos, y, también de su descendencia, vino como hombre para salvar al mundo el Hijo de Dios. ¿Por qué tanto honor? Sencillamente porque David se despojó.

Es fácil observar en las iglesias a muchos que conocen al Señor y lo aman, pero son carnales. Lucen muy contentos hasta que viene la dificultad; entonces no se pueden contener. Viven por experiencias personales y no confían en la protección de Dios. David sabía: «Si Dios me va a hacer rey, no mataré a mi antecesor, porque si lo hago, alguien lo hará después conmigo». Aquí tenemos un hombre espiritual. Hay personas en la iglesia actual que no gozan de ser cristianos, sino que sufren por serlo. En la abundancia se quejan, nada les falta; pero reniegan y maldicen, hacen reclamos altisonantes y, por supuesto, cuando viene la desgracia no la saben resistir. Convendría a todos recordar lo escrito por Pablo: El que cree estar firme mire que no caiga.

El paciente Job. Según las Sagradas Escrituras, Job era hombre recto y perfecto delante de Dios. ¿Dónde estuvo su falla? ¿Por qué le sobrevinieron tantas desgracias? ¿Por qué fue despojado? El propio Job lo explica:

> *Lo que más temía, me sobrevino; lo que más me asustaba, me sucedió* (Job 3:25).

Un hombre íntegro, santo delante de Dios, que se despojó de todo, menos del temor. Cuántos cristianos hay así: aunque son bendecidos por el Señor, viven atemorizados. El apóstol Juan advierte que el que teme no ha sido perfeccionado en el amor y que el temor lleva castigo en sí mismo. El temor es fe en el diablo, es pensar que Satanás te puede hacer daño, en vez de confiar en la protección del Dios Todopoderoso. Y, claro, el temor es el imán de las desdichas. Lo que temes vendrá sobre ti. El temer hace suceder.

Últimamente se han puesto de moda los cristianos que yo llamo «deprontistas». Cuando todo va bien, proclaman: «De pronto va a pasar tal cosa». «De pronto se daña tal otra». Son gente temerosa. ¿Qué pasó con Job si todo estaba funcionando bien? Nuestro personaje era el hombre más rico entre los orientales, disfrutaba de una familia feliz, tenía un matrimonio perfecto y una salud de hierro, pero... no se despojó del temor. Imagino que él, en medio de todas las bendiciones, vivía «deprontiando»: «Todo está muy bien, pero de pronto algo se va a desbarajustar, de pronto algo me va a pasar».

El Señor, que te ha puesto en sitio alto, quiere que disfrutes sus bendiciones sin temer a ninguna cosa desconocida. Hay algunos que razonan más o menos así: «Esto no es posible. Tanto dinero, tanto amor, tanta alegría, no deben ser verdad». Y, peor aun: «¡Quién sabe qué estará tramando Satanás para tumbarme!» Tales personas honran al príncipe de las tinieblas, que los hace inseguros y les produce temor, y no al Dios eterno que no ofrece incertidumbre sino completa seguridad. Si haces reparos a las bendiciones, ellas te abandonarán. Los insatisfechos siempre caen en desgracia.

Es enorme el despojo de Job, por supuesto, del todo involuntario, y debiera servirnos de escarmiento a los que nos llamamos cristianos.

Me ha despojado de toda honra; de la cabeza me ha quitado la corona. Por todos lados me destroza, como a un árbol; me aniquila, y arranca de raíz mi esperanza (Job 19:9-10).

Despojado de la honra, de la importancia y de la esperanza.

Hizo que mis hermanos me abandonaran; hasta mis amigos se han alejado de mí. Mis parientes y conocidos se distanciaron, me echaron al olvido (Job 19:13-14).

Despojado de sus hermanos, sus parientes y sus relaciones sociales.

Mis huéspedes y mis criadas me ven como a un extraño, me miran como a un desconocido. Llamo a mi criado, y no me responde, aunque yo mismo se lo ruego A mi esposa le da asco mi aliento; a mis hermanos les resulto repugnante (Job 19:15-17).

Despojado de la obediencia de sus sirvientes y del amor de su esposa.

Hasta los niños se burlan de mí; en cuanto me ven, me dan la espalda A todos mis amigos les resulto abominable; mis seres queridos se han vuelto contra mí (vv. 18-19).

Despojado del respeto de los menores y del afecto de sus amigos.

La piel y la carne se me pegan a los huesos; ¡a duras penas he salvado el pellejo! (v. 20).

Como si faltara, despojado de la salud. ¿Es acaso Dios injusto? ¿Es, por ventura, el judeocristianismo un sistema fatalista? De ninguna manera. Fue porque Job no se había despojado del temor que le sobrevinieron tantas desdichas. Podríamos intentar un axioma: El que no le entrega todo a Dios, perderá todo en manos de Dios.

A veces, por múltiples y humanas razones, nos reservamos algunas cositas, así sean emociones como el temor. No se debe hacer tal cosa. Hay que despojarse de todo, para poder recibir todo de Dios. Cuando Job entendió que Dios nos libra de todos los temores, fue restituido; como podemos constatarlo en su propio libro.

Después de haber orado Job por sus amigos, el Señor lo hizo prosperar de nuevo y le dio dos veces más de lo que antes tenía Todos sus hermanos y hermanas, y todos los que antes lo habían conocido, fueron a su casa y celebraron con él un banquete Lo animaron y lo consolaron por todas las calamidades que el Señor le había enviado, y cada uno de ellos le dio una moneda de plata y un anillo de oro

El Señor bendijo más los últimos años de Job que los primeros, pues llegó a tener catorce mil ovejas, seis mil camellos, mil yuntas de bueyes y mil asnas Tuvo también catorce hijos y tres hijas A la primera de ellas le puso por nombre Paloma, a la segunda la llamó Canela, y a la tercera, Linda No había en todo el país mujeres tan bellas como las hijas de Job Su padre les dejó una herencia, lo mismo que a sus hermanos.

Después de estos sucesos Job vivió ciento cuarenta años Llegó a ver a sus hijos, y a los hijos de sus hijos, hasta la cuarta generación Disfrutó de una larga vida y murió en plena ancianidad (Job 42:10-16).

Los pescadores. Hay una importante escena que relata el evangelio y en la cual el tema del despojo es supremamente evidente.

*Mientras caminaba junto al mar de Galilea, Jesús vio a dos her-
manos: uno era Simón, llamado Pedro, y el otro Andrés. Estaban
echando la red al lago, pues eran pescadores «Vengan, síganme
—les dijo Jesús—, y los haré pescadores de hombres» Al instante
dejaron las redes y lo siguieron* (Mateo 4:18-20).

Simón y su hermano Andrés no vacilan, aunque poseen una microempresa de pesca en el mar de Galilea.
Dejan al instante el negocio y se van con el Señor. Ellos
se despojan inmediatamente. Pero hay algo más:

*Más adelante vio a otros dos hermanos: Jacobo y Juan, hijos
de Zebedeo, que estaban con su padre en una barca remendando las redes Jesús los llamó, y dejaron en seguida la barca y a
su padre y lo siguieron* (Mateo 4:21-22).

Juan y Jacobo, igualmente, se despojan de su profesión, de su propia subsistencia y, como si faltara, también de su papá. ¿Quiénes eran estos cuatro pescadores
de Galilea hace dos mil años? Unos hombres rudos sin
posibilidades de ser inscritos ni siquiera en la historia
municipal de Capernaúm, pero pasaron a la universal.
¿Quiénes son hoy Pedro y Juan? Dos pescadores de almas, padres de la iglesia que, al despojarse de sus negocios y sus familias, se transformaron en tales maestros espirituales que han expandido a través del sagrado libro la
Palabra de Dios a las naciones.

Para mí fue difícil despojarme de muchas cosas. Es
más, de todo aquello que no me quise despojar en forma voluntaria, el Señor me despojó obligatoriamente.

Una de las cosas de las que más trabajo me costó despojarme era la televisión, pero lo hice. Y, después de algunos años, el Señor me la restituyó, para que en ella le sirviera a su causa.

Al pastor Silvano Espíndola, por ejemplo, le costó mucho trabajo desprenderse del fútbol, habiendo sido figura intransferible de la Selección Argentina al lado de su amigo Diego Maradona. Cuando el Señor le dijo que se despojara del balón, con mucho dolor tuvo que hacerlo. Pero porque lo hizo, Dios le ha restituido otra vez el fútbol, pero solo para que le sirva a él con las nuevas promociones que practican el juego limpio, el fair play cristiano.

El funcionario público. He aquí otro caso de automático despojo que vale la pena recordar.

> *De nuevo salió Jesús a la orilla del lago Toda la gente acudía a él, y él les enseñaba Al pasar vio a Leví hijo de Alfeo, donde éste cobraba impuestos —Sígueme —le dijo Jesús Y Leví se levantó y lo siguió* (Marcos 2:13-14).

Este último era un funcionario que recaudaba impuestos para el Imperio Romano y ganaba mucho dinero con las comisiones que entonces se pagaban a esos intermediarios. Leví es el apóstol Mateo, autor del evangelio que lleva su nombre. Al recibir el llamado del Señor, él simplemente se despoja, deja la caja fuerte, la chequera, los dólares, las tarjetas de crédito, los valores y contratos, y se va detrás del Nazareno sin pestañar.

Este personaje ha pasado a la historia con todos los honores de redactor de la mismísima Palabra de Dios, siendo que antes redactaba simplemente columnas de contabilidad. Si no hubiera efectuado este despojo, no estaría inscrito ni siquiera en la historia de la burocracia judía, habría pasado inadvertido como tanto empleado vago y corrupto que existe por ahí.

El hombre importante. El apóstol san Pablo es, por supuesto, un hombre muy importante. Pero la gente no siempre recuerda quién era antes y quién fue después de Cristo. Nació de una familia judía de la diáspora en la ciudad de Tarso, dentro de la parte griega del Imperio Romano. Su padre, un aristócrata, era rabino de una próspera comunidad. Pablo mismo fue ordenado ministro religioso y es presumible que actuara algunas veces como miembro del Sanedrín en Jerusalén. Historias confiables dicen que la familia de su madre estaba formada por prestamistas de dinero. Usureros, decían entonces; banqueros, decimos hoy en día.

Pablo era un aristócrata, a la par que un oligarca. En Tarso había un cruce de caminos, por donde pasaban todos los idiomas del Mediterráneo, además de todos los sistemas religiosos, políticos y militares de la época. Pablo era un erudito y, entre sus contemporáneos, hubo pocos intelectuales con un nivel de conocimiento humano equiparable al suyo.

Políticamente, era un hombre con influencias dentro del imperio. Lucas, en Hechos de los Apóstoles, nos informa que las autoridades de Asia eran amigos personales de Pablo. Un día, viniendo de masacrar a los cristianos, de dirigir los grupos de sicarios que regaron con sangre de seguidores de Jesús la santa ciudad, y abrigando el propósito de seguir sus matanzas y persecuciones infames en Damasco, es herido por un resplandor de luz celestial. Impacta ver al arrogante Pablo, al inteligentísimo Pablo, al rico Pablo, con el rostro en tierra, cegado por el resplandor, como protagonista de su propio despojo. Lo único que dijo ante la requisitoria divina, fue simple y directo: Obedecer.

Algunos afirman que Pablo es el genio religioso por excelencia de la humanidad. El historiador británico Paul Johnson lo considera como la figura más importante de la especie humana en los últimos dos mil años. Pablo es el sistematizador del cristianismo, el creador de la civilización cristiana occidental, ¿por qué? Porque se despojó a sí mismo. De lo contrario, habría pasado a la historia como un vulgar asesino de gente indefensa. Después de tantas vueltas en su vida, tanto dinero, tanto prestigio, tanta política, tanta erudición, Pablo pudo decir:

> *Sin embargo, todo aquello que para mí era ganancia, ahora lo considero pérdida por causa de Cristo Es más, todo lo considero pérdida por razón del incomparable valor de conocer a Cristo Jesús, mi Señor Por él lo he perdido todo, y lo tengo por estiércol, a fin de ganar a Cristo* (Filipenses 3:7-8).

Quienes se imaginan que ha sido fácil dar forma a la iglesia que pastoreo, no saben que también fui despojado totalmente de lo que tenía. Hace algún tiempo fui alguien notorio en la televisión, la política y el periodismo. Era un hombre rico en términos reales, hasta el punto de que, cuando vinieron las dificultades conocidas de toda Colombia, con vender una sola propiedad pagaría todas mis deudas y quedaría viviendo de por vida, muy tranquilo, con los réditos del resto. Pero ese no era el plan de Dios, que una vez me profetizó: «Te voy a enseñar a desprenderte de los tesoros materiales y a darte oro refinado espiritual». Entonces comenzó de veras mi calvario.

Todavía recuerdo, a la salida de la cadena radial a la que prestaba mis servicios, las filas de abogados con cheques devueltos, y la llegada a mi casa de funcionarios con caras de rábulas, armados de viejas máquinas de escribir, para producir un embargo más sobre mis bienes. Gracias a Dios, con mis haberes fui cancelando tales compromisos antes de que esta iglesia se creara. Y, cuando lo mío no alcanzó para pagar todas mis deudas, Esther Lucía, la mujer valiente que me dio a conocer el evangelio y ya para entonces mi esposa, también poseía muchos bienes de fortuna, y entregó hasta su último centavo para que yo quedara a paz y salvo, y pudiera dedicarme a la obra del Señor. Porque fuimos despojados, es que esta iglesia, La Casa sobre la Roca, existe. Debo decir que ya hemos sido restituidos grandemente por el Señor.

A quien no entiende voluntariamente, el Señor lo hace entender forzosamente. No es una invitación cordial la de Jesús cuando dice: «Tome su cruz y sígame». Cruz significa despojo. Esto no debe entenderse como que apenas usted se hace cristiano, el Señor lo trasladará a vivir en desamparo, o debajo de los puentes urbanos. Lo que él quiere es una actitud del corazón de entregárselo todo, sin reservarse nada. Cuando usted hace eso, él podrá prosperarlo. Pero si se resiste, sin duda lo despojará para poder luego prosperarlo a su manera. Hay en la Biblia tres casos aislados que llaman poderosamente la atención:

El espontáneo. Quizás muchos se identifican con el carácter de este hombre, tan común y corriente.

Iban por el camino cuando alguien le dijo:

—Te seguiré a dondequiera que vayas

Las zorras tienen madrigueras y las aves tienen nidos —le respondió Jesús—, pero el Hijo del hombre no tiene dónde recostar la cabeza (Lucas 9:57-58)

El espontáneo quiere seguir a Jesús, pero recibe una advertencia tajante: No te garantizo ni siquiera un catre donde dormir.

El buen hijo. Este hombre tiene unos lazos familiares tan fuertes que quiere seguir a su padre hasta la tumba.

A otro le dijo:

—Sígueme.

—Señor —le contestó—, primero déjame ir a enterrar a mi padre

—*Deja que los muertos entierren a sus propios muertos, pero tú ve y proclama el reino de Dios* —*le replicó Jesús* (Lucas 9:59-60).

Jesús no promueve dejar insepultos los cadáveres, sino enfatiza la necesidad de continuar nuestra vida en compromiso espiritual, más allá del luto y el dolor. La muerte es, en sí misma, un horrible despojo. Pero la vida continúa con Dios.

El nostálgico. Jorge Santayana dijo alguna vez que quien ama el pasado merece volverlo a vivir. Leamos lo que expresa la Palabra de Dios:

Otro afirmó:

—*Te seguiré, Señor; pero primero déjame despedirme de mi familia*

Jesús le respondió:

—*Nadie que mire atrás después de poner la mano en el arado es apto para el reino de Dios* (vv. 61-62).

Observemos bien estos tres casos: El espontáneo no se despoja de su comodidad. El buen hijo no se despoja del cadáver de su padre. El nostálgico no se despoja de su pasado. Los tres son inservibles para el reino de Dios. Después de estos ejemplos, tocaremos fondo con lo que podríamos llamar el despojo de Dios.

La actitud de ustedes debe ser como la de Cristo Jesús, quien, siendo por naturaleza Dios, no consideró el ser igual a Dios como algo a qué aferrarse Por el contrario, se rebajó voluntariamente, tomando la naturaleza de siervo y haciéndose semejante a los seres humanos Y al manifestarse como hombre, se humilló a sí mismo y se hizo obediente hasta la muerte, ¡y muerte de cruz! Por eso Dios lo exaltó hasta lo sumo y le otorgó el nombre que está sobre todo nombre, para que ante el nombre de Jesús se doble toda rodilla en el cielo y en la tierra y debajo de la tierra, y toda lengua confiese que Jesucristo es el Señor, para gloria de Dios Padre (Filipenses 2:5-11).

¿Por qué somos salvos? ¿Por qué tenemos redención? Porque un día el Dios eterno, en la persona de su Hijo, se despojó para hacerse uno de nosotros. Es con la llave del despojo que él abre el reino de los cielos sobre nuestras vidas. Cristo se despojó a sí mismo por amor a nosotros. Es la llave del despojo la que nos abre el reino sobrenatural para que nuestras vidas reciban las bendiciones del Padre celestial y accedan al poder que es en Cristo Jesús. Despojarse es, sobre todo, desprenderse de uno mismo, del viejo hombre y la antigua mujer, para poder gritar a pulmón lleno, en cualquier escenario y frente a cualquier grupo o persona, con satisfacción de corazón, con absoluta convicción intelectual, con el espíritu inflamado de ardor, lo que un día proclamó el gran apóstol ante todo el planeta tierra: «Ya no vivo yo, mas vive Cristo en mí».

LLAVE 2

LA PRODUCTIVIDAD

La llave que ahora examinaremos tiene un nombre, que parece extraño pero es muy real. Se llama: Llave de la productividad.

Recuerda esto:

El que siembra escasamente, escasamente cosechará, y el que siembra en abundancia, en abundancia cosechará (2 Corintios 9:6).

Esta enseñanza se facilitará en su comprensión si todos reconocemos que hay un mundo natural y otro sobrenatural; por lo que, necesariamente, hay una productividad natural y otra sobrenatural. Miremos este asunto por partes.

EN EL MUNDO NATURAL

Algunos ejemplos de cosas obvias que nos rodean abrirán nuestro entendimiento en forma adecuada.

En la agricultura y la ganadería. El que usa su tierra escasamente, sembrando poca semilla, tendrá una cosecha exigua; pero el que la use en forma generosa, al máximo posible, recogerá una gran cosecha. ¿Qué ocurre en una hectárea? Puedes soltar allí una sola vaca, o estabular y tener cien. Un pariente mío, hombre riquísimo, se presentó a la radiodifusora donde yo laboraba en mi juventud y me dijo: «Separe el sueldo de un mes, cómpreme una vaca y déjemela al partir. Ganado viene de ganar, de ganancia. Haga cuentas y verá que una vaquita son dos vaquitas, dos vaquitas son cuatro, cuatro con ocho, ocho son diez y seis y así sucesivamente».

Es verdad. Trátase del mismo principio aplicado por el creador del ajedrez al pedir al emperador recompensara su ingenio con granos de trigo que se doblarían de cuadro en cuadro en el blanquinegro tablero: uno en el primero, dos en el segundo, cuatro en el tercero, etc. La cosecha del reino fue insuficiente para cumplir tal exigencia. No acepté la propuesta. Por eso no tengo vacas; pero, en cambio, tengo ovejas. Pudiendo ser ganadero, he preferido ser pastor. Esta llave consiste en emplear al máximo posible todos los recursos que Dios nos da. Hasta lo último tienes que exprimir y hacer rendir lo que está en tu mano. Tus capacidades y recursos no tienen límites porque hay un principio bíblico sorprendente: El uso origina el rendimiento.

En el atletismo. Dentro de la actividad físicocultural es verdad sabida que si una persona capacita su cuerpo con ejercicio diario, ve cómo sus músculos crecen, su fuerza aumenta y su habilidad física se multiplica. Entre más nade el nadador, mejor nadará. Entre más corra el corredor, mejor correrá. Por el contrario, quien lleva una vida sedentaria no desarrolla sus músculos sino que los anquilosa; y, por eso, cuando camina un poco, se asfixia. El entrenamiento hace que se intensifique la fuerza física. Este principio se aplica a todos los deportes: fútbol, básquet, ping pong, lo que quieras.

En lo intelectual. Un nivel de conocimiento conduce a otro superior. Un niño entrará primero al preescolar, luego al kinder, después a la primaria, seguirá a la secundaria, pasará a la universidad y, con la llave de la productividad, ampliando las posibilidades de su inteligencia, progresará de pregrado a postgrado, luego a master, a doctorado, etc. Si fuere médico, cuando termine sus estudios en la parte teórica, irá a la práctica: Primero será un interno, después residente, luego ya doctor y, finalmente, especialista.

Usar tu talento, te permite ensanchar tu talento. Pasemos al caso de los abogados. Conocemos a quienes salieron de la universidad e hicieron su carrera de judicatura, pasando por inspector de policía, secretario de un juzgado, juez municipal, juez superior y, por último, magistrado de las altas cortes. Pero hay también el que se quedó de juez municipal toda la vida hasta que, ya artrítico, recibió la jubilación. ¿Cuál es la diferencia? El último personaje no abrió la llave de la productividad para multiplicar los recursos que Dios le dio, pues entre más conocimiento apliques, más conocimiento adquieres.

Un nivel de aplicación nos lleva a una posibilidad mayor. No son leyes inventadas por el hombre, sino llaves del reino de Dios claramente contenidas en las Escrituras para que vivamos triunfantes.

En las finanzas. Este punto puede ilustrar el tema con toda propiedad. ¿Qué es el interés compuesto? Es una manera de lograr que rinda el recurso con cierta proyección extraordinaria. Claro, tengo otra manera de hacer las cosas: Recibo mi recurso y, en vez de utilizar la llave espiritual, empleo la de un arcón o un viejo baúl donde meto los billetes, que no solamente se devalúan sino son pulverizados por la polilla. Esta llave consiste en sacarle el mayor interés a los recursos: económicos, naturales, intelectuales y, por supuesto, espirituales.

En El Mundo Espiritual

Jesucristo enseña una admirable parábola que trata exactamente acerca de la llave del uso y la productividad.

> *El reino de los cielos será también como un hombre que, al emprender un viaje, llamó a sus siervos y les encargó sus bienes A uno le dio cinco mil monedas de oro, a otro dos mil y a otro solo mil, a cada uno según su capacidad. Luego se fue de viaje* (Mateo 25:14-15).

En la época de Jesús mil monedas de oro formaban, precisamente, un talento. El Señor utiliza este tipo de dinero por el valor simbólico de la palabra talento, que significa don o habilidad para hacer algo. El capitalista que se ausenta no otorga la misma cantidad de recursos a todos sus administradores. Él sabe cuál es la idoneidad personal y les da conforme a la capacidad de cada uno.

Realmente Jesucristo se fue al cielo, pero al irse nos dejó un capital a cada uno conforme a nuestra capacidad personal. La plata es algo del dueño de la empresa, no del empleado. El talento no es de quien lo va a administrar, sino del amo que se fue lejos. Tu don, tu habilidad, tu moneda de oro es algo que él te dio para que lo disfrutes y lo hagas rendir. Y un día volverá a tomarte cuentas.

El que había recibido los cinco mil fue en seguida y negoció con ellas y ganó otras cinco mil (Mateo 25:16).

Este administrador compra, vende, especula, corre riesgos, es audaz, no teme a nada ni a nadie, negocia como un valiente, no deja la plata inactiva sino la pone a rendir al máximo. Invirtió correctamente sus cinco mil monedas o cinco talentos, abrió con su llave y produjo el doble de lo que se le había encomendado.

Así mismo, el que recibió dos mil ganó otras dos mil (v. 17).

Este administrador no recrimina al capitalista diciéndole: ¿Por qué le diste al otro cinco mil monedas y a mí solo dos mil? No se preocupa por esos detalles, sino que hace lo que le corresponde: Pone a rendir lo que se le entregó a él, sin apersonarse del rendimiento ajeno. Usa la llave como razonando: «Lo que recibí es lo que debo administrar; responderé por lo que está en mi mano; si son dos dones, dos habilidades, produciré otro tanto para mi Señor».

Pero el que había recibido mil fue, cavó un hoyo en la tierra y escondió el dinero de su señor (v. 18).

Este administrador es un perezoso, un omiso, un haragán. ¿Por qué el señor le dio un solo talento? Supongo que lo conocía y debió razonar: «Con este corro riesgos; para no perder mucho, le daré solo mil moneditas». Las monedas enterradas se devalúan; el dinero que no inviertes, termina valiendo menos que cuando lo recibiste.

Observemos la forma como cada uno de estos hombres interpreta lo que debe hacer con el dinero: El primero, usa la llave productora y suma cinco talentos más. El segundo la usa también y produce dos talentos adicionales. Pero el omiso, el perezoso y haragán, simplemente guarda el talento en tierra, encierra la llave en vez de usarla para abrir la oportunidad.

El ajuste de cuentas. Pero esta historia, como todas, tiene argumento y desenlace.

Después de mucho tiempo volvió el señor de aquellos siervos y arregló cuentas con ellos (v. 19).

En esta parábola Jesús no está hablando de una finca cualquiera. El reino de los cielos es como lo que pasa con estos hombres, dice. Y se refiere a cosas espirituales advirtiendo que, como a cada uno de sus siervos, nos entregó algunos talentos de acuerdo a nuestra capacidad, por lo que asimismo vendrá otra vez a ajustar cuentas con nosotros.

*El que había recibido las cinco mil monedas llegó con las otras
cinco mil «Señor —dijo—, usted me encargó cinco mil monedas Mire, he ganado otras cinco mil»* (v. 20).

El capitalista felicita a este administrador y seguramente le dará mayores responsabilidades en el futuro.

*Su señor le respondió: «¡Hiciste bien, siervo bueno y fiel! En
lo poco has sido fiel; te pondré a cargo de mucho más ¡Ven a
compartir la felicidad de tu señor!»* (v. 21).

Como quien dice: «Mira, muchacho, te estaba pro-
bando con solo cinco talentos; no te imaginas lo que
ahora voy a darte para que administres, porque has pro-
bado que sabes manejar bien la llave del uso que entregué en tus manos». Pero la historia sigue su curso.

*Llegó también el que recibió dos mil monedas «Señor —in-
formó—, usted me encargó dos mil monedas Mire, he ganado
otras dos mil»* (v. 22).

El capitalista no cuestiona a este administrador por
no haber rendido más. Tampoco el hombre reclama:
¿Por qué no me diste más? Se limita a lo suyo: «Me entregaste dos, y eso es lo que he hecho rendir para ti».

*Su señor le respondió: «¡Hiciste bien, siervo bueno y fiel! Has
sido fiel en lo poco; te pondré a cargo de mucho más ¡Ven a
compartir la felicidad de tu señor!»* (v. 23).

Pero las efusivas felicitaciones no son para todos los
administradores. Veamos lo que sigue.

Después llegó el que había recibido solo mil monedas «Señor —explicó— Yo sabía que usted es un hombre duro, que cosecha donde no ha sembrado y recoge donde no ha esparcido Así que tuve miedo, y fui y escondí su dinero en la tierra Mire, aquí tiene lo que es suyo» (vv. 24-25).

¿Cuál es el problema que tiene este administrador? El mismo de Job, que analizamos anteriormente: Temor. Tiene miedo a invertir, es decir, carece de fe, porque temer es lo contrario de creer. Este hombre parece decir: «Mira, no perdí tus monedas, te las devuelvo tal y como me las entregaste». El capitalista no le dijo, respirando: «Gracias por devolverme mis monedas, siquiera no las perdiste». Bien por el contrario,

Pero su señor le contestó: «¡Siervo malo y perezoso! ¿Así que sabías que cosecho donde no he sembrado y recojo donde no he esparcido? Pues debías haber depositado mi dinero en el banco, para que a mi regreso lo hubiera recibido con intereses (vv. 26-27).

No olvidemos que ciertamente el Señor vendrá otra vez a revisar nuestros libros de contabilidad. Y el Señor cual judío nunca rebaja los intereses.

Quítenle las mil monedas y dénselas al que tiene las diez mil. Porque a todo el que tiene, se le dará más, y tendrá en abundancia. Al que no tiene se le quitará hasta lo que tiene. Y a ese siervo inútil échenlo afuera, a la oscuridad, donde habrá llanto y rechinar de dientes (vv. 28-30).

¿Estamos en capacidad, cuando venga el Señor, de decirle solamente: Aquí está el don, aquí está la habilidad que me diste, sin rendimiento? Lo primero que debemos hacer es despojarnos del temor, y razonar con los campesinos: «El que no arriesga un huevo, no saca un pollo», porque en ese refrán hay una verdad profunda sobre esta llave del poder.

Veamos algo adicional y muy interesante. Aquel administrador que recibió cinco talentos, al regresar el Señor tenía diez; pero no fueron diez, sino once, porque se le agregó el talento que el negligente había metido en tierra. Si el beneficiario sigue usando la llave maravillosa de la productividad en la misma proyección, la próxima vez tendrá veintidós talentos, después cuarenta y cuatro, luego ochenta y ocho. Pero mucho más que eso, pues le serán añadidas las monedas de todos los insensatos que no las inviertan.

Hay un principio bíblico vulgarizado en el refranero español: «El perezoso trabaja para el diligente». Debo invertir todas mis monedas, arriesgar todos mis recursos materiales y espirituales con la llave productiva; quiero ver la multiplicación divina sobre mi vida. Para producir hay que abrir. Para arruinar hay que cerrar. Esta llave abre la puerta de la multiplicación.

Productividad y fe. Volvamos a un viejo conocido de los lectores, nuestro padre Abraham. Se advierte cómo todos quieren sus bendiciones, pero nadie desea soportar sus pruebas. Abraham no solo se despojó, utilizó el llavero que Dios le entregó para abrir y cerrar puertas del reino de los cielos sobre su vida. Hay que decir que el viejo fue especialmente diestro con esta llave.

Al retirarse de Ur de Caldea es un hombre rico e importante, perteneciente a una de las principales familias de la ciudad. Sorprendidos, sus parientes se quedarían pensando: «Abraham enloqueció, ha tenido visiones con un ángel de Dios que le ordenó abandonar familia y posesiones e irse a vivir al desierto». Él no pudo llevarse todas sus riquezas, pero sí algunos recursos, y las Sagradas Escrituras nos enseñan cómo los utilizó a fondo en su nueva tierra y fue tremendamente prosperado por Dios.

Después de varias décadas, decide conseguirle mujer a su hijo Isaac. Para tal efecto, llama a su siervo de confianza y le dice: «Irás, no a los cananeos, ni a los inconversos, ni a los idólatras; no quiero yugo desigual en mi familia. Irás a mi parentela en Mesopotamia, a buscar esposa para mi hijo». Entre tanto, la familia estaría preguntándose: «¿Qué habrá sido de Abraham? ¡Cómo estará de pobre en ese desierto, y hasta chiflado con sueños y visiones de Dios!» Llega entonces el criado con las primeras noticias del lejano pariente en muchos años.

Yo soy criado de Abraham —comenzó él— El Señor ha bendecido mucho a mi amo y lo ha prosperado Le ha dado ovejas y ganado, oro y plata, siervos y siervas, camellos y asnos (Génesis 24:34-35).

¿Por qué tantas bendiciones para este loco soñador? No hay en las Sagradas Escrituras, una persona que haya sabido invertir mejor sus recursos que el patriarca Abraham ¿Cómo lo hacía? Por medio de la fe. Él abre con su llave, solo porque tiene fe. El temeroso jamás lo hará, porque el temor es lo contrario a la fe. Abraham transmitió a la posteridad esta llave maravillosa: Ismael, el hijo de Agar, fue expulsado de la casa paterna, pero el Señor dijo a su padre: No te preocupes por el chico, con él haré grandes cosas por ser tu descendiente. ¿Y quiénes son los árabes, hijos de Ismael? Uno de los pueblos más prósperos de la tierra pues aprendieron, por la unción de Abraham, el principio de invertir al máximo, abriendo la llave de la productividad para que el Dios eterno multiplique los recursos.

En cuanto a Isaac, ¿por qué el pueblo de Israel ha sido tan próspero? Porque, al igual que su lejano antepasado, conoce esta llave y la usa como pocos pueblos sobre la tierra. Y no solo en materia de dinero. En lo intelectual, por ejemplo, un alto porcentaje de los premios Nobel que se han entregado, en todas las especialidades, está integrado por judíos. Esta gente aplica su llave, entendiendo que la fe multiplica los recursos.

EL USO DEL DON

A través de algunos ejemplos bíblicos recibiremos inspiración en cuanto a la forma correcta de emplear esta llave.

José. Este bisnieto de Abraham es un jovencito muy especial en la historia. Su madre lo había parido en su vejez, y era la luz de los ojos de su padre. ¿Cuál es su talento, su habilidad, su recurso? Que sabía interpretar los sueños, por un don profético dado por el Espíritu Santo. Un día sus hermanos, por envidia, lo venden y llega a la tierra de Egipto como esclavo. En una telenovela de acoso sexual a la que fue sometido por la mujer de su jefe Potifar, terminó en la cárcel. ¿Qué hizo él en ese lugar? ¿Acaso reclamar y renegar: «Dios me abandonó, cómo pudo permitir que yo quedara bajo cadenas en esta celda»? No. El era un hombre espiritual y lo que hizo en la cárcel fue invertir su talento, usar la moneda que tenía: interpretar los sueños.

En la prisión había dos funcionarios del faraón: el panadero y el copero. Ellos tuvieron unos sueños muy curiosos y vinieron a José. Él no razonó: «No interpretaré los sueños de este par de delincuentes, guardaré mi don para una mejor oportunidad». ¿Qué inversión puede ser interpretarle proféticamente los sueños a dos presos condenados a muerte? Sin embargo lo hizo, utilizó el talento que tenía y la oportunidad que se le daba en la cárcel. ¿Qué sucedió? Poco tiempo después uno de ellos, cumpliendo los vaticinios de José, murió ahorcado; el otro fue puesto en libertad y regresó al palacio real.

¡Los planes de Dios son muy extraños! El faraón, por su parte, tiene un sueño y nadie se lo puede interpretar. Es entonces cuando el hombre que había estado en la cárcel declara: «Majestad, yo se quién puede interpretar sus sueños». El hebreo José invirtió su talento en unos infelices presos y Dios le dio el rendimiento en el rey más importante de la tierra. Si aprovechas lo poco que tienes y lo usas en el momento preciso dentro de la circunstancia en que te encuentras, Dios te dará después el rendimiento a un nivel muchísimo mayor.

El faraón mandó llamar a José, y enseguida lo sacaron de la cárcel Luego de afeitarse y cambiarse de ropa, José se presentó ante el faraón, quien le dijo:

—Tuve un sueño que nadie ha podido interpretar Pero me he enterado de que, cuando tú oyes un sueño, eres capaz de interpretarlo

—No soy yo quien puede hacerlo —respondió José—, sino que es Dios quien le dará al faraón un respuesta favorable (Génesis 41:14-16).

El talento no es tuyo, es del Dueño de todo lo visible y lo invisible, que mora en el cielo, sentado a la diestra del Padre. Él te lo entregó y un día vendrá a tomarte cuenta de cómo lo has invertido.

Entonces el faraón les preguntó a sus servidores: —¿Podremos encontrar una persona así, en quien repose el espíritu de Dios?

Luego le dijo a José:

—Puesto que Dios te ha revelado todo esto, no hay nadie más competente y sabio que tú Quedarás a cargo de mi palacio, y todo mi pueblo cumplirá tus órdenes Solo yo tendré más autoridad que tú, porque soy el rey Así que el faraón le informó a José:

—Mira, yo te pongo a cargo de todo el territorio de Egipto

De inmediato, el faraón se quitó el anillo oficial y se lo puso a José Hizo que lo vistieran con ropas de lino, y que le pusieran un collar de oro en el cuello Después lo invitó a subirse al carro reservado para el segundo en autoridad, y ordenó que gritaran: «¡Abran paso!» Fue así como el faraón puso a José al frente de todo el territorio de Egipto (vv. 38-43).

¿Por qué razón un hombre del desierto vendido como esclavo por treinta miserables monedas y que fue a la cárcel acusado por una mujer de alta clase social y económica, llegó a ser el primer ministro de la superpotencia de su tiempo? Porque tenía un talento que Dios le había dado: Interpretar los sueños; y supo abrir la llave de la productividad, a través de la cual obtuvo un enorme rendimiento no solo para él, sino también para su anciano padre y sus hermanos que vinieron a Egipto para convertirse en Israel, el pueblo poderoso del Señor. Observemos dónde comienza esta llave y hasta dónde puede llegar.

David. En las montañas de Judea vivía un muchacho de unos dieciséis años, pastor de ovejas y cabras, sin la menor posibilidad de llegar a ser alguien importante. Él tenía dos habilidades, dos dones, dos talentos: sabía tocar el arpa y usar la honda. Esos eran los dos únicos recursos con que contaba. Un día ocurrió lo inesperado:

*El Espíritu del Señor se apartó de Saúl, y en su lugar el Señor
le envió un espíritu maligno para que lo atormentara. Sus
servidores le dijeron:*

*—Como usted se dará cuenta, un espíritu maligno de parte
de Dios lo está atormentando Así que ordene Su Majestad a
estos siervos suyos que busquen a alguien que sepa tocar el
arpa Así, cuando lo ataque el espíritu maligno de parte de
Dios, el músico tocará, y Su Majestad se sentirá mejor*

*—Bien —les respondió Saúl—, consíganme un buen músi-
co y tráiganlo*

Uno de los cortesanos sugirió:

*—Conozco a un muchacho que sabe tocar el arpa Es valien-
te, hábil guerrero, sabe expresarse y es de buena presencia
Además, el Señor está con él Su Padre es Isaí, el de Belén*
(1 Samuel 16:14-18).

Y ¿por qué este hombre en el palacio real sabía que
David tocaba el arpa? Porque él abría la llave de la productividad. Su arpa no reposaba en el establo donde
guarnecía sus ovejas; él la tocaba, y porque lo hacía, hasta el palacio real llegó la fama de su arte. El pastorcito no
solo tocaba arpa, sino que lo hacía muy bien, pese a ser
alguien sin la menor posibilidad de ser biografiado. ¿Qué
ocurría cuando David tocaba el arpa?

*Cada vez que el espíritu de parte de Dios atormentaba a Saúl, Da-
vid tomada su arpa y tocaba. La música calmaba a Saúl y lo hacía
sentirse mejor, y el espíritu maligno se apartaba de él* (v. 23).

David no usaba el arpa para las orgías sino para alabar al Dios Eterno. Aquel talento no era suyo, sino del Señor y, por eso, lo utilizaba para su propio Dueño. No olvidemos, sin embargo que, además de saber tocar el arpa, David tenía otra habilidad: manejaba muy bien la honda. El profeta Samuel narra un episodio bastante conocido en la historia universal. Cierto hombre muy corpulento, el filisteo Goliat, desafía al ejército de Israel y todos los soldados tiemblan, incluso los hermanos de David, que son muy atléticos.

Llega el pastorcito al escenario del reto con un zurrón de piedras a la espalda y una honda en su hombro. Se enfrenta al gigante con lo que tiene y con lo que sabe hacer. Cuando Saúl le ofrece su armadura, casco y espada, David los rehúsa, argumentando que solo le hacen estorbo, y se enfrenta al gigante. No tiene armas de guerra, solo una honda de pastor. El relato de Samuel es como para un Premio Nobel.

> *En cuanto el filisteo avanzó para acercarse a David y enfrentarse con él, también éste corrió rápidamente hacia la línea de batalla para hacerle frente. Metiendo la mano en su bolsa sacó una piedra, y con la honda se la lanzó al filisteo, hiriéndolo en la frente Con la piedra incrustada entre ceja y ceja, el filisteo cayó de bruces al suelo Así fue como David triunfó sobre el filisteo: lo hirió de muerte con una honda y una piedra, y sin empuñar la espada* (1 Samuel 17:48-50).

¿Qué hizo David? Utilizar su talento, lo que sabía hacer. En realidad, frente al gran guerrero era poca cosa este muchachito de dieciséis o diecisiete años, pero empleó su llave en forma natural, como lo hacía todos los días en defensa de sus ovejas. Por el uso se había vuelto práctico, había multiplicado su productividad y su actividad con la honda. Y, si no están mal mis informaciones, este insignificante pastor de ovejas, que sabía tocar el arpa y manejar la honda, fue coronado como rey del pueblo de Dios.

La llave de la productividad condujo a David hasta el palacio real. No los talentos de otro, sino los que tú mismo tienes son los que debes usar. ¿Te parecen, acaso, cosas importantes un instrumento musical y una honda para tirar piedras? Sin embargo, fueron suficientes para David. No importa el tamaño de tus recursos, ni la cantidad de tus talentos, importa que lo que Dios te ha dado lo hagas rendir al máximo para él. Y así, de lo pequeño a lo grande, el pastor de ovejas que tocaba el arpa y manejaba la honda, llegó a ser el gran monarca, y de su dinastía, de su propia simiente vino en cuanto hombre el Redentor de la humanidad. El arpa y la honda fructificaron la vida de David, porque, indudablemente, usar los talentos los hace rendir.

Nehemías. Es este un personaje de quien podemos suponer que, cuando estaba con los reyes de Persia, era alguien en verdad importante. Ejercía como copero de la mesa real, cargo de absoluta confianza, solo para hombres íntegros y fieles. Pero Nehemías era astuto, como debe serlo todo hijo de Dios. Algunos piensan que la astucia es algo necesariamente malo. No. Astucia es la habilidad para hacer las cosas y se puede usar para lo bueno y para lo malo por igual. Jesús advierte lo lamentable que resulta el hecho de que sean más astutos los hijos de las tinieblas que los de la luz. Nehemías empleó su astucia para lo bueno, razonando: «Este rey me tiene tanta confianza que voy a aprovecharme de las circunstancias». Y aquí se inicia el argumento de una gran historia.

Un día, en el mes de nisán del año veinte del reinado de Artajerjes, al ofrecerle vino al rey, como él nunca antes me había visto triste, me preguntó:

—¿Por qué estás triste? No me parece que estés enfermo, así que debe haber algo que te está causando dolor

Yo sentí mucho miedo y le respondí:

—¡Que viva Su Majestad para siempre! ¡Cómo no he de estar triste, si la ciudad donde están los sepulcros de mis padres se halla en ruinas, con sus puertas consumidas por el fuego?

—¡Qué quieres que haga? —replicó el rey Encomendándome al Dios del cielo, le respondí:

—Si a Su Majestad le parece bien, y si este siervo suyo es digno de su favor, le ruego que me envíe a Judá para reedificar la ciudad donde están los sepulcros de mis padres (Nehemías 2:1-5).

Como todos sabemos, el rey inmediatamente accede: Está bien, Nehemías, tu intriga ha surtido efecto. El siervo de Dios aprovecha su posición, su lealtad y la confianza que el monarca le tiene y se convierte así en el instrumento para el plan divino: Regresa a la tierra santa, financiado por el erario público y con órdenes expresas de reedificar a Jerusalén.

Así se propició el retorno del pueblo judío a su tierra, todo porque un copero real supo aprovechar su posición y su oportunidad. Nehemías agarró su llave y la usó en el momento justo, con la capacidad precisa. Pues ¿qué dice Salomón? Tiempo y ocasión llegan a todos. Hay algunos que, simplemente, no saben el tiempo y tampoco aprovechan la ocasión.

Allí donde estás, aprovecha tu talento y tu oportunidad para servir a la obra del Señor. ¿Quién es Nehemías? Un hombre de una habilidad extraordinaria que pasa a ser el arquetipo de lo que hoy conocemos como el ejecutivo. Por esta llave es un gran coordinador, un líder extraordinario. Si Nehemías no hubiera usado su llave, ¿qué habría sucedido?

Daniel. Entre los cautivos que se hallaban en Babilonia, sobresalía este joven de talento exquisito. ¿Cuál era su don? Discernimiento espiritual. Utilizó ese recurso que Dios le dio de manera tan formidable que, a través de él, se nos reveló todo el plan profético de Dios para el futuro. Además, debido a la llave, que él empleó en el momento justo y oportuno, llegó a ser primer ministro de dos grandes imperios de la antigüedad: Babilonia y Persia.

Entonces Daniel fue a ver a Arioc, a quien el rey le había dado la orden de ejecutar a los sabios de Babilonia, y le dijo:

—No mates a los sabios babilonios Llévame ante el rey, y le interpretaré el sueño que tuvo Inmediatamente Arioc condujo a Daniel a la presencia del rey, y le dijo:

—Entre los exiliados de Judá he hallado a alguien que puede interpretar el sueño de Su Majestad

El rey le preguntó a Daniel, a quien los babilonios le habían puesto por nombre Beltsasar:

—¿Puedes decirme lo que vi en mi sueño, y darme su interpretación?

A esto Daniel respondió:

—No hay ningún sabio ni hechicero, ni mago o adivino, que pueda explicarle a Su Majestad el misterio que le preocupa Pero hay un Dios en el cielo que revela los misterios Ese Dios le ha mostrado a usted lo que tendrá lugar en los días venideros Estos son el sueño y las visiones que pasaron por la mente de Su Majestad mientras dormía (Daniel 2:24-28).

No soy yo, no es Beltsasar. Es el Dios eterno. El talento que yo tengo, el discernimiento espiritual que me ha sido dado pertenece al Señor y lo utilizaré para su gloria. De inmediato, Daniel fue nombrado primer ministro de Nabucodonosor. Cuando el emperador muere y los persas llegan a ese lugar, hay cambios políticos. Sin embargo:

En el tercer año del reinado de Ciro de Persia, Daniel tuvo
una visión acerca de un gran ejército (Daniel 10:1a).

Hay otro emperador y otro imperio, pero Daniel sigue desempeñándose como primer ministro, porque su llave le permite afianzarse como alguien indispensable. Los reyes cambian, el primer ministro es inamovible.

Cuando Darío el Medo estaba en el primer año de su reinado,
también le brindé mi apoyo y mi ayuda (Daniel 11:1).

Siempre que había problemas en Babilonia y en Persia, Daniel era consultado; y, a través del recurso de su discernimiento, él daba la solución que Dios quería. Usó su discernimiento en forma tan prodigiosa que todo el plan profético de Dios, hasta que esto acabe, lo dio Daniel en cortos versículos, y hoy se están cumpliendo dramáticamente muchas de las cosas que a él le fueron reveladas. Un discernimiento multiplicado hasta el infinito, gracias a la llave de la productividad.

Juan. Del bautista la gente tiene la idea de un buen salvaje que vivía en las cavernas de Qumrám, vestido con pieles de camellos y alimentándose de chapulines y miel silvestre. Sin embargo,

Mientras se iban los discípulos de Juan, Jesús comenzó a ha-
blarle a la multitud acerca de Juan: «Que salieron a ver al de-
sierto? ¿Una caña sacudida por el viento? Si no, ¿Qué salie-
ron a ver? ¿A un hombre vestido de ropa fina? Claro que no,
pues los que usan ropa de lujo están en los palacios de los reyes

*Entonces, ¿qué salieron a ver? ¿A un profeta? Sí, les digo, y
más que profeta Este es de quien está escrito: "Yo estoy por enviar a mi mensajero delante de ti, el cual preparará tu camino"
Les aseguro que entre los mortales no se ha levantado nadie más
grande que Juan el Bautista; sin embargo, el más pequeño en el
reino de los cielos es más grande que él»* (Mateo 11:7-11).

Impresiona que Jesús diga esto de alguien: El más grande de los mortales. Si revisamos la vida del Bautista, hallaremos que no tenía muchos talentos. Jamás sanó a un enfermo, nunca resucitó un muerto, no recordamos que calmara una tempestad, no se dice que echara fuera un demonio.

*Mucha gente acudía a él, y decía: «Aunque Juan nunca hizo
ninguna señal milagrosa, todo lo que dijo acerca de este hombre era verdad»* (Juan 10:41).

El más grande de los nacidos de mujer no hizo ninguna señal. Conozco a mucha gente en el evangelio que se autojuzga: ¿Por qué yo no tengo cinco talentos?, ¿Por qué solo tengo uno? Tales personas deberían pensar seriamente en Juan. ¿Cuál era su encanto?

En aquellos días se presentó Juan el Bautista predicando
(Mateo 3:1a).

El don de Juan, su talento, su habilidad única era la predicación, y todo lo que predicó de Jesús era verdadero. Para los que se cuestionan a sí mismos de por qué no sanan enfermos, ni calman tempestades, ni echan fuera demonios, ni resucitan muertos, sería un gran consuelo reconocer que el más grande de los humanos, según lo que afirmó el propio Jesús, nunca hizo ninguna señal. Pero el don de la predicación, que era lo que poseía, lo invirtió al máximo para establecer el camino del Señor. La llave productiva estuvo en su mano todo el tiempo y él la empleó a fondo, sin pausa ni reposo. Dios no te exige que hagas lo que no puedes hacer. Él no te tomará cuenta del talento que no tienes, pero te reclamará por el que te ha dado. Al de dos, no le pedirá diez; al de uno, le pedirá rendimientos por ese uno, como Juan hizo rendir el suyo, el único que le fue otorgado.

Jesús hablaba de esta llave con frecuencia. Una vez dijo que el reino de Dios es como la semilla de mostaza, que ni siquiera se percibe a simple vista, pero, si se mete en tierra, echa raíces, saca el tallo a la luz y crece hasta ser un árbol gigantesco en cuyas ramas cantan las aves del campo. El grano de mostaza de nada sirve si lo coloco en mi bolsillo, o en mi granero, sirve si lo meto en tierra, si abro la llave para que se multiplique en proyección exponencial. Juan conocía la llave y sabía que el Señor le tomaría cuenta de la utilización que hiciera de ella.

Permítanme un testimonio personal. En una época en la que no había facultades de comunicación social ni periodismo, hice un curso de medios audiovisuales en una academia informal. A los diecisiete años fui nombrado director artístico de una radiodifusora de provincia. A los veintitrés, fui jefe de redacción de un radioperiódico nacional. A los veinticinco, realizaba un magazín de televisión. A los veintiocho era nombrado director de medios audiovisuales de una campaña presidencial. Para abreviar, de director artístico de una radio provinciana llegué a ser director de informativos en televisión y, por último, propietario de un noticiero en ese medio. ¿Por qué razón? Hay que decirlo con humildad, aunque con seriedad: Porque los talentos que Dios me dio como comunicador y periodista los he utilizado al máximo posible.

El Dr. Albert Einstein dijo, entre otras cosas sorprendentes, esta: «Una pequeña cantidad de masa, produce una enorme cantidad de energía». Este físico describe así la llave que nos ocupa. Tal es el secreto por medio del cual el profeta Eliseo hace abundar el aceite de una viuda, el mismo que utiliza Jesús para multiplicar los peces y los panes. El recurso que tienes en tu mano lo debes usar al máximo. Esta llave funciona en forma positiva y negativa: Si abres amor, multiplicas amor; si abres odio, multiplicas odio; si abres paz, multiplicas paz; si abres guerra, multiplicas guerra. Esta llave de productividad del reino de los cielos funciona en el trabajo, en el tiempo, en el dinero.

Si abres tu lengua y la usas para maldecir, tendrás una gran productividad de maldición en tu vida. Si la llave es en tu boca para bendecir, bendición multiplicarás sobre tu vida. Por lo tanto, todos debemos revisarnos frente a esta enorme responsabilidad. No somos un grupo cualquiera. Si miramos estadísticas confiables, los cristianos constituimos una multitud de personas con variados talentos, habilidades y dones que el Señor nos ha dado y que no se están utilizando en la forma que él requiere. ¿Hemos cerrado o estamos abriendo esta llave?

Los cristianos (y lo digo con absoluta seriedad de parte del Espíritu Santo de Dios), somos un grupo capaz de transformar a nuestros países, si cada uno de nosotros invierte su talento al máximo posible en beneficio de la sociedad. Jamás olvidemos la severa advertencia contenida en la Biblia.

> *El siervo que conoce la voluntad de su señor, y no se prepara para cumplirla, recibirá muchos golpes En cambio, el que no la conoce y hace algo que merezca castigo, recibirá pocos golpes A todo el que se le ha dado mucho, se le exigirá mucho; y al que se le ha confiado mucho, se le pedirá aun más* (Lucas 12:47-48).

Hace dos mil años Jesús se presentó aquí en la tierra. El Dios Eterno, hecho un hombre como tú y como yo. Él no se reservó nada de lo que tenía, invirtió sus recursos por nosotros. Todo lo dio para ti, todo lo dio por mí. Abrió la llave de la productividad. Su sangre fue su máxima inversión en el negocio de salvar las almas. Se levantó del sepulcro en gloria y majestad, y te dio una vida, una sola. No hay más oportunidades, no hay segundas ocasiones sobre este planeta. La llave que Jesús entregó en tu mano hoy es para abrir la puerta hoy mismo.

Tienes una sola vida, aquí y ahora. Único chance antes de la eternidad. Tu país sería otro si esta llave maravillosa que el Señor te ha dado originara una gran explosión de los incontables dones y habilidades que poseen los miembros de la iglesia. La llave está en tu mano y Aquel que se halla a la diestra del Padre en gloria y majestad volverá.

¿Cuántos atributos recibiste? ¿Dos? ¿Uno? No hay nadie que no tenga ni siquiera uno. El más grande de los nacidos de mujer solo tenía uno. ¿Cómo has invertido el tuyo? ¿Cómo lo estás usando? Jesús vendrá otra vez a revisar tus libros de contabilidad. Estemos preparados y, para hacerlo, comencemos hoy mismo, puesto que el día y la hora nadie lo sabe, salvo el Padre celestial. De cómo hayamos invertido nuestros talentos tendremos que darle cuenta a quien nos los otorgó, y solo hay dos maneras en que él hablará con nosotros. La primera: «Siervo malo y perezoso, has debido llevar mi dinero al banco y devolvérmelo con los intereses. Ordeno que te echen fuera, a las tinieblas, donde habrá llanto y rechinar de dientes». El deseo sincero de mi corazón es que, cuando el Señor venga, a cada uno de mis lectores le pueda hablar en la segunda forma: «Bien, siervo bueno y fiel; porque has sido fiel en lo poco, te pondré a cargo de muchas cosas más. Comparte la felicidad de tu Señor».

LLAVE 3

LA CAUSALIDAD

Se ha dicho razonablemente que el «Sermón del Monte».
es la «Constitución Nacional del Reino de los Cielos». En
este documento Jesús no plantea sistemas religiosos, al
contrario, enseña cómo vivir en sociedad. Se trata de un
adiestramiento comunitario. Su tema es cómo el individuo puede actuar dentro de la sociedad mejorándola, en-
riqueciéndola, permitiéndole que reciba las bendiciones
de Dios. Y allí leemos un texto sorprendente:

> *Así que en todo traten ustedes a los demás tal y como quieren*
> *que ellos los traten a ustedes De hecho, esto es la ley y los pro-*
> *fetas* (Mateo 7:12).

La pieza que ensartaremos ahora en nuestro llavero
es, precisamente la llave de la causalidad, un instrumento útil como ninguno, algo pragmático que nos permitirá
llevar una vida próspera sobre la tierra, después de haber
obtenido la salvación eterna a través de Jesucristo. Algunos llaman a esta llave la regla de oro; es la causalidad, o
ley de causa y efecto. Pat Robertson la llama reciprocidad. Dicho en términos sencillos, consiste en que lo que
yo le hago a otro, me lo harán irremediablemente.

Un viejo refrán de los judíos sefarditas, define pinto-rescamente esta llave: «Nueras fueron, suegras serán; lo que hicieron les harán». Esta llave es el epicentro de las relaciones humanas y, si se aplicara a todos los niveles, tendría efecto profundo de cambio social. Si no quieres que estrellen tu auto, trata de no estrellar el de otro. Si deseas que alguien te ayude en caso de necesidad, ayu-da hoy al que está necesitado. Si no quieres que te con-taminen el agua, no contamines la que recibirá tu veci-no. Si no quieres que otros despilfarren tu dinero, no despilfarres el de otros. Si no quieres que un patrón des-piadado te oprima y te explote, no oprimas ni explotes en ninguna forma, por leve que sea, a los que trabajan a tu cargo. Si esta llave se aplicara en el mundo, no habría necesidad de policía, cárceles, ejército, vigilancia, ni si-quiera semáforos.

Si todos pensáramos: «No haré a los demás lo que no quiero que los demás hagan conmigo»; qué diferente se-ría nuestra sociedad. No podemos exigirles a los incon-versos que abran esta llave. El Señor no les dio las llaves del poder a los inconversos, sino a los creyentes. Somos los directos llamados a usar tales recursos. No hay ningu-na razón, ningún pretexto, ninguna disculpa para que un cristiano le haga a otra persona lo que no quiere que le hagan a sí mismo. El egoísmo impide que esta llave se use en la sociedad, pero el cristiano que la usa regular-mente con sabiduría, recibirá bendiciones a montón so-bre su vida.

Ejemplos De Causalidad

Las Sagradas Escrituras están llenas de ejemplos en los cuales se nos muestra cómo la causalidad es una ley universal inevitable. Por eso, inclusive sistemas espirituales erróneos y hasta paganos promulgan ideas básicas sobre ella, pues toda falsa religión contiene algún vestigio, así sea caricaturesco, de la religión verdadera. ¿Qué es el karma? Causalidad. Aun equivocados, quienes lo creen entienden que existe en la naturaleza de las relaciones entre los seres humanos una norma establecida por Dios irremediablemente: causa y efecto. He aquí algunos ejemplos bíblicos:

Jacob. Este patriarca nació como gemelo junto con Esaú. Hubo una disputa entre ellos por salir primero a ver la luz del sol, y Jacob se mostró desde el propio vientre como un usurpador, luchando por nacer antes que su hermano. Pasado el tiempo, Esaú se vio enredado en un fenómeno que en la política latinoamericana se llama «lentejismo»: Vender los principios por canonjías. Jacob obtuvo por este medio la primogenitura. Ha pasado ya mucho tiempo. Isaac, el padre de los gemelos, es muy viejo y está completamente ciego. La bendición de la primogenitura debía darla directamente él, porque, en las costumbres patriarcales, se confirmaba el hijo mayor por ese medio. Jacob se presenta ante su padre haciéndose pasar por su hermano:

—*¿En serio eres mi hijo Esaú?*

—*Claro que sí —respondió Jacob.*

Entonces su padre le dijo:

—*Tráeme lo que has cazado, para que lo coma, y te daré mi bendición*

Jacob le sirvió, y su padre comió También llevó vino, y su padre lo bebió Luego le dijo su padre:

—*Acércate ahora, hijo mío, y dame un beso.*

Jacob se acercó y lo besó Cuando Isaac olió su ropa, lo bendijo con estas palabras:

—*El olor de mi hijo es como el de un campo bendecido por el Señor Que Dios te conceda el rocío del cielo; que de la riqueza de la tierra te dé trigo y vino en abundancia Que te sirvan los pueblos; que ante ti se inclinen las naciones Que seas señor de sus hermanos; que ante ti se inclinen los hijos de tu madre Maldito sea el que te maldiga, y bendito el que te bendiga* (Génesis 27:24-29).

Hasta allí todo parece fácil para Jacob. Ya ganó la bendición de la primogenitura. Pero hay un detalle que su astucia no puede solucionar.

No bien había terminado Isaac de bendecir a Jacob, y éste de salir de la presencia de su padre, cuando Esaú volvió de cazar También él preparó un guiso, se lo llevó a su padre y le dijo:

—*Levántate, padre mío, y come de lo que ha cazado tu hijo Luego podrás darme tu bendición*

Pero Isaac lo interrumpió:

—¿Quién eres tú?

—Soy Esaú, tu hijo primogénito —respondió

Isaac comenzó a temblar y, muy sobresaltado, dijo:

—¿Quién fue el que ya me trajo lo que había cazado? Poco antes de que llegaras, yo me lo comí todo Le di mi bendición, y bendecido quedará

Al escuchar Esaú las palabras de su padre, lanzó un grito aterrador y, lleno de amargura, le dijo:

—¡Padre mío, te ruego que también a mí me bendigas! Pero Isaac le respondió:

—Tu hermano vino y me engañó, y se llevó la bendición que a ti te correspondía

—¡Con toda razón le pusieron Jacob! —replicó Esaú— Ya van dos veces que me engaña: primero me quita mis derechos de primogénito, y ahora se lleva mi bendición (Génesis 27:30-36).

Cualquiera pensaría que las cosas podrían quedarse de este calibre, que el engaño había sido perfecto. Sin embargo, Jacob hubo de huir de Canaán porque su hermano lo quería matar al enterarse de la suplantación. Va a Padan-Aram y llega a casa de su tío Labán, donde comienza a destorcerse esta telenovela bíblica.

Labán tenía dos hijas. La mayor se llamaba Lea, y la menor, Raquel Lea tenía ojos apagados, mientras que Raquel era una mujer muy hermosa Como Jacob se había enamorado de Raquel, le dijo a su tío:

—Me ofrezco a trabajar para ti siete años, a cambio de Raquel, tu hija menor

Labán le contestó:

—Es mejor que te la entregue a ti, y no a un extraño Quédate conmigo Así que Jacob trabajó siete años para poder casarse con Raquel, pero como estaba muy enamorado de ella le pareció poco tiempo Entonces Jacob le dijo a Labán:

—Ya he cumplido con el tiempo pactado. Dame mi mujer para que me case con ella

Labán reunió a toda la gente del lugar y ofreció una gran fiesta Pero cuando llegó la noche, tomó a su hija Lea y se la entregó a Jacob, y Jacob se acostó con ella Además, como Lea tenía una criada que se llamaba Zilpá, Labán se la dio, para que la atendiera A la mañana siguiente, Jacob se dio cuenta de que había estado con Lea, y le reclamó a Labán:

—¿Qué me has hecho? ¿Acaso no trabajé contigo para casarme con Raquel? ¿Por qué me has engañado?

Labán le contestó:

—La costumbre en nuestro país es casar primero a la mayor y luego a la menor. Por eso, cumple ahora con la semana nupcial de ésta, y por siete años más de trabajo te daré la otra

Así lo hizo Jacob, y cuando terminó la semana nupcial de la primera, Labán le entregó a Raquel por esposa (Génesis 29:16-28).

Miradas las cosas en sentido estricto, se cumple la causalidad: El engañador será engañado.

Abigail. A la sazón David es perseguido por Saúl, que lo busca para quitarle la vida, a cualquier precio y donde lo encuentre. David ha tenido que organizar un grupo subversivo para protegerse del rey. Como pasa su vida en las montañas, a veces atraviesa por grandes necesidades para alimentar a los hombres que lo acompañan. Y aquí comienza esta maravillosa historia.

Había en Maón un hombre muy rico, dueño de mil cabras y tres mil ovejas, las cuales esquilaba en Carmel, donde tenía su hacienda Se llamaba Nabal y pertenecía a la familia de Caleb. Su esposa, Abigail, era una mujer bella e inteligente; Nabal, por el contrario, era insolente y de mala conducta (1 Samuel 25:2-3).

La causalidad tiene que ver con el carácter de las personas que practican las acciones, y aquí encontramos un gran contraste entre el carácter de Nabal y el de su mujer Abigail.

Estando David en el desierto, se enteró de que Nabal estaba esquilando sus ovejas Envió entonces diez de sus hombres con este encargo: Vayan a Carmel para llevarle a Nabal un saludo de mi parte Díganle: ¡Que tengan salud y paz tú y tu familia, y todo lo que te pertenece! Acabo de escuchar que estás esquilando tus ovejas Como has de saber, cuando tus pastores estuvieron con nosotros, jamás los molestamos. En todo el tiempo que se quedaron en Carmel, nunca se les quitó nada (vv. 4-8).

Como quien dice: Tus pastores pasaron por este lugar, yo los protegí, los traté bien. Mándame una ofrenda en reciprocidad de lo que hice con ellos:

Pero Nabal les contestó:

—¿Y quién es ese tal David? ¿Quién es el hijo de Isaí? Hoy día son muchos los esclavos que se escapan de sus amos ¿Por qué he de compartir mi pan y mi agua, y la carne que he reservado para mis esquiladores, con gente que ni siquiera sé de dónde viene? Los hombres de David se dieron la vuelta y se pusieron en camino Cuando llegaron ante él, le comunicaron todo lo que Nabal había dicho (vv. 10-12).

Como David conoce la causalidad, decide penalizar a Nabal.

Entonces David les ordenó: ¡Cíñanse todos la espada! Y todos, incluso él, se la ciñeron Acompañaron a David unos cuatrocientos hombres, mientras que otros doscientos se quedaron cuidando el bagaje (v. 13).

Con todo, nunca falta por ahí alguien perspicaz que advierta el peligro cuando viene:

Uno de los criados avisó a Abigail, la esposa de Nabal: «David envió desde el desierto unos mensajeros para saludar a nuestro amo, pero él los trató mal Esos hombres se portaron muy bien con nosotros. En todo el tiempo que anduvimos con ellos por el campo, jamás nos molestaron ni nos quitaron nada Día y noche nos protegieron mientras cuidábamos los rebaños cerca de ellos Piense usted bien lo que debe hacer, pues la ruina está por caer sobre nuestro amo y sobre toda su familia Tiene tan mal genio que ni hablar se puede con él» Sin perder tiempo, Abigail reunió doscientos panes, dos odres de vino, cinco ovejas asadas, treinta y cinco litros de trigo tostado, cien tortas de uvas pasas y doscientas tortas de higos. Después de cargarlo todo sobre unos asnos, les dijo a los criados: «Adelántense, que yo los sigo»

Pero a Nabal, su esposo, no le dijo nada de esto Montada en un asno, Abigail bajaba por la ladera del monte cuando vio que David y sus hombres venían en dirección opuesta, de manera que se encontraron (vv. 14-20).

Esta es una historia hermosa y su desenlace resulta impactante.

David recién había comentado: «De balde estuve protegiendo en el desierto las propiedades de ese tipo, para que no perdiera nada. Ahora resulta que me paga mal por el bien que le hice. ¡Que Dios me castigue sin piedad si antes del amanecer no acabo con todos sus hombres!» Cuando Abigail vio a David, se bajó rápidamente del asno y se inclinó ante él, postrándose rostro en tierra. Se arrojó a sus pies y dijo:

—*Señor mío, yo tengo la culpa. Deje que esta sierva suya le hable; le ruego que me escuche No haga usted caso de ese grosero de Nabal, pues le hace honor a su nombre, que significa «necio» La necedad lo acompaña por todas partes Yo, por mi parte, no vi a los mensajeros que usted, mi señor, envió (vv. 21-25).*

Nabal hizo una causalidad negativa. Utilizó la llave para mal. Abigail era una mujer inteligente, virtuosa y bonita. Nabal, en lengua hebraica, significa: Loco, insensato. Abigail declara su inocencia personal y, luego, sagazmente, dice a David:

Pero ahora el Señor le ha impedido a usted derramar sangre y hacerse justicia con sus propias manos ¡Tan cierto como que el Señor y usted viven! Por eso, pido que a sus enemigos, y a todos los que quieran hacerle daño, les pase lo mismo que a Nabal Acepte usted este regalo que su servidora le ha traído, y repártalo entre los criados que lo acompañan Yo le ruego que perdone la falta de esta servidora suya Ciertamente, el Señor le dará a usted una dinastía que se mantendrá firme, y nunca nadie podrá hacerle a usted ningún daño, pues usted pelea las batallas del Señor Aun si alguien lo persigue con la intención de matarlo, su vida estará protegida por el Señor su Dios, mientras que sus enemigos serán lanzados a la destrucción Así que, cuando el Señor le haya hecho todo el bien que le ha prometido, y lo haya establecido como jefe de Israel, no tendrá usted que sufrir la pena y el remordimiento de haberse vengado por sí mismo, ni de haber derramado sangre inocente. Acuérdese usted de esta servidora suya cuando el Señor le haya dado prosperidad (vv. 26-31).

Abigail, una mujer con discernimiento espiritual, dice finalmente a David: Tú conoces la causalidad. Y no andaba descarriada en sus juicios.

David le dijo entonces a Abigail:

—¡Bendito sea el Señor, Dios de Israel, que te ha enviado hoy a mi encuentro! ¡Y bendita seas tú por tu buen juicio, pues me has impedido derramar sangre y vengarme con mis propias manos! El Señor, Dios de Israel, me ha impedido hacerte mal; pero te digo que si no te hubieras dado prisa en venir a mi encuentro, para mañana no le habría quedado vivo a Nabal ni uno solo de sus hombres ¡Tan cierto como que el Señor vive! Dicho esto, David aceptó lo que ella le había traído

—Vuelve tranquila a tu casa —añadió— Como puedes ver, te he hecho caso: te concedo lo que me has pedido Cuando Abigail llegó a la casa, Nabal estaba dando un regio banquete Se encontraba alegre y muy borracho, así que ella no le dijo nada hasta el día siguiente Por la mañana, cuando a Nabal ya se le había pasado la borrachera, su esposa le contó lo sucedido Al oírlo, Nabal sufrió un ataque al corazón y quedó paralizado Unos diez días después, el Señor hirió a Nabal, y así murió (vv. 32-38).

Bien reza el refranero popular: «El que la hace la paga». El desenlace de esta historia es impactante: Al enterarse David de la muerte de Nabal, da gracias a Dios por haber juzgado su causa. Poco tiempo después, envía por Abigail para tomarla por mujer. David debió razonar: Esta me sirve. Además de linda, conoce bien la llave de la causalidad y la usa correctamente. Sobran los comentarios, pues la historia habla por sí misma en todos sus detalles. Hay un principio bíblico que se cumple maravillosamente en Abigail, como también se cumplió, en muchos aspectos, en el propio David: «El que bendice será bendecido».

La Causalidad Antes Del Diluvio

Es esta una llave que la humanidad ha manejado desde siempre. Antes del diluvio se había desarrollado toda una civilización sobre la tierra, conocida con el nombre de cainita, por los descendientes de Caín. Formada por gente perversa, al servicio de ángeles caídos que le enseñaron idolatría, astrología, curanderismo, pornografía y sexo promiscuo. Tales demonios adiestraron al hombre para cocer adobes y construir edificaciones, y otras variadas artes, según el libro apócrifo de Enoc, citado fragmentariamente por la Biblia. Adentrémonos ahora en la civilización cainita cuando se halla en plena marcha y observemos cómo operaba la causalidad, en aquel tiempo.

> *Lamec dijo a sus mujeres Ada y Zila: ¡Escuchen bien, mujeres de Lamec! ¡Escuchen mis palabras! Maté a un hombre por haberme herido, y a un muchacho por golpearme Si Caín será vengado siete veces, setenta y siete veces será vengado Lamec* (Génesis 4:23-24).

La regla del juego en esa sociedad antediluviana era la venganza, y la causalidad se multiplicaba setenta y siete veces. Dios decidió castigar a los cainitas, una humanidad vengativa, hija del primer homicida que hubo sobre la tierra y así sobrevino el diluvio.

LA CAUSALIDAD ANTES DE LA LEY

Después del diluvio sigue operando la causalidad dentro de la sociedad humana, aun antes de la ley de Moisés.

Judá y Tamar. Los libretistas de telenovelas de hoy en día se quedan cortos de imaginación ante esta trama.

> *Judá consiguió para Er, su hijo mayor, una esposa que se llamaba Tamar Pero al Señor no le agradó la conducta del primogénito de Judá, y le quitó la vida. Entonces Judá le dijo a Onán: Cásate con la viuda de tu hermano y cumple con tu deber de cuñado; así le darás descendencia a tu hermano* (Génesis 38:6-8).

Esta costumbre, que después pasó a la ley, es una regla patriarcal de estricto cumplimiento. Si un varón moría dejando viuda sin hijos, el hermano que le seguía en edad debía casarse con ella.

> *Pero Onán sabía que los hijos que nacieran no serían reconocidos como suyos. Por eso, cada vez que tenía relaciones con ella, derramaba el semen en el suelo, y así evitaba que su hermano tuviera descendencia* (v. 9).

(El doctor Freud llamó onanismo a la masturbación, pero Onán no se masturbaba propiamente).

Esta conducta ofendió mucho al Señor, así que también a él le quitó la vida Entonces Judá le dijo a su nuera Tamar: Quédate como viuda en la casa de tu padre, hasta que mi hijo Selá tenga edad de casarse Pero en realidad Judá pensaba que Selá podría morirse, lo mismo que sus hermanos Así que Tamar se fue a vivir a la casa de su padre (vv. 10-11).

Tamar se fue a la casa paterna esperando que su suegro cumpliera la deuda de honor: Que su cuñado, todavía pequeño pero en crecimiento, se convirtiera en su esposo. Judá se hace el de la vista gorda, parece un hombre de hoy en día, que no cumple sus compromisos.

Cuando Tamar se enteró de que su suegro se dirigía hacia Timnat para esquilar sus ovejas, se quitó el vestido de viuda, se cubrió con un velo para que nadie la reconociera, y se sentó a la entrada del pueblo de Enayín, que está en el camino a Timnat. Esto lo hizo porque se dio cuenta de que Selá ya tenía edad de casarse y aún no se lo daban a ella por esposo Cuando Judá la vio con el rostro cubierto, la tomó por una prostituta No sabiendo que era su nuera, se acercó a la orilla del camino y le dijo:

—Deja que me acueste contigo

—¿Qué me das si te digo que sí? —le preguntó ella

—Te mandaré uno de los cabritos de mi rebaño —respondió Judá

—Está bien —respondió ella—, pero déjame algo en garantía hasta que me lo mandes

—*¿Qué prenda quieres que te deje?* —*preguntó Judá*
—*Dame tu sello y su cordón, y el bastón que llevas en la*
mano —*respondió Tamar*

Judá se los entregó, y se acostó con ella y la dejó embarazada
(vv. 13-18).

Aquí tenemos un incesto. En el caso de Tamar es pre-
meditado; en el caso de Judá es involuntario.

Cuando ella se levantó, se fue inmediatamente de allí, se quitó
el velo y volvió a ponerse la ropa de viuda Más tarde, Judá en-
vió el cabrito por medio de su amigo adulanita, para recuperar
las prendas que había dejado con la mujer; pero su amigo no dio
con ella. Entonces le preguntó a la gente del lugar:

—*¿Dónde está la prostituta de Enayín, la que se sentaba*
junto al camino?

—*Aquí nunca ha habido una prostituta así* —*le contestaron*

El amigo regresó adonde estaba Judá y le dijo:

—*No la pude encontrar Además, la gente del lugar me in-*
formó que allí nunca había estado una prostituta como esa

—*Que se quede con las prendas* —*replicó Judá*—*; no es*
cuestión de que hagamos el ridículo Pero que quede claro: yo
le envié el cabrito, y tú no la encontraste (vv. 19-23).

Judá en realidad desea cumplir una causalidad peca-
minosa, pagar por el pecado, pero algo imprevisto por él
se lo impide.

.

Como tres meses después, le informaron a Judá lo siguiente:

—Tu nuera Tamar se ha prostituido, y como resultado de sus andanzas ha quedado embarazada

—¡Sáquenla y quémenla! —exclamó Judá (v. 24).

Otra regla patriarcal de aquel tiempo ordenaba que la mujer adúltera muriera apedreada e incinerada. ¡Vaya! Buen ciudadano este Judá, cumplidor de las normas.

Pero cuando la estaban sacando, ella mandó este mensaje a su suegro: «El dueño de estas prendas fue quien me embarazó A ver si reconoce usted de quién son este sello, el cordón del sello, y este bastón»

Judá los reconoció y declaró: «Su conducta es más justa que la mía, pues yo no la di por esposa a mi hijo Selá».

Y no volvió a acostarse con ella Cuando llegó el tiempo de que Tamar diera a luz, resultó que tenía mellizos en su seno. En el momento de nacer, uno de los mellizos sacó la mano; la partera le ató un hilo rojo en la mano, y dijo: «Este salió primero». Pero en ese momento el niño metió la mano, y salió primero el otro. Entonces la partera dijo: «¡Cómo te abriste paso!» Por eso al niño lo llamaron Fares (vv. 25-29).

El nombre Fares significa algo así como «una enorme grieta» ¡Vaya simbolismo!

Luego salió su hermano, con el hilo rojo atado en la mano, y lo llamaron Zera (v. 30).

Escudriñemos el cumplimiento de la causalidad en Tamar: Del primer marido no tuvo hijo, pues murió sin haberla embarazado. El segundo, que es Onán, se da mañas para no fecundarla. Por esa frustración, recibe a Fares. Y por el tercer marido, que no le ha sido entregado por su suegro, recibe a Zera. Dios le dio gemelos: la causalidad no le da un hijo, sino dos. Así opera esta llave del poder. El suegro renuente a sus deberes, acepta a regañadientes el pago a la perversidad de su incumplido compromiso, y Tamar obtiene la causalidad por su vejación y sufrimientos. Ciertamente, la causalidad da el doble por la mitad.

La prostituta de Jericó. Avancemos algunos siglos en la historia del pueblo de Dios. Los israelitas han cruzado el desierto y están a la puerta de la tierra prometida. Con el fin de inspeccionar a Jericó por dentro, Josué envía a sus espías. Estos llegan a la casa de una mujer bastante conocida en toda la ciudad, llamada doña Rajab. Cuando el ejército cananeo busca a los espías, ella los esconde en la terraza de su vivienda bajo un forraje para los animales y, cuando ya los que los buscan se han ido, Rajab les dice:

> *Por lo tanto, les pido ahora mismo que juren en el nombre del Señor que serán bondadosos con mi familia, que yo lo he sido con ustedes. Quiero que me den como garantía una señal de que perdonarán la vida de mis padres, de mis hermanos y de todos los que viven con ellos ¡Juren que me salvarán de la muerte!* (Josué 2:12-13).

Esta mujer entiende bien la causalidad y hace a los israelitas una propuesta, esperando que ellos también dominen el tema, como en efecto ocurre.

> —*¡Juramos por nuestra vida que la de ustedes no correrá peligro!* —*contestaron ellos*— *Si no nos delatas, seremos bondadosos contigo y cumpliremos nuestra promesa cuando el Señor nos entregue este país* (v. 14).

Cuando los espías regresan en paz y se encuentran con Josué, el gran líder honra la causalidad al dar estas instrucciones:

> *Jericó, con todo lo que hay en ella, será destinada al exterminio como ofrenda al Señor Solo se salvarán la prostituta Rajab y los que se encuentren en su casa, porque ella escondió a nuestros mensajeros* (Josué 6:17).

El maravilloso espíritu que era Josué usaba perfectamente esta llave. La famosa prostituta se convirtió al pueblo de Dios, entró a formar parte del mismo y fue tan enorme la causalidad hacia ella, que después se casó con Salmón, de quien tuvo un hijo llamado Obed, padre de Isaí, el padre nada más y nada menos que de David. La causalidad siempre ha existido. Es algo inevitable pues forma parte de la equidad divina.

Si hablas mal de alguien hoy, alguien pronto hablará mal de ti. Si solucionas hoy el problema de alguien, alguien solucionará tu problema después. Si ayudas a alguien ahora, alguien te ayudará cuando lo necesites. Si maltratas a alguien ahora, alguien inevitablemente te maltratará. Esta

llave es como el boomerang, el arma arrojadiza de austra-
lianos y neozelandeses, que siempre da la vuelta y regresa
al punto de partida. El dolor que causes hoy, otro te lo cau-
sará mañana. El bien que hagas hoy, otro te lo hará mañana. Los viejos de antaño, siempre sabios, definieron la causalidad en forma instintiva: «Hoy por ti, mañana por mí».

La Causalidad Bajo La Ley

Casi cinco siglos después de Abraham, su descendiente Moisés organiza una legislación para los israelitas.
Algunos confunden la ley de Dios con la ley de Moisés.
La ley de Dios es el «Decálogo», aplicable en todas las
épocas a todas las naciones, bajo todos los sistemas. Es
propiamente el derecho natural. La de Moisés es una
aplicación, un desarrollo de la ley de Dios para la época
propiamente mosaica. Por eso, hay en ella cosas que hoy
resultan inaplicables a quienes, de todos modos, segui-
mos bajo el decálogo, que es la ley de Dios.

Al salir de Egipto los israelitas empiezan a moverse
bajo la ley. Ya hay normas, reglamentos, regulaciones,
ordenanzas, códigos estrictos para evitar los excesos anteriores al diluvio y lo que pasaba antes que se estable-
ciera la legislación divina. Moisés puso un ordenamiento
riguroso para el evento de que alguien perverso le causa-
ra un daño a otro de su propio pueblo.

*No le tengas consideración a nadie Cobra vida por vida, ojo
por ojo, diente por diente, mano por mano, y pie por pie*
(Deuteronomio 19:21).

Tal es el talión, la causalidad en la ley de Moisés, norma primitiva de un pueblo que apenas se encontraba en formación. Pero, por supuesto, tiene razón Mahatma Gandhi cuando afirma que, si aplicáramos hoy el ojo por ojo, en corto tiempo la humanidad quedaría ciega. En los tiempos actuales, los judíos aplican el talión en forma interpretativa: Si el ciudadano A le hace perder un ojo al ciudadano B, no es necesario que A pierda físicamente su ojo para quedar en equidad con B. Los rabinos de hoy enseñan: A deberá pagarle a B una suma que pueda resarcirlo de la pérdida de su ojo. Esa es la causalidad en términos judíos contemporáneos.

LA CAUSALIDAD EN EL EVANGELIO

Ahora bien, Jesucristo se hizo hombre, siendo Dios, para redondearlo todo, para completarlo todo. Es el Gran Totalizador. Él pone todas las cosas en orden, incluida la causalidad. Por eso dijo en el madero: «Consumado es. Todo lo he redondeado. Todo lo he completado. Yo Soy el que totaliza, porque Yo Soy el Total».

Perdón en vez de desquite. Y Jesucristo invierte —mejor dicho, reinvierte— el proceso de la causalidad.

Pedro se acercó a Jesús y le preguntó:

—Señor, ¿cuántas veces tengo que perdonar a mi hermano que peca contra mí? ¿Hasta siete veces? (Mateo 18:21).

Es probable que Pedro comentara: «¿Y tantas veces Señor? ¿Hasta siete? ¡Qué enormidad! Mira que siete es el número perfecto».

—No te digo que hasta siete veces, sino hasta setenta y siete veces —le contestó Jesús (v. 22).

Miremos atrás por un momento. Durante la civilización cainita, Lamec dijo: «Setenta y siete veces me vengaré». Ahora Jesús dice: «Por cada vez que antes del diluvio se dijo: "Véngate setenta y siete veces", yo te digo: Perdona setenta y siete veces». Si hemos entendido, la causalidad bajo la gracia es benignidad.

Desprendimiento y no resistencia. Observemos el vivo contraste que Jesús traza frente a la ley mosaica.

Ustedes han oído que se dijo: «Ojo por ojo y diente por diente». Pero yo les digo: No resistan al que les haga mal. Si alguien te da una bofetada en la mejilla derecha, vuélvele también la otra Si alguien te pone pleito para quitarte la capa, déjale también la camisa Si alguien te obliga a llevarle la carga un kilómetro, llévasela dos Al que te pida, dale; y al que quiera tomar de ti prestado, no le vuelvas la espalda (Mateo 5:38-42).

El hombre natural en griego se llama *síquico:* El que vive en mente, emociones y voluntad pero no ha descubierto que también es espíritu. *Síquico,* si lo vamos a traducir literalmente al español, significa animal. ¿Cómo reacciona la mula cuando le dan un latigazo? Con una patada. Pero Jesús dice: «Tú no eres solamente *siquis* y cuerpo, tú tienes el soplo de mi Padre en ti, eres un ser espiritual, y no debes reaccionar como el animal, como el *síquico*, sino como el *neumático*, el que está lleno de espíritu. Coloca la otra mejilla».

Es motivo de tristeza observar en la iglesia una cantidad de pleitos, contiendas y discordias a causa de que cada uno defiende lo suyo y fundamenta su personal punto de vista. Pero el Señor no dijo: «Como los hombres hagan con ustedes, hagan ustedes con los hombres»; sino: «Como quieran que los hombres hagan con ustedes». Sería muy fácil, si me ofendieran, pensar: «Tengo pretexto para ofender». Pero el Señor no recomienda ni autoriza: «Cuando te ofendan, ofende»; sino: «Cuando te ofendan, perdona». La causalidad cambia por completo cuando llega la era de la gracia y la bendita salvación a través de Jesucristo. A partir de entonces, en el DC definitivo, la causalidad conduce a la bondad.

Generosidad en vez de avaricia. La Biblia no enseña en ninguna parte que uno recibe sin dar. Es completamente antiescritural pretender recibir sin dar. Sencillamente no se puede. Leamos al Señor:

> *Den, y se les dará: se les echará en el regazo una medida llena, apretada, sacudida y desbordante Porque con la medida que midan a otros, se les medirá a ustedes* (Lucas 6:38).

Mucha gente vive infelizmente porque no entiende la causalidad económica. Es una llave que tenemos aquí en la tierra, y cuando la utilizamos para dar, el Señor la utiliza en el cielo para devolverte en abundancia. Quien no emplea la llave del dar, no puede abrir la puerta del recibir. Ese no es el plan de Dios. La causalidad se cumple en forma inexorable. A nadie se le reclama porque no diezme y a nadie se le felicita porque diezme, pero la gente debe recibir la enseñanza correcta. Muchas veces no obtenemos en nuestras vidas las bendiciones económicas porque no usamos la llave de la reciprocidad, tan simple y elemental.

Hay personas que malinterpretan las cosas cuando afirman: «Yo no puedo diezmar porque no gano». Es todo lo contrario. Yo no gano porque no diezmo. De lo que recibes, por pequeño que sea, tienes que entregar la cantidad que le corresponde a Dios nuestro Señor. No importa el monto, sino la proporción. Puede afirmarse, sin lugar a dudas, que la causalidad trae prosperidad.

Amor en vez de odio. ¡Llave tremenda la causalidad! ¿Cómo la entendía Jesús de Nazaret? Sigamos viendo el gran contraste que él marca con la ley mosaica.

> *Ustedes han oído que se dijo: Ama a tu prójimo y odia a tu enemigo Pero yo les digo: Amen a sus enemigos y oren por quienes los persiguen, para que sean hijos de su Padre que está en el cielo Él hace que salga el sol sobre malos y buenos, y que llueva sobre justos e injustos Si ustedes aman solamente a quienes los aman, ¿qué recompensa recibirán? ¿Acaso no hacen eso hasta los recaudadores de impuestos? Y si saludan a sus hermanos solamente, ¿qué de más hacen ustedes? ¿Acaso no hacen esto hasta los gentiles?* (Mateo 5:43-47)

A veces lo difícil es necesario. Y hay algo que nadie puede desconocer, y que bajo ningún sistema religioso o filosófico, en ninguna sociedad, en ninguna nación, en ninguna época, ha dejado de cumplirse: La causalidad gobierna la humanidad, aun entre los paganos.

Restauración y no murmuración. En grupos cristianos de hoy, cuando una persona comete un pecado, se convierte en blanco del señalamiento colectivo. Algunos son especialistas en buscar la pequeña paja en el ojo del prójimo, en vez de inspeccionar el propio para encontrar la enorme viga. San Pablo enseña algo muy distinto:

> *Hermanos, si alguien es sorprendido en pecado, ustedes que son espirituales deben restaurarlo con una actitud humilde. Pero cuídese cada uno, porque también puede ser tentado* (Gálatas 6:1).

Frente a la persona que ha cometido una falta, debemos reaccionar pensando cómo me gustaría ser restaurado si yo hiciera lo mismo. En esa eventualidad, no deseable pero posible, ¿cómo me gustaría que me trataran? ¿Al caído caerle, o del árbol caído hacer leña? Claro que no. Lo que manda el Señor, lo que la causalidad indica, es simple y directo: Trátalo como quisieras que te traten si estuvieras en su caso. La ley de Cristo es sobrellevar los unos las cargas de los otros. Mejor dicho, soportarnos los unos a los otros como el Señor nos soporta.

DIOS PRACTICA LA CAUSALIDAD

Según el modelo de oración que Jesús nos enseñó, debemos suplicar al Padre:

Perdónanos nuestras deudas, como también nosotros hemos perdonado a nuestros deudores (Mateo 6:12).

El Señor colocó esta llave en la oración misma. No solo debo pedir: «Perdóname»; sino perdonar para que Dios recíprocamente me perdone como yo lo hago con otros.

Porque si perdonas a otros sus ofensas, también los perdonará a ustedes su Padre celestial Pero si no perdonan a otros sus ofensas, tampoco su Padre les perdonará a ustedes las suyas (vv. 14-15).

¿Cuál es la lección que ofrece el Dios del cielo? Que yo tengo la llave en la tierra; y cuando la uso aquí, él la usa allá para mi beneficio. La causalidad es una autopista de dos vías: Sube y baja. Al concluir este capítulo habremos empatado en el llavero tres piezas, a saber: Despojo, productividad y causalidad. Cuando te despojes, entregando todo tu ser y todo lo que tienes al Señor para lo que él disponga, tendrás la productividad a tu disposición.

Además, hay dos llaves para emplear en forma simultánea: productividad y causalidad, como en las puertas que tienen una cerradura arriba y otra abajo. Si accionas las dos llaves simultáneamente, la puerta que se te abre se llama prosperidad económica. Fórmate un propósito a partir de hoy: Antes de hablar y de actuar, piensa: «¿Cómo me gustaría que hablaran de mí? ¿Cómo me gustaría ser tratado?» Lo que digas de otros y lo que a otros hagas, otros lo dirán y lo harán a ti. Como quieras que los hombres hagan contigo, haz tú con los hombres.

LLAVE 4

LA PALABRA

La mayoría de la gente supone que David es el autor de todos los salmos, pero eso no es cierto. Él los recopiló aunque es autor de muchos de ellos, pero estos himnos tienen diversos orígenes. Ahora bien, lo que conocemos como el «salterio» contiene los salmos escritos directamente por el piadoso rey. Y de allí tomaremos esta lección:

Señor, ponme en la boca un centinela; un guardia a la puerta de mis labios (Salmo 141:3).

Qué petición tan precisa hace aquí el salmista a Dios: Colocar un soldado armado en su boca, como si sus labios fueran abrazaderas en la puerta de una ciudad. Es una metáfora muy hermosa e interesante. Siguiéndole la onda al rey, podemos afirmar que, si la boca es una puerta, debe tener alguna llave. Por lo tanto, vamos a ensartar en el llavero una pieza más, y no intrascendente sino crucial: La llave de la palabra.

LA PALABRA DE DIOS.

Para entrar en materia, revisemos el famoso episodio de la tentación de Jesús.

El tentador se le acercó y le propuso:

—Si eres el Hijo de Dios, ordena a estas piedras que se conviertan en pan.

Jesús le respondió:

—Escrito está: No solo de pan vive el hombre, sino de toda palabra que sale de la boca de Dios (Mateo 4:3-4).

Hay un pan físico, un alimento material que Dios nos provee. Pero hay otro pan para el espíritu, que es la Palabra de Dios y que sale de su propia boca. Veamos en qué manera la Palabra de Dios, es una puerta infinita con tres formas de manifestación.

La Palabra hablada en la creación. Todo lo que existe fue creado por Dios, de su Palabra. El «Absolutamente Otro» no pensó las cosas, ni las hizo, dijo que fueran y, en efecto, fueron por lo que él dijo. Una inspección al proceso creador ratifica lo aseverado.

Y dijo Dios: ¡Que exista la luz! Y la luz llegó a existir (Génesis 1:3).

A la luz la llamó día, y a las tinieblas noche (v. 5a).

Y dijo Dios: ¡Que exista el firmamento en medio de las aguas, y que las separe (v. 6).

Al firmamento Dios lo llamó cielo (v. 8a).

Y dijo Dios: ¡Que las aguas debajo del cielo se reúnan en un solo lugar, y que aparezca lo seco! Y así sucedió (v. 9).

A lo seco Dios lo llamó tierra, y al conjunto de aguas lo llamó mar Y Dios consideró que esto era bueno (v. 10).

Y dijo Dios: ¡Que haya vegetación sobre la tierra; que ésta produzca hierbas que den semilla y árboles que den su fruto con semilla, todos según su especie! (v. 11).

Y dijo Dios: ¡Que haya luces en el firmamento que separen el día de la noche; que sirvan como señales de las estaciones, de los días y de los años (v. 14).

Y dijo Dios: ¡Que rebosen de seres vivientes las aguas, y que vuelen las aves sobre la tierra a lo largo del firmamento! (v. 20).

Y los bendijo con estas palabras: Sean fructíferos y multiplíquense (v. 22a).

Y dijo Dios: ¡Que produzca la tierra seres vivientes: animales domésticos, animales salvajes, y reptiles, según su especie! Y sucedió así (v. 24).

He aquí una grandiosa demostración de cómo todo lo que ha sido creado, lo fue precisamente por órdenes orales, mediante grandes confesiones que surgieron de la boca misma de Dios. Vamos a la culminación del proyecto divino:

Y dijo: Hagamos al ser humano a nuestra imagen y semejanza (v. 26a).

Toda la creación depende, pues, de lo que Dios habla, de lo que Dios dice, de la palabra que sale de la boca del tres veces Santo. La Palabra de Dios produce la creación.

La Palabra escrita. Hay una Palabra hablada en la creación, pero hay también la Palabra escrita en la Biblia. Resulta pertinente la precisión que hace el apóstol Pedro:

Ante todo, tengan muy presente que ninguna profecía de la Escritura surge de la interpretación particular de nadie. Porque la profecía no ha tenido su origen en la voluntad humana, sino que los profetas hablaron de parte de Dios, impulsados por el Espíritu Santo (2 Pedro 1:20-21).

Sorprende escuchar a teólogos, tanto protestantes como católicos, afirmar que la Biblia es Palabra de Dios parcialmente, y parcialmente no lo es. Lo que aquí aclara Pedro es que los escritores bíblicos solo se sentaron al computador a teclear lo que el Espíritu Santo les dictaba. Todo lo que ha llegado hasta nosotros es lo que ellos redactaron bajo la inspiración del Divino Autor. La teología moderna, conocida también como teología liberal, hoy ya un poco desactualizada, ha traído muchas bendiciones y no pocos inconvenientes.

En el terreno evangélico, Rudolph Bultmann se aventuró a decir que la Biblia no es Palabra de Dios, pero contiene Palabra de Dios. ¿Y cómo averiguar cuál es la parte que sí y cuál la que no? El lúcido Karl Barth, gran estrella de la teología moderna, soltó en alguna de sus conferencias la perla de que la Biblia no es Palabra de Dios, pero llega a ser Palabra de Dios. ¿Qué dice la iglesia integral? Que la Biblia es Palabra de Dios, es la Palabra de Dios pero, para poder entenderla, debe mirarse en cuatro contextos: literal, histórico, simbólico y virtual. El complemento de tales análisis, ofrecerá un cuadro completo. Porque la Biblia es la Palabra de Dios por escrito. Dicho de otra manera, Dios es el Autor de la Biblia.

La Palabra humanada. Uno de los grandes énfasis del reformador Martín Lutero es este: «Así como hay la Palabra hablada en la creación, hay la Palabra escrita en la Biblia, y la Palabra encarnada en Jesucristo».

En el principio ya existía el Verbo, y el Verbo estaba con Dios, y el Verbo era Dios Él estaba con Dios en el principio. Por medio de él todas las cosas fueron creadas; sin él, nada de lo creado llegó a existir (Juan 1:1-3).

Verbo —en el griego *Logos*— quiere decir: Palabra en acción. Si se compara a Juan 1 con Génesis 1, se hallarán en perfecto acuerdo. Todo fue creado por el Verbo, por la Palabra en acción. Sin él nada de lo que ha sido hecho, fue hecho.

En él estaba la vida, y la vida era la luz de la humanidad (v. 4).

Los astrofísicos han descubierto que la luz es el origen de todo cuanto existe: ¡Eureka! El «astrofísico» Juan afirmó hace dos milenios que la palabra originó la luz y que la luz es la vida. Cuando dice que en esa palabra estaba la vida, y que la vida era la luz, revela que todo fue creado por la Palabra que salía de la boca de Dios. ¿Cuál palabra? ¿Qué palabra?

Y el Verbo se hizo hombre y habitó entre nosotros Y hemos contemplado su gloria, la gloria que corresponde al Hijo unigénito del Padre, lleno de gracia y de verdad (v. 14).

Aquel Verbo, aquel *Logos,* aquella Palabra en acción que creó todas las cosas que existen —según el Génesis—, se hizo carne, encarnó, fue un hombre como tú y como yo. Un misterio conmovedor. Conclusión: Jesucristo es la Palabra de Dios hablada en la creación y escrita en la Biblia, convertida en un hombre como nosotros.

LOS EFECTOS DE LA PALABRA

El autor del salterio vuelve una vez más en nuestra ayuda con su precisión.

Por la palabra del Señor fueron creados los cielos, y por el soplo de su boca, las estrellas (Salmos 33:6).

El versículo habla de la creación, pero contiene un elemento digno de considerar: Menciona palabra y aliento. Siempre que una persona habla, arroja aliento de su boca. La palabra y el soplo de la boca van juntos, son inseparables. Haríamos bien en observar que la palabra soplo tiene en la Biblia connotación de espíritu. Si fuéramos a atenernos a tal interpretación observaríamos esto: Siempre que Dios habla salen de su boca su

Palabra, que es el Hijo, y su soplo o aliento, que es el Espíritu. El Verbo y el Espíritu actúan juntos. Nunca se debe separar la Palabra del Espíritu Santo como algunos pretenden locamente.

Efectos de la Palabra. Una rápida revisión a conocidas porciones bíblicas nos permitirá conclusiones correctas.

> *Envió su Palabra para sanarlos, y así los rescató del sepulcro* (Salmos 107:20).

La Palabra da sanidad y prolonga la existencia.

> *El Espíritu da vida; la carne no vale para nada Las palabras que les he hablado son espíritu y son vida* (Juan 6:63).

Literalmente la palabra es espíritu y es vida.

> *Ustedes ya están limpios por la palabra que les he comunicado* (Juan 15:3).

La palabra da limpieza.

> *Si permanecen en mí y mis palabras permanecen en ustedes, pidan lo que quieran, y se les concederá* (Juan 15:7).

La palabra ofrece respuesta a la oración.

> *Santifícalos en la verdad; tu palabra es la verdad* (Juan 17:17).

La palabra santifica porque la palabra es verdad.

Dios Entrega Al Hombre La Palabra.

En el proceso de la creación observamos algo relevante.

Entonces Dios el Señor formó de la tierra toda ave del cielo y todo animal del campo, y se los llevó al hombre para ver qué nombre les pondría El hombre les puso nombre a todos los seres vivos, y con ese nombre se les conoce (Génesis 2:19).

Dios no les pone nombre a las criaturas, sino que delega en Adán el hacerlo.

Así el hombre fue poniéndoles nombres a todos los animales domésticos, a todas las aves del cielo y a todos los animales del campo (v. 20a).

Adán nomina a las criaturas que lo rodean por el poder de la palabra. El hombre, hecho a imagen y semejanza de Dios, recibe de su Creador el uso de esta llave del reino. Ningún animal tiene la palabra. Los loros hablan, pero solo repiten; las grabadoras de cinta magnética repiten también. Solamente el hombre plasma lo que piensa en palabras que salen de su boca con su aliento. Transformar las ideas en palabras es potestativo del ser humano sobre todas las criaturas.

La ciencia ha tratado de corregirle la plana a las Sagradas Escrituras, y casi siempre terminó dándoles la razón. Por ejemplo, los estructuralistas (principalmente Ferdinand de Saussure y Levy Strauss) en sus análisis sobre el desarrollo de la sociedad humana, llegaron a la conclusión de que todo depende de la forma de hablar. Los clanes se formaron por las lenguas. Las comunidades están aglutinadas por el habla. Una comprobación científica de las Sagradas Escrituras. El hombre es lo que dice y logra lo que dice. He aquí una llave que abre con palabras las realizaciones humanas. Todo lo que el hombre ha hablado es lo que el hombre ha obrado y logrado. La llave de la palabra ha abierto las puertas de la civilización y de la destrucción. Dios le entregó al hombre el poder de la palabra. ¿Cómo se ha utilizado?

Hay solamente dos maneras de accionar esta llave: bendición o maldición. No se le pueden dar vueltas a eso: Todo lo que el hombre dice, lo bendice o lo maldice. La lingüística, principalmente la semántica, son instrumentos valiosos en el análisis de las Sagradas Escrituras. El origen y significado de las palabras es básico en el estudio de la Biblia, pues ella está formada de palabras. Por algo la llamamos la Palabra.

En realidad el vocablo bendecir es compuesto. En el castellano primitivo se decía directamente «bien decir», decir bien. Ordinariamente entendemos maldecir como anatema o condenación, pero no es exclusivamente eso. Maldecir, palabra compuesta, es decir mal. Desde los tiempos primitivos el Señor viene hablando de este asunto.

Hoy les doy a elegir entre la bendición y la maldición
(Deuteronomio 11:26).

¿Hacia qué lado abrir la puerta de la palabra? Nosotros escogemos libremente: Hacia las tinieblas o hacia la luz, hacia la bendición o hacia la maldición. No hay más alternativas. Tenemos dos maneras de usar esta llave: por la positiva o por la negativa. Los literatos sabios tocan estos asuntos, así sea por mera intuición. Hamlet, en el drama de Shakespeare, tras analizar la tragedia del hombre en su famoso monólogo, exclama: «Ser o no ser, ese es el dilema». Y la conclusión a la que este personaje llega es: «La historia del hombre, con todos sus problemas, todas sus angustias y todas sus luchas se circunscribe a "palabras, palabras, palabras..."»

Hay quienes dicen, derrochando necedad, que las palabras se las lleva el viento. Mentira. Las palabras no se las lleva el viento sino que, después de que salen de tu boca con tu aliento, producen efectos reales y prácticos de carácter irremediable. En Colombia, por ejemplo, nadie olvida el 9 de Abril de 1948. Aquel día, tras el asesinato de Jorge Eliécer Gaitán, un sicópata armado de un micrófono, incendió el país con el poder de la palabra.

Las obras de la lengua. El agudo Salomón hace una como ecografía de las malignas obras de la lengua:

El justo se ve coronado de bendiciones, pero la boca del malvado encubre violencia (Proverbios 10:6).

¡Violencia verbal!

El de sabio corazón acata las órdenes, pero el necio y rezongón va camino al desastre (v. 8).

Necedad es rezongar y solo se rezonga con la lengua.

Plata refinada es la lengua del justo; el corazón del malvado no vale nada (v. 20).

Vacío interior: Un corazón sin valor.

Los labios del justo orientan a muchos; los necios mueren por falta de juicio (v. 21).

La falta de entendimiento tiene que ver con el habla.

La boca del justo profiere sabiduría, pero la lengua perversa será cercenada (v. 31).

Perversidad, simplemente.

La bendición de los justos enaltece a la ciudad, pero la boca de los malvados la destruye (Proverbios 11:11).

Cuando se dice ciudad hay que entender también nación, los rectos cuando bendicen o dicen bien, engrandecen a su país; y los impíos lo trastornan con sus malas palabras.

El charlatán hiere con la lengua como con una espada, pero la lengua del sabio brinda alivio (Proverbios 12:18).

La lengua es una espada para herir.

Los labios sinceros permanecen para siempre, pero la lengua mentirosa dura solo un instante (v. 19).

La mentira, el principal estrago de la lengua.

El que refrena su lengua protege su vida, pero el ligero de labios provoca su ruina (Proverbios 13:3).

Ruina, retribución de los que hablan con ligereza.

De la boca del necio brota arrogancia; los labios del sabio son su propia protección (Proverbios 14:3).

Arrogancia, característica del charlatán.

La respuesta amable calma el enojo, pero la agresiva echa leña al fuego (Proverbios 15:1).

Lenguas incendiarias que producen conflagración.

La lengua de los sabios destila conocimiento; la boca de los necios escupe necedades (v. 2).

Las necedades no se hablan, se escupen.

La lengua que brinda consuelo es árbol de vida; la lengua insidiosa deprime el espíritu (v. 4).

La insidia verbal ocasiona depresión.

El corazón del justo medita sus respuestas, pero la boca del malvado rebosa la maldad (v. 28).

Bocas como jarros de cerveza, que derraman lúpulo letal.

Todas estas pestes están hoy sobre la sociedad: En los hogares, en los trabajos, en las empresas, en los medios de comunicación, en la política, en las iglesias. Pero la moneda verbal tiene otra cara. En su juego de contrastes, Salomón la muestra a cada paso.

El sabio de corazón controla su boca; con sus labios promueve el saber (Proverbios 16:23).

La palabra es una llave del reino. ¿Cómo la estamos utilizando? Esta es la pregunta del millón de dólares, como se dice popularmente.

El poder de la palabra. La Palabra de Dios hecha Hombre nos ilustra cómo usar su propia llave. Jesús nunca hizo un milagro en silencio, ni por telepatía, ni por control mental. Todos sus milagros se hicieron por el poder de la palabra. El Evangelio de Marcos es muy ilustrativo en esta materia.

De repente, en la sinagoga, un hombre que estaba poseído por un espíritu maligno gritó: «¿Por qué te entrometes, Jesús de Nazaret? ¿Has venido a destruirnos? Yo sé quien eres tú: ¡El Santo de Dios!» (Marcos 1:23-24).

Sin embargo, Jesús no entabla ningún diálogo con él, ninguna polémica, ni el más leve asomo de discusión.

«¡Cállate! —lo reprendió Jesús— ¡Sal de ese hombre!» (v. 25).

Como quien dice: «No te permito que hables porque tú, espíritu inmundo, utilizas el poder de la palabra para maldecir».

Entonces el espíritu maligno sacudió al hombre violentamente y salió de él dando un alarido (v. 26).

Como resulta obvio afirmarlo, la palabra derrota a los demonios. Cuando este espíritu usa el poder de la palabra, Jesús le da la orden de callar, de guardar silencio. El demonio abre con esta llave la puerta de las tinieblas y, por lo tanto, hay que silenciarlo a toda costa. Avancemos ahora en nuestra lectura de Marcos.

> *Jesús sanó a muchos que padecían de diversas enfermedades También expulsó a muchos demonios, pero no los dejaba hablar porque sabían quién era él* (v. 34).

No dejaba hablar a los demonios porque ellos producen efectos negativos, maldicen, contaminan el ambiente, se oponen a la obra de Dios. Más adelante leemos:

> *Un hombre que tenía lepra se le acercó, y de rodillas le suplicó: «Si quieres, puedes limpiarme»* (v. 40).

Una lección valiosa: Cuando tienes una necesidad, debes decirle a Dios lo que te pasa, con el poder de la palabra. No es pensando sino hablando. Oralmente, no mentalmente. En el cristianismo no hay meditación, sino oración. Solo se medita sobre la palabra. Más que meditación es reflexión. Orar no es meditar, sino hablar. Se llama oración, porque es oral, porque se ejercita con el poder de la palabra. Pero, ¿qué más pasó en el caso que nos ocupa?

> *Movido a compasión, Jesús extendió la mano y tocó al hombre, diciéndole: «Sí quiero ¡Queda limpio!» Al instante se le quitó la lepra y quedó sano* (vv. 41-42).

Cuando Jesús habla, el hombre queda limpio de la lepra. Ello sucede por el poder de la palabra. Otro conocido episodio nos habla de aquel paralítico que fue introducido ante Jesús mediante una abertura en el techo de la casa. Recordemos:

Al ver Jesús la fe de ellos, le dijo al paralítico: «Hijo, tus pecados quedan perdonados» (Marcos 2:5).

Conclusión sencilla: La Palabra perdona los pecados. ¿No es maravilloso? Pero sigamos el relato evangélico.

A ti te digo, levántate, toma tu camilla y vete a tu casa (v. 11).

Otra obvia expresión: La Palabra produce sanidad. Un caso más, en el mismo texto de Marcos:

De nuevo salió Jesús a la orilla del lago Toda la gente acudía a él, y él les enseñaba (v. 13).

No les enseñaba por señas manuales, sino seguramente con la Palabra, pues no había otra manera de hacerlo. Sigamos la apasionante lectura de Marcos:

Al pasar vio a Leví hijo de Alfeo, donde éste cobraba impuestos «Sígueme», le dijo Jesús Y Leví se levantó y lo siguió (v. 14).

Sigamos concluyendo con apabullante lógica: La Palabra produce obediencia. Leví atiende automáticamente a la Palabra de Jesús. Disfrutemos un poco más la prosa electrizante de este escritor neotestamentario.

Jesús se les quedó mirando, enojado y entristecido por la dureza de su corazón, y le dijo al hombre: «Extiende la mano». La extendió, y la mano le quedó restablecida (Marcos 3:5).

Por el poder de la Palabra, la mano anquilosada cobra movimiento, vuelve a ser útil, entra en funciones de nuevo. Nadie discutiría, entonces, que la Palabra produce restauración. El segundo evangelio abunda en ejemplos pertinentes a este tema.

> *Se desató entonces una fuerte tormenta, y las olas azotaban la barca, tanto que ya comenzaba a inundarse Jesús, mientras tanto, estaba en la popa, durmiendo sobre un cabezal, así que los discípulos lo despertaron «¡Maestro!», gritaron, «¿no te importa que nos ahoguemos?» Él se levantó, reprendió al viento y ordenó al mar: «¡Silencio! ¡Cálmate!» El viento se calmó y todo quedó completamente tranquilo* (Marcos 4:37-39).

Jesús les habla al viento y al mar con el poder de la Palabra, lo mismo que a los hombres:

> *«¿Por qué tienen tanto miedo?» dijo a sus discípulos «¿Todavía no tienen fe?» Ellos estaban espantados y se decían unos a otros: «¿Quién es éste, que hasta el viento y el mar le obedecen?»* (vv. 40-41).

¿Será necesario demostrar que la Palabra calma las tempestades? Y no solo las físicas, sino también las síquicas. La ira, por ejemplo, es una tempestad.

Los creyentes lo pueden hacer. Un gran error que cometemos los cristianos de hoy es no entender que así como Jesús lo hacía, nosotros también lo podemos hacer. ¿Qué dijo él? «El que en mí cree, las obras que yo hago él las hará también». Tú lo puedes hacer, yo lo puedo hacer también. A todos los que hemos declarado, como Simón el pescador de Galilea: «Tú eres el Cristo, el Hijo del Dios viviente», él nos ha dado las llaves de su reino, y todo lo que atemos en la tierra será atado en los cielos, y lo que desatemos en la tierra será desatado en los cielos.

Como ilustración, observemos que el Señor hizo un milagro negativo (uno solo) para mostrarnos el poder de la Palabra. El relato está en el mismo libro que venimos examinando:

> *Al día siguiente, cuando salían de Betania, Jesús tuvo ham-*
> *bre Viendo a lo lejos una higuera que tenía hojas, fue a ver si*
> *hallaba algún fruto Cuando llegó a ella solo encontró hojas,*
> *porque no era tiempo de higos «¡Nadie vuelva jamás a comer*
> *fruto de ti!», le dijo a la higuera Y lo oyeron sus discípulos*
> (Marcos 11:12-14).

Jesús no manda a traer un hacha para cortar la higuera. Los discípulos lo oyeron dirigirse al árbol con voz clara, con palabras bien audibles. Jesús llega luego a Jerusalén, hace unas vueltas por allá... y

> *Por la mañana, al pasar junto a la higuera, vieron que se ha-*
> *bía secado de raíz. Pedro, acordándose, le dijo a Jesús:*
>
> *—¡Rabí, mira, se ha secado la higuera que maldijiste!*
>
> *—Tengan fe en Dios —respondió Jesús—. Les aseguro que si al-*
> *guno le dice a este monte: «Quítate de ahí y tírate al mar, creyendo,*
> *sin abrigar la menor duda de que lo que dice sucederá, lo obtendrá».*

Por eso les digo: Crean que ya han recibido todo lo que estén pidiendo en oración, y lo obtendrán (Marcos 11:20-24).

No soy original al informarte que lo que digas te será hecho. Somos muy ligeros con estos temas, nos la pasamos diciendo muchas cosas todos los días de nuestra vida en forma irresponsable y superficial. La llave de la palabra abrirá la puerta al propio deseo del corazón. La gente se pregunta por qué Latinoamérica vive tantas desgracias. Es esta una tierra bajo el juicio de Dios, y ello tiene una explicación sencilla: Fue sembrada bajo maldición. Recordemos los orígenes de la Gran Colombia: El vocabulario que utilizaban para tratarse entre sí los distinguidos generales Bolívar y Santander, padres de la patria, era poco edificante. Fueron hombres maldicientes, que se insultaban a menudo con palabras de tono grave, hasta el punto de que Bolívar, durante su agonía en San Pedro Alejandrino, le dijo a su escribano: «El habernos desacordado con Santander nos ha perdido a todos».

El doctor Rafael Núñez pasó, sin romperse ni mancharse, de liberal a conservador, y nos legó la ortopédica Constitución que nos trajo, a trancos, hasta el umbral del siglo XXI, y que fue necesario transformar en 1991, gracias a Dios. Era tal el odio por este hombre, que uno de sus antiguos copartidarios, al cambiar él de bandera, dijo esta infamia: «Hasta la saliva que se le escupiera a Núñez en el rostro se deshonraría». Estos son los creadores del país, los fundadores de nuestra patria. A Murillo Toro, un hombre preocupado por la justicia social, amigo de las clases desfavorecidas, lo calificaron como «sucio ladrón y perro comunista». Ni para qué recordar el caso del general Mosquera, que fuera dos veces presidente como liberal y dos como conservador. Habiendo sido masón del grado treinta y tres, cuando se hallaba al borde de la muerte hizo lo que hacen todos los descreídos: Tratar de reconciliarse con Dios. Mandó a llamar a un cura para confesarse. Y, ¿saben cuál fue el comentario que hizo su archienemigo el general Posada Gutiérrez? «Con tal de que se muera, aunque se salve».

Los latinoamericanos de hoy, especialmente los colombianos, somos herederos de todas esas maldiciones, transmitidas de generación en generación. Tiene razón Pablo cuando afirma que lo que el hombre recoge es lo mismo que haya sembrado. Esa cizaña, esa maldita mandrágora que plantaron los gestores de esta nación, produjo la cosecha que nosotros estamos recogiendo, porque la palabra tiene poder de creación y de destrucción. El caso del pueblo judío es ejemplarizante.

Cuando Pilato vio que no conseguía nada, sino que más bien se estaba formando un tumulto, pidió agua y se lavó las manos delante de la gente.

—Soy inocente de la sangre de este hombre —dijo.

—¡Allá ustedes!

—¡Que su sangre caiga sobre nosotros y sobre nuestros hijos! —contestó todo el pueblo (Mateo 27:24-25).

Los cristianos tenemos raíz judía y nuestra obligación es amar al pueblo de Israel. Pero nadie puede desconocer que la automaldición que hace dos mil años se echaron encima los connacionales de Jesús se ha venido cumpliendo durante veinte siglos. Nadie más perseguido que este pueblo: Los guetos, la inquisición, los pogromos, el holocausto nazi. Tengamos cuidado de no lanzar precipitadas declaraciones maldicientes, porque la palabra es una llave del reino que abre las puertas a las tinieblas y a la luz. El hombre es esclavo de la palabra que habla y amo de la palabra que calla, se ha dicho con razón. En su *Introducción al Sicoanálisis*, Sigmund Freud señala:

Las palabras primitivamente formaban parte de la magia y conservan todavía en la actualidad su antiguo poder. Por medio de palabras puede un hombre hacer feliz a un semejante o llevarlo a la desesperación; por medio de palabras transmite el profesor sus conocimientos a los discípulos y arrastra tras sí el orador a sus oyentes determinando sus juicios y decisiones. Las palabras provocan efectos emotivos y constituyen el medio general y definitivo en la influencia recíproca de los hombres.

EL CONTROL DE LA LENGUA

Todo nuestro éxito y todo nuestro fracaso dependen de cómo usemos la lengua. Esa realidad no se puede cambiar. El sabio rey antiguo lo expresó redondamente

En la lengua hay poder de vida y muerte; quienes la aman comerán de su fruto (Proverbios 18:21).

Muerte y vida, no hay términos medios. Todos los días de nuestra existencia sobre la tierra, tratemos de convertir lo que por sí mismo puede ser maldición, en bendición. Si la situación es delicada y compleja, no maldigamos a las autoridades. El apóstol Pablo ordena orar por ellas. Mejor es pedir: «Señor, guía al presidente, orienta a los gobernantes». Hay compatriotas alzados en armas no por generación espontánea. Desde hace mucho ha habido en estos lares una injusticia social galopante, y algunos idealistas de la política se terciaron un fusil al hombro para tratar de cambiar la situación por viva fuerza, ante el fracaso de las urnas. Tal vez ahora estén haciendo cosas que a muchos disgustan. Pero no los maldigan, oren pidiendo: «Señor, que te conozcan a ti».

¿Tienes, acaso un hijo rebelde? No lo maltrates, no le lances palabras negativas. Ponte de rodillas y declara con tu boca: «Señor, cambia a este niño», y el Señor lo hará. Pablo aconsejaba, como encareciendo: «Bendecid y no maldigáis». Jesús ordenó: «Bendecid a los que os maldicen». Es una técnica tremenda utilizar esta llave correctamente. He aquí la gran enseñanza: Bendecir y no maldecir, bajo ninguna circunstancia. ¡Claro, no se trata de que no podamos discutir, exponer nuestros criterios, disentir! Eso sería absurdo. Pero ¿de qué manera lo hacemos? ¿Por la positiva o por la negativa, como bendición o como maldición? Jesús discrepaba. Pablo discutía. Pero ¿cómo lo hacían? Siempre bajo bendición. Muchos dirán: Pero ¿cómo

controlar la lengua? Santiago ofrece claves para lograr-
lo eficazmente.

> *Todos fallamos mucho Si alguien nunca falla en lo que dice,*
> *es una persona perfecta, capaz también de controlar todo su*
> *cuerpo* (Santiago 3:2).

No se necesita ser muy listo para entender que el que
domina la lengua, domina todo su ser.

> *Cuando ponemos freno en la boca de los caballos para que nos*
> *obedezcan, podemos controlar todo el animal* (v. 3).

La boca es el freno del caballo. Nosotros tenemos
una parte animal, que Pablo llamó la carne. Es como un
potro cimarrón que se desboca con facilidad. Se maneja
esa bestia indómita con el freno de la lengua. No hay
otra manera.

> *Fíjense también en los barcos A pesar de ser tan grandes y de*
> *ser impulsados por fuertes vientos, se gobiernan por un peque-*
> *ño timón a voluntad del piloto* (v. 4).

La vida humana es como una nave, un gran barco
que navega por un mar tormentoso, a veces entre arre-
cifes coralinos, o en medio de tifones, o enfrentando
bancos de tiburones. Sin embargo, con un pequeño timón, la lengua, se lleva esa embarcación a puerto seguro. La lengua es el timón de tu nave, y tú eres el piloto
que la manejas. Sigamos las sesudas observaciones de
Santiago.

Así también la lengua es un miembro muy pequeño del cuer-
po, pero hace alarde de grandes hazañas ¡Imagínense qué gran
bosque se incendia con tan pequeña chispa! (v. 5).

¿No te has dado cuenta de los efectos que puede
producir un simple chisme? Llega a ser la chispa de toda
una conflagración.

También la lengua es un fuego, un mundo de maldad. Siendo uno
de nuestros órganos, contamina todo el cuerpo y, encendida por el
infierno, prende a su vez fuego a todo el curso de la vida (v. 6).

La lengua maldiciente se alimenta de las llamas infer-
nales. Los neurólogos han descubierto que la persona
que habla palabras negativas se enferma, en tanto la que
acostumbra a hablar positivamente disfruta buena salud.
El «neurólogo» Santiago, hace dos mil años, dijo que la
lengua contamina todo el cuerpo. Señala, además, una
triste realidad.

El ser humano sabe domar y, en efecto, ha domado toda clase
de fieras, de aves, de reptiles y de bestias marinas; pero nadie
puede domar la lengua. Es un mal irrefrenable, lleno de vene-
no mortal (vv. 7-8).

En vez de dominar la lengua, dejamos que ella nos
domine. Analicemos ahora este contraste.

Con la lengua bendecimos a nuestro Señor y Padre, y con ella
maldecimos a las personas creadas a imagen de Dios De una
misma boca salen bendición y maldición Hermanos míos,
esto no debe ser así (vv. 9-10).

¿Quién puede entender esta incongruencia o explicar esa contradicción de que la lengua sirva para bendecir y para maldecir? Casi nadie mide la trascendencia de esta llave del poder. Haríamos bien en conscientizarnos de lo que la Biblia nos enseña en forma que no admita confusión ni incertidumbre, ni discusiones, ni disyuntivas. Recibimos lo que decimos y somos lo que decimos. Quizás nos anime, en forma compulsiva, la solemne advertencia de Jesús

> *Pero yo les digo que en el día del juicio todos tendrán que dar cuenta de toda palabra ociosa que hayan pronunciado Porque por tus palabras se te absolverá, y por tus palabras se te condenará* (Mateo 12:36-37).

El juicio tendrá como base nuestras palabras. Lo que hayamos hablado, habrá producido lo que hayamos hecho. El Señor no menciona toda palabra corrompida, sino toda palabra ociosa. Cualquier palabra que pronunciemos, por intrascendente que parezca, tiene efectos reales sobre nuestra vida. Creo tener cierta autoridad para hablar de este tema, porque durante algunos años, a través de la televisión, utilicé mal el poder de la palabra. No es cierto que alguna vez incurriera en injurias, rumores infundados o calumnias, y el que diga eso es un grandísimo mentiroso.

Yo defendía unas causas legítimas, pero lo hacía con palabras agresivas, exentas de misericordia. Y, por eso, todos los días en mis devociones, con corazón sincero, le pido al Señor (como lo hiciera David) que ponga centinela a mis labios y guardia en la puerta de mi boca. Nunca olvidemos que la Segunda Persona de la Trinidad es la Palabra. Meditemos en eso antes de abrir nuestros labios con esta llave extraordinaria.

LLAVE 5

LA FE

Para entender este maravilloso instrumento, conviene recordar la precisa definición bíblica:

Ahora bien, la fe es la garantía de lo que se espera, la certeza de lo que no se ve (Hebreos 11:1).

Incorporemos a nuestra colección la llave de la fe, que no es de carbonero, según definición ingenua. Los escritores bíblicos y algunos extrabíblicos han trajinado muchas definiciones sobre el tema y, por supuesto, existen confusiones al respecto. Los intentos por definir la fe, más que esclarecerla la han oscurecido. Debemos, por tanto, volver al cristianismo simple, genuino y verdadero, sin perendengues y miriñaques nacidos de interpretaciones ajenos las Sagradas Escrituras, por mezclas extrañas que las han demeritado en los últimos tiempos.

Sinceramente es de admirar la fe de los ateos. Me quitaría el sombrero ante ese fenómeno. La mía es una fe sencilla: Creo que hay un Ser Eterno, Creador de cuanto existe. Pero, en serio, para creer que todo es obra del azar, se necesita tener una gran fe. Ellos sostienen anticientíficamente que lo existente es obra de sí mismo, que el efecto es su propia causa. El Sagrado Libro difiere de tan enorme irracionalidad.

> *Por la fe entendemos que el universo fue formado por la palabra de Dios, de modo que lo visible no provino de lo que se ve* (v. 3).

Así que lo visible nació de lo invisible, lo palpable de lo impalpable, lo material de lo inmaterial.

LA DIFERENCIA SICOLÓGICA

Hay una gran diferencia entre la mentalidad griega y la mentalidad hebrea y es allí donde nacen las dificultades para acercarse al misterio de la fe. Desglosemos este asunto.

Mentalidad griega. El griego es filósofo por excelencia; la filosofía es una disciplina griega; y, como ciencia del razonamiento, a través de todos sus pensadores —empezando por los más grandes como Sócrates, Platón y Aristóteles—, enseñó que el hombre está formado por cuerpo y alma. En su perspectiva, alma y espíritu no se diferencian esencialmente. El alma, que es la *siquis* en griego, está compuesta por mente, emociones y voluntad. Lo que creo es lo que me consta, lo que puedo comprobar, afirma la filosofía griega. Bajo esta mentalidad, llego a la fe a través del conocimiento, después de una cadena de deducciones lógicas y de grandes lides dialécticas que me llevan a una conclusión según la razón. Esa es la fe que ahora mismo está promoviendo la Nueva Era.

Se oye decir por ahí: «No tienes que creer, tienes que conocer». Es una mentira del diablo la fe mental o puramente animal, es decir, síquica. Los llamados padres de la iglesia tenían todos cultura griega. La sana crítica teológica demuestra cómo Clemente, Ignacio, Orígenes, Jerónimo, Agustín y Tomás de Aquino eran griegos en su manera de pensar. ¿En qué consiste su teología? En tomar la fe cristiana y pensarla con mentalidad griega. Una monumental equivocación, porque la fe no es razonamiento, sino certeza de lo que se espera y convicción de lo que no se ve. Dicho precisamente, creencia no es evidencia.

Mentalidad judía. Por contraste con el griego, el judío no razona en cuestiones religiosas, no pretende sacar conclusiones lógicas al respecto. El judío no necesita saber, solo creer. En consecuencia, quien se acerca a la Biblia con mentalidad griega, sufre un choque en el entendimiento. Los cristianos debemos reconocer con sinceridad que el judaísmo es nuestra raíz espiritual, y no podemos renunciar a ella. No nacimos espiritualmente del helenismo, sino de la fe de Abraham que nos llegó a través de Jesucristo.

Ciertamente San Pablo nos enseñó a utilizar la lógica y la dialéctica griegas como instrumentos de la doctrina; pero esta no se volvió griega, siguió siendo bíblica. Para el judeocristianismo la fe no es asunto de mente sino cuestión de espíritu. El hombre no es solo cuerpo y alma; es alma, cuerpo y espíritu. El hombre tiene un soplo divino —el *neuma*— en sí mismo; y es una trinidad, a imagen y semejanza de su Creador, como lo rescatara enhorabuena el incomprendido Paul Tillich. Lo visible y lo invisible forman un dilema.

Así que no nos fijamos en lo visible sino en lo invisible, ya que lo que se ve es pasajero, mientras que lo que no se ve es eterno (2 Corintios 4:18).

Tu fe no es por lo que palpas con tus sentidos o por lo que parece físicamente, sino por lo que es espiritualmente. La mentalidad judeocristiana dice: «Yo no necesito especular, ni requiero razonar para llegar a una conclusión de fe; yo tengo este libro, y lo que Dios dice en él, lo creo contra toda evidencia material, pues Dios lo ha dicho. Punto. Para mí, fe es creencia contra apariencia».

Como resultado de la mezcla entre las dos mentalidades, la judía y la griega, recibimos una fe incongruente. Parecemos centauros o sirenas, somos semigriegos y medio judíos. Tenemos una simbiosis de creencia y evidencia y, por eso, carecemos de éxito en nuestra fe. Es un punto dramático, álgido y radical. Sectores enteros en el cristianismo de hoy, debemos reconocerlo, están profundamente equivocados cuando le enseñan a su gente, por ejemplo, visualización y diversos métodos de mentalismo para mover la fe. Eso es tener fe en la fe, en vez de tener fe en Dios. La fe es espiritual, no mental. Entendamos eso de una vez por todas, y reordenaremos nuestras prioridades.

La Fe Carnal

Suena disparatado, pero es real. Hay una fe de la persona no espiritual, en la constante lucha entre la carne y el espíritu. Esta fe de la carne o fe carnal, tiene dos niveles:

La fe natural. Jesús habló de este asunto con bastante claridad.

> *Los fariseos y los saduceos se acercaron a Jesús y, para ponerlo a prueba, le pidieron que les mostrara una señal del cielo Él les contestó: «Al atardecer, ustedes dicen que hará buen tiempo porque el cielo está rojizo, y por la mañana, que habrá tempestad porque el cielo está nublado y amenazante Ustedes saben discernir el aspecto del cielo, pero no las señales de los tiempos»* (Mateo 16:1-3).

¿Cómo opera la fe natural? Por evidencias de la propia naturaleza. Hay quienes saben cuándo va a llover y cuándo hará sol. Sucede como ellos lo creen por fe natural. De la misma manera, si siembro hoy una semilla de fríjoles, sé por fe natural que dentro de dos meses recogeré una cosecha de fríjoles. Lo creo y sucede como lo creo a través de mi fe natural.

La fe intelectual. Existe, por otra parte, una manera de creer por el intelecto. Por ejemplo, que el descubrimiento de América ocurrió el 12 de Octubre de 1492, lo creemos por fe intelectual, aun cuando no nos consta. Es una manera de creer mediante datos que están en el cerebro. Pero la fe carnal no es nuestro tema. Entremos en materia.

LA FE ESPIRITUAL

Es necesario diferenciar claramente la fe carnal de la espiritual. Aunque en el cristianismo la fe constituye un concepto integral, las Sagradas Escrituras la diferencian en tres niveles:

La fe salvadora. Su propio nombre la define bien, y Pablo la describe con sencillez.

> *¿Qué afirma entonces? La palabra está cerca de ti; la tienes en la boca y en el corazón Esta es la palabra de fe que predicamos: Que si confiesas con tu boca que Jesús es el Señor, y crees en tu corazón que Dios lo levantó de entre los muertos, serás salvo Porque con el corazón se cree para ser justificado, pero con la boca se confiesa para ser salvo Así dice la Escritura: Todo el que confíe en él no será jamás defraudado* (Romanos 10:8-11).

Observa lo claro que se dice: Serás salvo. No necesitas nada más para serlo que creer en tu corazón y decir con tu boca que crees en Jesucristo. Justificación por la fe. Salvación por la fe. (¡Dios bendiga la memoria de Lutero!)

La fe como fruto del Espíritu Santo. En Gálatas 5:22 y 23 el mismo apóstol enumera las características del fruto del Espíritu Santo:

En cambio, el fruto del Espíritu es amor, alegría, paz, paciencia, amabilidad, bondad, fidelidad, humildad y dominio propio (Gálatas: 5:22-23a).

Las traducciones antiguas de la Biblia, decían fe por fidelidad. Los conceptos están estrechamente relacionados: Dios es fiel conmigo, yo soy fiel con Dios. La fe como fruto del Espíritu Santo es algo que surge en forma natural. Un fruto no puede ser artificial ni darse por esfuerzo. El vocablo fidelidad significa mutua confianza. Esta fe como fruto ¿qué significa? Si Dios es fiel, yo confío en Dios, no importan pruebas, tribulaciones, problemas, circunstancias adversas de la vida. Yo tengo fe como fruto, porque Dios es fiel conmigo y nunca me abandonará. Esa certeza, esa confianza con que camino en mi vida porque soy protegido por Dios, es la fe como fruto del Espíritu Santo.

Una buena descripción de ese estado de seguridad está dado en esta porción:

¿Qué diremos frente a esto? Si Dios está de nuestra parte, ¿quién puede estar en contra nuestra? El que no escatimó ni a su propio Hijo, sino que lo entregó por todos nosotros, ¿cómo no habrá de darnos generosamente, junto con él, todas las cosas? ¿Quién acusará a los que Dios ha escogido? Dios es el que justifica. ¿Quién condenará? Cristo Jesús es el que murió, e incluso resucitó, y está a la derecha de Dios e intercede por nosotros ¿Quién nos apartará del amor de Cristo? ¿La tribulación, o la angustia, la persecución, el hambre, la indigencia, el peligro o la violencia? Así está escrito: Por tu causa

siempre nos llevan a la muerte, ¡nos tratan como a ovejas para el matadero! Sin embargo, en todo esto somos más que vencedores por medio de aquel que nos amó (Romanos 8 3 1-37)

Allí tenemos la fe como fruto del Espíritu La completa confianza en la protección del Padre celestial.

La fe como carisma. Cuando emprende la enumeración de los dones del Espíritu Santo, Pablo menciona la fe, que es el combustible de los milagros, una dotación de poder para vencer obstáculos y conquistar grandes logros. Observa las diferencias en los tres niveles de la fe.

Fe salvadora Creo en Jesucristo, luego tengo la salvación y mi lugar en el cielo no me lo puede quitar nadie No necesito poder para salvarme, sencillamente soy salvo.

Fe como fruto. Marcho confiado en mi vida porque Dios me protege y, por lo tanto, no temo a nada ni a nadie, el Padre y yo nos guardamos fidelidad.

Fe como carisma. Dios me entrega el poder para lograr grandes metas en mi vida. El Señor habló de este asunto en forma muy específica

Porque ustedes tienen tan poca fe —les respondió— Les aseguro que si tienen fe tan pequeña como un grano de mostaza, podrán decirle a esta montaña Trasládate de aquí para allá, y se trasladará Para ustedes nada será imposible (Mateo 17 20)

Si poseemos el don de fe, todo nos será posible Está bien si soy salvo. Está bien si vivo confiado. Pero es mucho mejor si aprendo a manejar la llave de la fe para conseguir lo que me proponga.

LA FUENTE DE LA FE

Ante una noticia, lo primero que un periodista sensato hace es identificar la fuente. Ocurre lo mismo con la fe, porque el evangelio es noticia. La buena noticia.

> *Así que la fe viene como resultado de oír el mensaje, y el mensaje que se oye es la palabra de Cristo* (Romanos 10:17).

No hay que darle más vueltas a este asunto. No se requieren conferencias con vídeos ni retroproyectores que enseñen sistemas para llegar a la fe. Los grupos que se dedican a tales actividades para enseñar fe, pertenecen a eso que llaman genéricamente AMP, Actitud Mental Positiva, y propiamente enseñan lo griego, no lo cristiano. Se avecinan a la Nueva Era, alejándose de la era cristiana que durará hasta que el Señor venga por nosotros.

La única fuente de la fe verdadera es la Palabra de Dios. No busques en ninguna otra parte, ve al grano. La fe es por el oír, y el oír, por la Palabra de Dios. Una escritura maravillosa para fortalecer la fe y aprender a operarla fue dada por un judío griego que se hizo cristiano.

> *Todas las promesas que ha hecho Dios son sí en Cristo Así que por medio de Cristo respondemos amén para la gloria de Dios* (2 Corintios 1:20).

Dios nos ha dado una gran cantidad de promesas para que todo marche bien en nuestra vida y aquí se dice que, por medio de Jesucristo, todas —no algunas, todas— las promesas de Dios son reales. Ninguna falla. Todas son sí. Todas son amén. No unas sí y otras no. La Biblia está llena de promesas y la gente ni siquiera se da cuenta de eso. En Isaías, por ejemplo, aparecen varias, referencias a necesidades comunes y corrientes y a problemas elementales de la vida por los que algunos están pasando ahora mismo. Extractemos rápidos varios ejemplos:

Comida y vestuario. Hablando de los negocios de los inconversos, del pueblo que está esclavizando a los israelitas, el profeta dice:

Pero sus ingresos y ganancias se consagrarán al Señor; no serán almacenados ni atesorados Sus ganancias serán para los que habitan en presencia del Señor, para que se alimenten en abundancia y se vistan con ropas finas (Isaías 23:18).

Las riquezas de los inconversos serán para los creyentes a fin de que coman hasta saciarse y vistan espléndidamente.

Gente desalentada. Tantos problemas que nos quitan la alegría de vivir.

Fortalezcan las manos débiles, afirmen las rodillas temblorosas; digan a los de corazón temeroso: Sean fuertes, no tengan miedo Su Dios vendrá, vendrá con venganza; con retribución divina vendrá a salvarlos (Isaías 35:3-4).

Rodeado de temores. ¿Por qué temer si el mismo Dios está con nosotros?

> *Así que no temas, porque yo estoy contigo; no te angusties, porque yo soy tu Dios Te fortaleceré y te ayudaré; te sostendré con mi diestra victoriosa* (Isaías 41:10).

Pasando por pruebas. No hay promesa que nos permita eludir las pruebas, pero sí superarlas.

> *Cuando cruces las aguas, yo estaré contigo; cuando cruces los ríos, no te cubrirán sus aguas; cuando camines por el fuego, no te quemarás ni te abrasarán las llamas* (Isaías 43:2).

Culpabilidad por los pecados. Dios es amnésico en cuanto a nuestros pecados, si renunciamos a ellos.

> *Yo soy el que por amor a mí mismo borra tus transgresiones y no se acuerda más de tus pecados* (v. 25).

Incertidumbre por los proyectos. ¿Qué hacer? ¿Cómo emprender este plan?

> *Marcharé al frente de ti, y allanaré las montañas; haré pedazos las puertas de bronce y cortaré los cerrojos de hierro. Te daré los tesoros de las tinieblas, y las riquezas guardadas en lugares secretos, para que sepas que yo soy el Señor, el Dios de Israel, que te llama por tu nombre* (Isaías 45:2-3).

Enredado en pleitos. Algo que en los tiempos actuales está a la orden del día.

> *Pero así dice el Señor: Sí, al guerrero se le arrebatará el cautivo, y del tirano se rescatará el botín; contenderé con los que contiendan contigo, y yo mismo salvaré a tus hijos* (Isaías 49:25).

Falta de hijos. Dios es experto en fecundar los vientres estériles.

> *Tú, mujer estéril que nunca has dado a luz, ¡grita de alegría! Tú, que nunca tuviste dolores de parto. ¡prorrumpe en canciones y grita con júbilo! Porque más hijos que la casada tendrá la desamparada —dice el Señor— Ensancha el espacio de tu carpa, y despliega las cortinas de tu morada ¡No te limites! Alarga tus cuerdas y refuerza tus estacas Porque a derecha y a izquierda te extenderás; tu descendencia desalojará naciones, y poblará ciudades desoladas* (Isaías 54:1-3).

Esta promesa se cumplió en Sara, en Rebeca, en Raquel. En la iglesia de hoy muchas mujeres pueden testificar cómo el Señor les habló a través de sus promesas y, cuando las creyeron, les llegó descendencia.

Mujeres abandonadas. Otro menú de lamentable actualidad y consumo.

> *Porque el que te hizo es tu esposo; su nombre es el Señor Todopoderoso Tu Redentor es el Santo de Israel; ¡Dios de toda la tierra es su nombre! El Señor te llamará como a esposa abandonada; como a*

mujer angustiada de espíritu, como a esposa que se casó joven tan solo para ser rechazada, dice tu Dios (Isaías 54:5-6).

Nunca pasemos por alto que si Dios prometió, cumplirá.

Acosado por enemistades. Si mi amigo es Dios, todo enemigo es pequeño.

No prevalecerá ninguna arma que se forje contra ti; toda lengua que te acuse será refutada Esta es la herencia de los siervos del Señor, la justicia que de mí procede —afirma el Señor (Isaías 54:17).

Isaías es experto en promesas, y la promesa más grande que ofrece es la del Mesías, que vendría para solucionar todos los problemas humanos.

Estrechez económica. Algo ideal para nuestros tiempos de crisis.

El Señor te concederá abundancia de bienes: multiplicará tus hijos, tu ganado y tus cosechas en la tierra que a tus antepasados juró que te daría. El Señor abrirá los cielos, su generoso tesoro, para derramar a su debido tiempo la lluvia sobre la tierra, y para bendecir todo el trabajo de tus manos Tú les prestarás a muchas naciones, pero no tomarás prestado de nadie (Deuteronomio 28:11-12).

Enfermedades. Uno de los más grandes azotes de la humanidad caída.

Sin embargo, les daré salud y los curaré; los sanaré y haré que disfruten de abundante paz y seguridad (Jeremías 33:6).

Aquel que está prometiendo no puede mentir, y no se puede negar a sí mismo.

Familiares inconversos. Una de las más grandes preocupaciones del cristiano.

Cree en el Señor Jesús; así tú y tu familia serán salvos (Hechos 16:31).

Tomar las promesas de Dios en la Biblia es la mejor técnica de la fe. Si Dios lo dice, lo creo. Si lo creo, lo espero. Si lo espero, lo recibo.

Así que mi Dios les proveerá de todo lo que necesiten, conforme a las gloriosas riquezas que tiene en Cristo Jesús (Filipenses 4:19).

Los recursos de Dios son inagotables, infinitos como Dios mismo y, conforme a ellos él nos suplirá en la medida de nuestra fe. En cada coyuntura vital busca en la Biblia una promesa relativa al problema que tienes; aférrate a ella, y créela contra toda evidencia material. Recuerda: La fe es la certeza de lo que se espera y la convicción de lo que no se ve.

La Duda Es Inevitable

Algunos piensan que no tienen fe porque a veces dudan. Den gracias a Dios por ello. Tal vez se sientan animados en el ejemplo de dos grandes hombres de la Biblia que dudaron.

Moisés. El gran caudillo del pueblo de Israel, como todo ser humano, tuvo dudas varias veces.

> *Y el Señor le dijo a Moisés: Toma la vara y reúne a la asamblea En presencia de ésta, tú y tu hermano le ordenarán a la roca que dé agua Así harán que de ella brote agua, y darán de beber a la asamblea y a su ganado* (Números 20:7-8).

El Señor le ordena a Moisés que le hable a la peña, que use el poder de la palabra, pero este prefiere darle golpes.

> *Tal como el Señor se lo había ordenado, Moisés tomó la vara que estaba ante el Señor Luego Moisés y Aarón reunieron a la asamblea frente a la roca, y Moisés dijo: ¡Escuchen rebeldes! ¿Acaso tenemos que sacarles agua de esta roca? Dicho esto, levantó la mano y dos veces golpeó la roca con la vara, ¡y brotó agua en abundancia, de la cual bebieron la asamblea y su ganado! El Señor les dijo a Moisés y a Aarón: Por no haber confiado en mí, ni haber reconocido mi santidad en presencia de los israelitas, no serán ustedes los que lleven a esta comunidad a la tierra que les he dado* (vv. 9-12).

Mucha gente se pregunta por qué no entraron Moisés y Aarón a la tierra prometida. La respuesta es simple: Porque dudaron.

Juan el Bautista. Tropezamos ahora, de nuevo, con el más grande de los nacidos de mujer.

Juan estaba en la cárcel, y al enterarse de lo que Cristo estaba haciendo, envió a sus discípulos a que le preguntaran: ¿Eres tú el que ha de venir, o debemos esperar a otro? (Mateo 11:2-3).

¡Increíble reacción! Juan había dicho, cuando vio venir a Jesús hacia él: «Este es el Cordero de Dios, que quita el pecado del mundo». Juan escuchó la voz del cielo diciendo: «Este es mi hijo en quien tengo complacencia». Y ahora vacila: ¿Será este o vendrá otro distinto? ¿Sabes por qué duda? Porque está en la cárcel. Cuando nos hallamos bajo prueba dudamos. Si le ocurrió a Juan el Bautista, el más grande de los nacidos de mujer, nos puede ocurrir también a nosotros. Por lo tanto, no te angusties cuando dudes. Volvamos al principio; hay un conflicto entre la mente y el corazón. Aunque la fe está en el corazón, la mente siempre va a dudar. La mente es un instrumento de razonamiento, el corazón es un instrumento de discernimiento. Jesús fue muy explícito sobre el particular.

Les aseguro que si alguno le dice a este monte: Quítate de ahí y tírate al mar, creyendo, sin abrigar la menor duda de que lo que dice sucederá, lo obtendrá (Marcos 11:23).

¿Qué dijo Pablo? Si confiesas con tu boca y crees en tu corazón. Cuando dudas, eres un griego. Cuando crees, eres un judío. La fe mental y la fe espiritual son diferentes.

CONDICIONES DE LA FE

A lo anterior debe sumarse el conocimiento preciso de cómo nos relacionamos con la Deidad correctamente.

En realidad, sin fe es imposible agradar a Dios, ya que cualquiera que se acerca a Dios tiene que creer que él existe y que recompensa a quienes lo buscan (Hebreos 11:6).

Como puede verse, la fe tiene dos condiciones: Creer que Dios es y creer que Dios puede. Cada vez que tu mente dude, interroga a tu corazón. A veces pensamos: «Esto no lo hará Dios». Si preguntamos al corazón: «¿Crees que Dios es?» Él contestará: «Sí, sin duda»; y ¿Crees que Dios puede? «Por supuesto», dirá, «Dios puede todo». La mente dice no, pero el corazón dice sí.

No actúes conforme a la mente, actúa conforme al corazón. Derrota con la fe del corazón la duda de la mente. A todos nos pasa algunas veces: con la mente dudamos. Consuélate con el recuerdo de Moisés y Juan el Bautista.

SECRETOS DE LA FE

El milagro más grande que se ha producido en el universo es que Dios se hiciera hombre. A una humilde virgen, en una modesta vivienda de Nazaret un ángel le dice que va a tener un hijo.

¿Cómo podrá suceder esto —le preguntó María al ángel—, puesto que soy virgen? (Lucas 1:34).

La reacción de la joven es de simple sentido común. «¿Cómo me vas a convencer de un cuento tan reforzado? No puedo concebir un hijo, sencillamente porque todavía no he tenido relaciones sexuales con un varón».

El Espíritu Santo vendrá sobre ti, y el poder del Altísimo te cubrirá con su sombra Así que al santo niño que va a nacer lo llamarán Hijo de Dios (v. 35).

Si Dios lo dice, él lo hará. Con su mente María duda, pues el razonamiento natural, le dice: «No es posible, sin haber tenido relaciones sexuales con tu marido, que tengas un hijo».

Aquí tienes a la sierva del Señor —contestó María— Que él haga conmigo como me has dicho (v. 38a).

Pero cuando el ángel le aclara: «María, nada hay imposible para Dios», desde la fe de su corazón, ella responde: «Oh sí, es cierto; que se haga entonces como lo has dicho».

Creer que Dios tiene autoridad sobre todo. A veces olvidamos las cosas más simples y elementales. Por ejemplo, oramos preguntando: «Señor, ¿dónde estás?» Vaya simpleza, él está en todo lugar, inclusive allí donde lo llamamos. También solemos increpar: «Señor ¿no te das cuenta cuánto sufro?» ¡Qué piadosa insolencia! Él todo lo sabe. Somos muy torpes para acercarnos a la realidad de Dios. Él tiene autoridad absolutamente sobre todo: lo natural y lo sobrenatural.

Jesús se acercó entonces a ellos y les dijo: «Se me ha dado toda autoridad en el cielo y en la tierra» (Mateo 28:18).

Jesús es el Mediador ante Dios, la autoridad sobre cuanto existe, la cabeza de todo principado y potestad.

Buscar la voluntad de Dios. Hay personas que oran conforme a sus caprichos, como diciendo: «Hágase mi voluntad». Excelente forma para no obtener respuesta. Pues, ¿qué dice la Escritura?

> *Esta es la confianza que tenemos al acercarnos a Dios: que si pedimos conforme a su voluntad, él nos oye. Y si sabemos que Dios oye todas nuestras oraciones, podemos estar seguros de que ya tenemos lo que le hemos pedido* (1 Juan 5:14-15).

Sencillo, ¿verdad?

No mirar las circunstancias ni las limitaciones. Abraham es un paradigma de fe, ni para qué resaltarlo. Su descendiente Pablo de Tarso se refiere a él en términos elocuentes.

> *Delante de Dios, tal como está escrito: Te he confirmado como padre de muchas naciones Así que Abraham creyó en el Dios que da vida a los muertos y que llama las cosas que no son como si ya existieran Contra toda esperanza, Abraham creyó y esperó, y de este modo llegó a ser padre de muchas naciones, tal como se le había dicho: ¡Así de numerosa será tu descendencia! Su fe no flaqueó, aunque reconocía que su cuerpo estaba como muerto, pues ya tenía unos cien años, y que también estaba muerta la matriz de Sara Ante la promesa de Dios no vaciló como un incrédulo, sino que se reafirmó en su fe y dio gloria a Dios* (Romanos 4:17-20).

Abraham es el padre de la fe porque no miró las circunstancias ni las limitaciones.

Estar plenamente convencido. Es el propio padre de la fe quien una vez más nos enseña lo correcto.

Plenamente convencido de que Dios tenía poder para cumplir lo que había prometido (v. 21).

La convicción plena de Abraham en el poder divino fue el soporte para confiar en la promesa. Él entendió que Dios, siendo perfecto, mal podría prometer algo que no cumpliría.

No cambiar de parecer. Con frecuencia obstaculizamos nuestra fe por la falta de precisión y dirección. No estamos seguros de lo que queremos recibir.

Pero que pida con fe, sin dudar, porque quien duda es como las olas del mar, agitadas y llevadas de un lado a otro por el viento Quien es así no piense que va a recibir cosa alguna del Señor; es indeciso e inconstante en todo lo que hace (Santiago 1:6-8).

No se refiere Santiago, como es obvio, a la duda mental; habla más bien de la incredulidad y la indefinición de propósitos.

Pedir en el nombre de Jesús. Muchas personas no reciben lo que piden, porque lo hacen incorrectamente. Jamás pasemos por alto que la petición debe elevarse en el Nombre de Jesús. De lo contrario caerá en el vacío eterno.

Cualquier cosa que ustedes pidan en mi nombre, yo la haré así será glorificado el Padre en el Hijo Lo que pidan en mi nombre, yo lo haré (Juan 14:13-14).

Esta enseñanza nos entrega la llave maravillosa de la fe para usarla en forma coherente en nuestra vida. Es una de las llaves que el Señor entregó a todos los que como Pedro proclamamos: «Tú eres el Cristo, el Hijo del Dios viviente». Nada será imposible para ti, si aprendes estas técnicas sencillas. Anímate leyendo Hebreos 11, el gran capítulo sobre los campeones de la fe. Ello mejorará grandemente la calidad de tu vida.

LLAVE 6

LA ALABANZA

Ningún tema tan mal predicado y peor practicado que el que nos ocupará ahora. Es más, se ha prestado a múltiples excesos, contrarios a la Palabra de Dios.

> *Así que ofrezcamos continuamente a Dios, por medio de Jesucristo, un sacrificio de alabanza, es decir, el fruto de los labios que confiesan su nombre* (Hebreos 13:15).

Una de las diferencias más notables de enfoque entre Antiguo y Nuevo Testamento es, precisamente, en cuanto a los sacrificios. Bajo la ley de Moisés era necesario ofrecer víctimas animales con derramamiento de su sangre en la presencia de Dios. Tal era la práctica religiosa establecida. En cambio, después del sacrificio definitivo e irrepetible del Cordero de Dios en la Cruz del Calvario, ya no se requieren más sacrificios. Por eso, como lo dice la Epístola a los Hebreos, el único sacrificio que Dios exige y acepta de nosotros es el sacrificio de alabanza. ¿En qué consiste ese sacrificio? En que nuestros labios confiesen el nombre del Señor, como fruto de un corazón agradecido.

De modo primario, la alabanza es el acto de glorificar a Dios, ensalzarlo y bendecirlo, especialmente a través de la música, los himnos y los cánticos, etc. Pero, más profundamente, es una llave del reino de los cielos que abre la puerta a la felicidad humana. Quien ya abrió la llave del despojo, accionó la de la productividad, puso a funcionar la de la causalidad, utilizó la de la palabra y giró la de la fe, haría bien en comprender de una vez que todo ese repertorio funciona de manera eficaz y correcta si se acompaña con la alabanza. Las otras llaves funcionan mejor al unísono con ella.

EL ÁMBITO DE LA ALABANZA

Entremos al misterioso espacio donde la alabanza se desarrolla. En realidad, este sagrado ministerio abarca toda la creación visible e invisible, no existe nada ni nadie que escape a su influencia.

Desde los cielos. El hombre no produce la alabanza, solo la practica, puesto que la Biblia pide

Alaben al Señor desde los cielos, alábenlo desde las alturas
(Salmos 148:1b).

Como puede observarse, la alabanza empieza en los propios cielos, en la presencia misma de Dios, en el mundo invisible, en el espacio sobrenatural.

Los ejércitos angelicales. Los protagonistas de esa alabanza eterna están descritos en el mismo salmo.

Alábenlo, todos sus ángeles, alábenlo, todos sus ejércitos
(v. 2).

La ocupación fundamental de los ángeles es la alabanza a Dios; ese es su oficio clave y básico. Por eso, profetas como Isaías y Ezequiel hacen referencias al «querubín protector», el portador de la antorcha de la luz, el ángel rebelde, el comandante de la primera subversión contra Dios, antes de que la especie humana fuera creada en la tierra. Y sus textos sobre el tema nos hacen caer en la cuenta de que Satanás se acompaña de tamboriles, flautas y arpas. ¿Por qué? Porque es un músico, cuya profesión original, antes de su pecado abominable, era alabar a Dios. Cuando dejó de ejercer su oficio de alabador, cayó al abismo.

El cosmos. De las estancias espirituales, la alabanza se extiende a todo el universo.

> *Alábenlo, sol y luna, alábenlo, estrellas luminosas Alábenlo ustedes, altísimos cielos, y ustedes, las aguas que están sobre los cielos Sea alabado el nombre del Señor, porque él dio una orden y todo fue creado Todo quedó afirmado para siempre; emitió un decreto que no será abolido (vv. 3-6).*

En la asombrosa progresión que realiza el rey David en este salmo, enseñando sobre alabanza, el sol, la luna, las estrellas, los cielos de los cielos, es decir, el universo en expansión del que hablan los astrofísicos: las galaxias, las nebulosas, los sistemas planetarios que fueron creados por Dios bajo leyes invariables, lo alaban todo el tiempo. Los paganos entendieron esto. Por ejemplo, Pitágoras, el gran pensador griego, mencionó «la música de las esferas». El universo es un concierto musical interminable. El premio Nobel vietnamita Trinh Thuan afirma que: «Más allá del universo en expansión, se percibe a alguien tocando en un violín una melodía secreta».

Desde la tierra. Por supuesto, nuestro pequeño planeta no se sustrae, ni puede hacerlo, al concierto estelar.

Alaben al Señor desde la tierra (v. 7a).

La escala cósmica del rey David aterriza, llega allí donde se hizo hombre el Hijo de Dios.

La naturaleza. Pero también en nuestro plano doméstico, hay varios grados de alabanza. Veamos.

Los monstruos marinos y las profundidades del mar, el relámpago y el granizo, la nieve y la neblina, el viento tempestuoso que cumple su mandato, los montes y las colinas, los árboles frutales y todos los cedros, los animales salvajes y los domésticos, los reptiles y las aves (vv. 7b-10).

Recapitulemos: Los cielos con los ángeles; el universo con todas sus estrellas; la tierra con todas sus criaturas. Es formidable cómo aquí el salmista nos muestra en forma clara a los tres reinos de la naturaleza participando en la alabanza a Dios. Reino mineral: El relámpago, el granizo, la nieve, la neblina, el viento. Reino vegetal: Los montes y las colinas, los árboles frutales y todos los cedros. Reino animal: Los animales salvajes y los domésticos, los reptiles y las aves. No se requiere gran perspicacia para discernir que la naturaleza alaba a Dios instintivamente.

La humanidad. Y, a todas estas, ¿qué papel juega el elemento principal del planeta tierra, que es el hombre?

Los reyes de la tierra y todas las naciones, los príncipes y los gobernantes de la tierra, los jóvenes y las jóvenes, los ancianos y los niños (vv. 11-12).

Toda la especie humana es resumida concisamente por el salmista: los reyes, las naciones, los príncipes y gobernantes, los jóvenes, las adolescentes, los ancianos y los bebés. Todos participan en la alabanza a Dios sin excepciones, representados en edades, sexos, rangos y dignidades.

El pueblo escogido. Aun en la propia especie humana existe una categoría especial: el pueblo de Dios. Israel ayer, la iglesia hoy.

Alaben el nombre del Señor, porque solo su nombre es excelso; su esplendor está por encima de la tierra y de los cielos. ¡Él ha dado poder a su pueblo! ¡A él sea la alabanza de todos sus fieles, de los hijos de Israel, su pueblo cercano! ¡Aleluya! ¡Alabado sea el Señor! (vv. 13-14).

Si los astros sin alma, los reinos de la naturaleza y los hombres sin distingos alaban a Dios, con mayor razón hemos de hacerlo los apartados, los diferenciados, los que hemos sido hechos otros por la adopción. Somos los directos obligados al ministerio perentorio de la alabanza.

EL SER HUMANO COMO ALABADOR

¿Cuál es la medida de nuestra alabanza a Dios? ¿Cuál se supone que debe ser? La respuesta es simple: «La medida de nuestro amor a Dios». Lo alabas en la medida en que lo amas. El que alaba poco a Dios, es porque lo ama poco. ¿Y cómo debemos amar a Dios? Las Sagradas Escrituras lo dicen con meridiana claridad: «Con todo tu corazón, con toda tu alma, con toda tu mente, con todas tus fuerzas». Así debes alabar a Dios, porque así es como lo tienes que amar, pues el amor es la medida de la alabanza.

Con todo el corazón. El gran experto en el tema promete

Quiero alabarte, Señor, con todo el corazón (Salmos 9:1a).

Podríamos complementar la idea así: Te alabaré, oh Dios, con todo mi corazón, porque te amo con todo mi corazón. Mi corazón que está lleno de tu amor, está lleno de mi alabanza a ti.

Con toda el alma. Sigamos mirando las inteligentes lecciones del salterio.

Alaba, alma mía, al Señor (Salmos 146:1b).

Con toda la mente. La parte síquica: mente, emociones y voluntad, tiene que estar involucrada profundamente en este asunto.

Siete veces al día te alabo por tus rectos juicios (Salmos 119:164).

¿Qué dice el rey David? No canten como cotorras, no alaben como quien puso un disco compacto o un audiocasete en un aparato, mecánicamente. Yo entiendo lo que canto. Razono lo que alabo. Lo hago porque entiendo con mi mente que los juicios de Dios son rectos. Como quien dice, canto y alabo con mi inteligencia.

Con todas las fuerzas. Cuando Nehemías regresa para restablecer la ciudad, reconstruir el muro y restaurar parte del templo, encuentra que la gente se ha alejado de la ley de Dios; ordena volver a las Escrituras y, después que el pueblo se ha puesto otra vez en orden, da instrucciones precisas para que lleven una vida sana y correcta, es decir, agradable a Dios.

Luego Nehemías añadió: Ya pueden irse. Coman bien, tomen bebidas dulces y compartan su comida con quienes no tengan nada, porque este día ha sido consagrado a nuestro Señor. No estén tristes, pues el gozo del Señor es nuestra fortaleza. También los levitas tranquilizaban a todo el pueblo Les decían: ¡Tranquilos! ¡No estén tristes, que este es un día santo! Así que todo el pueblo se fue a comer y beber y compartir su comida, felices de haber comprendido lo que se les había enseñado (vv. 8:10-12).

Muy sabiamente Nehemías nos enseña esta tremenda clave· La fuerza y la alabanza van juntas. En realidad, en el idioma hebreo a veces se confunden los dos conceptos. Voy a citar un caso. Jesús entra al templo con un perrero, hace la limpieza general, y los jóvenes empienzan a alabar. Los santurrones inflexibles se dedican a protestar. El Señor les recuerda lo escrito sobre los jóvenes como el grupo por medio del cual se ha perfeccionado la alabanza.

Sin embargo, el salmo citado por Jesús se refiere, más bien, a la fortaleza Son palabras intercambiables fortaleza y alabanza en el idioma hebreo. Se parecen y se ligan. Fortaleza o fuerza, y alabanza. La idea básica es esta el que alaba es fuerte, el que es fuerte alaba. También nos enseña Nehemías que la alabanza es un estilo de vida Alabar no consiste solamente, como algunos piensan, en ir el domingo al parque de diversiones eclesiásticas, que es el templo, a brincar y a aplaudir La alabanza marca una manera de ser y de obrar. La alabanza es un estilo de vida.

BENEFICIOS DE LA ALABANZA

El más reciente ejemplo de esa comprensión de las Sagradas Escrituras fue dado por un tipo de judíos que vivía alrededor del Cáucaso, y países de la antigua Cortina de Hierro, antes de que esta se creara. Tales miembros de la Diáspora fueron llamados «hasidim».

El hasidismo se fundamenta en algo que los rabinos enseñaron, con base en las Escrituras: «Hay que vivir alabando a Dios en medio de las persecuciones». En tanto los zares los acosaban, ellos crearon teatro, música y danza para Dios, y aún hoy en los teatros jerosolimitanos, escenifican un espectáculo precioso.

Los hasidim son una especie de carismáticos judíos que entienden lo importante de llevar una vida de alabanza. Por supuesto, vendrán los problemas, no se trata de creer que con una gran sonrisa solucionaremos los escollos vitales, ni de ser protagonista de la famosa novela de Voltaire, «Cándido o la historia de un optimista». Se trata, más bien, de entender que la alabanza ayuda grandemente aun en medio de los contratiempos.

La alabanza derrota a los demonios. Revisemos un episodio ilustrativo del poder espiritual de la alabanza como llave de liberación.

> *El Espíritu del Señor se apartó de Saúl, y en su lugar el Señor*
> *le envió un espíritu maligno para que lo atormentara*
> (1 Samuel 16:14).

El rey Saúl ya no tiene ningún contacto con el Espíritu Santo. Por eso, un demonio viene sobre él y lo toma.

> *Sus servidores le dijeron: «Como usted se dará cuenta, un espíritu maligno de parte de Dios lo está atormentando. Así que ordene Su Majestad a estos siervos suyos que busquen a alguien que sepa tocar el arpa Así, cuando lo ataque el espíritu*

maligno de parte de Dios, el músico tocará, y Su Majestad se sentirá mejor» (vv. 15-16).

Esta gente conoce el secreto de la alabanza, saben para qué sirve exactamente.

Bien —les respondió Saúl— consíganme un buen músico y tráiganlo Uno de los cortesanos sugirió:

—Conozco a un muchacho que sabe tocar el arpa. Es valiente, hábil guerrero, sabe expresarse y es de buena presencia Además, el Señor está con él Su padre es Isaí, el de Belén

Entonces Saúl envió unos mensajeros a Isaí para decirle: Mándame a tu hijo David, el que cuida el rebaño (vv. 17-19).

El pedido del rey se cumple, y el propósito de Dios también.

Cada vez que el espíritu de parte de Dios atormentaba a Saúl, David tomaba su arpa y tocaba La música calmaba a Saúl y lo hacía sentirse mejor, y el espíritu maligno se apartaba de él (v. 23).

¿Por qué huía el demonio? Porque los demonios no resisten la alabanza, no pueden moverse en ese ambiente. Concluyamos entonces: Si vives una vida de alabanza, Satanás no se podrá acercar a ti.

La alabanza produce victoria. Una escritura que sirve de marco respecto a cómo afrontar las dificultades se encuentra en el segundo libro de Crónicas.

Después de esto, los moabitas, los amonitas y algunos de los meunitas le declararon la guerra a Josafat, y alguien fue a informarle Del otro lado del Mar Muerto y de Edom viene contra ti una gran multitud Ahora están en Jazezón Tamar, es decir, en Engadi Atemorizado, Josafat decidió consultar al Señor y proclamó un ayuno en todo Judá Los habitantes de todas las ciudades de Judá llegaron para pedir juntos la ayuda del Señor (2 Crónicas 20:1-4).

Josafat organiza una gran jornada de ayuno y oración para que Dios lo guíe. A este piadoso rey no le preocupa la estrategia de guerra, ni cuántos escuadrones tiene que enviar a la batalla. Humanamente sabe que está perdido, son tres ejércitos contra él y, con sus recursos militares, le es imposible defenderse. No tiene escapatoria. ¿Qué hace entonces? Busca a Dios. Y, por medio de un profeta, recibe instrucciones sobre los pasos a seguir. En consecuencia,

Los levitas de los hijos de Coat y de Coré se pusieron de pie para alabar al Señor a voz en cuello (v. 19).

No se dice que, primero, tomaran las armas de guerra, el avión invisible, el acorazado, las cabezas nucleares con láser. Lo primero que se hizo fue traer los instrumentos de la orquesta para alabar a Dios. Un hombre espiritual, un hombre que sabe cómo se ganan las batallas, ese es Josafat.

Después de consultar con el pueblo, Josafat designó a los que irían al frente del ejército para cantar al Señor y alabar el esplendor de su santidad con el cántico: Den gracias al Señor; su gran amor perdura para siempre (v. 21).

Lo único que se moviliza en el campamento militar de los judíos es el grupo de alabanza.

Tan pronto como empezaron a entonar este cántico de alabanza, el Señor puso emboscadas contra los amonitas, los moabitas y los del monte de Seir que habían venido contra Judá, y los derrotó De hecho, los amonitas y los moabitas atacaron a los habitantes de los montes de Seir y los mataron hasta aniquilarlos Luego de exterminar a los habitantes de Seir, ellos mismos se atacaron y se mataron unos a otros (vv. 22-23).

Sorprendente desenlace ¿por qué? Por el poder de la alabanza, que produce confusión en el enemigo. Una consigna inolvidable es esta: «El alabador siempre será vencedor».

La alabanza da buen humor. ¿Qué tiene que ver el buen humor con la religión? Se supone que los santos deben vivir llorando todo el día. Eso está en el libreto convencional de la santidad. Pero la Biblia contiene ideas diferentes al respecto.

Nuestra boca se llenó de risas; nuestra lengua, de canciones jubilosas (Salmo 126:2a).

Algunos piensan que reír es pecado. A despecho de ellos, el buen humor es síntoma de todo lo contrario, de sana disposición interior, de una *siquis* armónica. Tiene mucha razón quienquiera que inventó la frase de la revista *Selecciones*: «La risa remedio infalible». El Espíritu Santo es incompatible con el mal humor; no tiene relación con el pesimismo. Un gran predicador cristiano acuñó una de mis frases favoritas: «El pesimista es el que ve un problema en cada oportunidad; el optimista el que ve una oportunidad en cada problema».

La alabanza mantiene la salud. El Dr. Freud lo llamó somatización: Lo que ocurre por dentro, se mantiene por fuera.

Gran remedio es el corazón alegre, pero el ánimo decaído seca los huesos (Proverbios 17:22).

Salomón, el más sabio de los orientales antiguos, discierne que la alabanza solo puede brotar de un corazón gozoso. La alegría del corazón es el manantial de la alabanza, y produce efectos medicinales. Es un buen remedio dice este pensador. Hay personas que nunca alaban porque tienen un corazón tedioso. Deberían aprenderse de memoria este versito: La alabanza es buen remedio contra el tedio.

CUÁNDO DEBEMOS ALABAR

En cuanto al tiempo de la alabanza hay quienes piensan: Solo el domingo en el culto de la iglesia. Otros dicen: «Bueno, adicionalmente, cuando me nace alabar porque estoy contento, porque las cosas me van saliendo bien». Algún católico razonaría: «Eso se queda para cuando repican duro, hay ocasiones especiales para alabar». Pero la Biblia difiere de esos criterios. Veamos.

Debemos alabar siempre. El apóstol Pablo era mucho menos solemne de lo que se imaginan.

No se emborrachen con vino, que lleva al desenfreno Al contrario, sean llenos del Espíritu Anímense unos a otros con salmos, himnos y canciones espirituales Canten y alaben al Señor con el corazón, dando siempre gracias a Dios el Padre por todo, en el nombre de nuestro Señor Jesucristo (Efesios 5:18-20).

Observa que el apóstol dice «siempre». Es un buen adverbio para la alabanza. Es, de hecho, el adverbio de la alabanza: «Siempre».

Mientras vivamos. He aquí una reafirmación de la alabanza como estilo de conducta.

Alabaré al Señor toda mi vida; mientras haya aliento en mí, cantaré salmos a mi Dios (Salmo 146:2).

La alabanza es como una respiración espiritual —que inhala y exhala— para el cristiano.

En todo tiempo. ¡Cómo enfatizan las Escrituras la necesidad de la alabanza continua!

Bendeciré al Señor en todo tiempo; mis labios siempre lo alabarán (Salmo 34:1).

Entendámonos: En todo tiempo significa «sin interrupción». Así de simple.

Eternamente. Todo lo que hacemos aquí en la tierra es un entrenamiento para lo que haremos en el cielo.

Te exaltaré, mi Dios y rey; por siempre bendeciré tu nombre (Salmo 145:1).

No es lo mismo decir siempre que decir por siempre. Por siempre es una expresión sin término posible. Tenemos la obligación, y no podemos escapar a ella, de alabar al Señor eternamente y para siempre. Amén.
Dónde Debemos Alabar
Hay quienes se imaginan que existe un lugar determinado para la alabanza. En el templo, por ejemplo, o algo así. ¿Qué dicen las Escrituras?

En nuestros hogares. Es impresionante el carácter doméstico que Dios pide para la alabanza.

Que se alegren los fieles por su triunfo; que aun en sus camas griten de júbilo (Salmo 149:5).

Aun sobre las camas. Hace algún tiempo mis nietos pernoctaron en mi casa un fin de semana. El sábado por la tarde inventaron un juego singular: Saltar sobre la cama mientras gritaban: «Cristo, vive, Cristo reina», a ritmo frenético. Ese día, definitivamente, acepté la recomendación del salmista de cantar sobre la cama. Por eso los niños, que son los maestros de alabanza por excelencia, lo hacen con naturalidad. Solo que el colchón debe ser cambiado con cierta frecuencia.

En la congregación. No por obvia, la alabanza congregacional pierde importancia.

Proclamaré tu nombre a mis hermanos; en medio de la congregación te alabaré (Salmo 22:22).

Hay personas que, en el templo, creen hacer el ridículo si alaban al Señor. No prodigarían un aplauso, ni siquiera si el Espíritu Santo viniera otra vez en forma de paloma sobre ellos. Pero en el templo no hace el oso el que alaba, sino el que no alaba. Queda en ridículo el quisquilloso, el infatuado, el pagado de sí mismo, el que no derrama su corazón espontáneamente delante la presencia de Dios.

Ante los incrédulos. Desgraciadamente hay personas tan anormales en el cristianismo que, para alabar delante del incrédulo, llegan a su trabajo con el libro negro bajo el brazo, se paran sobre el escritorio y le arrojan un bibliazo al patrón y a los compañeros de labores, al son de himnos estrepitosos como *Alabaré, alabaré.* Y de esta manera, vacunan a sus relacionados contra el cristianismo. El tema es otro.

Puso en mis labios un cántico nuevo, un himno de alabanza a nuestro Dios Al ver esto, muchos tuvieron miedo y pusieron su confianza en el Señor (Salmos 40:3).

Se trata, pues, de que vean en ti un individuo optimista, confiado en tu Dios; un talante festivo, una persona de buen humor, que muestra gratitud al Creador. Tu optimismo, tu gozo, tu estilo alabador es lo que hará que quieran ser como tú. Algunos no dicen con palabras, pero sí con sus acciones, que desde cuando se hicieron cristianos viven una vida infeliz, que nunca han recibido una bendición. Esa clase de evangélico es el peor testigo de Jesús.

Antes de conocer a Dios, yo era verdaderamente refractario a tales personas; tanto que, cuando esperaba la visita de una señora perteneciente a un grupo de oración, imaginaba automáticamente a una viejita de pelo largo, falda larga y lengua larga, con su gran libro negro en la mano, mirándome con aires de superioridad espiritual. Gracias a Dios, fue Esther Lucía quien se presentó a mi residencia. Porque ella era una mujer sin fanatismos, fui convertido con facilidad. Dios no quiere que seamos anormales, sino gente común y corriente pero que muestre el gozo de ser hijo de Dios.

Cómo Debemos Alabar

Se han ideado diversos métodos para alabar, a cual más de extravagantes, novedosos y originales, contrarios a la sencillez bíblica sobre el tema.

Con los labios. El silencio no juega un papel preponderante en cuanto a la alabanza. Por el contrario, se nos recomienda

> *Canten alegres a Dios, nuestra fortaleza, ¡aclamen con regocijo al Dios de Jacob!* (Salmo 81:1).

Cuando se canta y se clama hay que usar los labios. Nadie canta ni clama en silencio, ni telepáticamente. Se canta y se clama con la voz, esto es, con la boca.

Con las manos. Las manos son fundamentales e imprescindibles en la alabanza. Tal vez por eso Jesús, cuando entró al templo y vio al hombre de la mano paralizada, se la puso en movimiento. El Señor tuvo misericordia de él y le dejó la mano en libertad para que pudiera alabarlo correctamente. ¿De qué manera se alaba con las manos?

> *Eleven sus manos hacia el santuario y bendigan al Señor* (Salmos 134:2).

A Dios se lo alaba pues, levantando las manos. Pero, además

> *Aplaudan pueblos todos; aclamen a Dios con gritos de alegría* (Salmos 47:1).

La lógica dice: A Dios se lo alaba aplaudiendo.

Con los instrumentos. Cierta forma de legalismo inconsecuente pretende eliminar la música instrumental en las iglesias. La Biblia no comparte tal prohibición.

> *Alábenlo con sonido de trompeta, alábenlo con el arpa y la lira. Alábenlo con panderos y danzas, alábenlo con cuerdas y flautas. Alábenlo con címbalos sonoros, alábenlo con címbalos resonantes* (Salmos 150:3-5).

Allí se nombran todos los instrumentos musicales que se usaban en aquel tiempo en los servicios eclesiásticos. Hoy debe hacerse, por supuesto, con la guitarra eléctrica, la batería, la trompeta, el sintetizador, etc.

Con el cuerpo. El templo del Espíritu Santo, nuestro cuerpo, es protagonista esencial de la alabanza.

Que alaben su nombre con danzas (Salmos 149:3a).

La danza es un ejercicio corporal. Este tipo de danza debe ser espontánea y dirigida por el mismo Espíritu de Dios. Algunos movimientos cristianos de hoy practican un estilo de coreografía oficial, ritual, teatral, sobre el altar. Esta clase de manifestaciones no hacen parte de la liturgia cristiana. Se puede danzar en la presencia del Señor, pero un conjunto coreográfico no coordina con el cristianismo sino tiene dos vertientes, a saber: Es judío, dentro del culto de Moisés que nosotros no estamos obligados a practicar, y es pagano, porque las vestales y, en general, las sacerdotisas de los ritos mitológicos siempre tuvieron manifestaciones de danza en los altares.

Alabar con el cuerpo en danza es una expresión natural, no oficial, ni teatral. Quienes ponen en tela de juicio que la danza es una expresión de la alabanza, y hasta se mofan de quienes danzan en la presencia de Dios, harían bien en mirar la Escritura.

Mientras David y todo el pueblo de Israel danzaban ante el Señor con gran entusiasmo y cantaban al son de arpas, liras, panderetas, sistros y címbalos (2 Samuel 6:5).

El primer maestro de alabanza en la historia de Israel, el rey David, está aquí danzando con todo el pueblo. Pero serias dificultades se derivan de esa conducta.

Sucedió que, al entrar el arca del Señor a la Ciudad de David, Mical hija de Saúl se asomó a la ventana; y cuando vio que el rey David estaba saltando y bailando delante del Señor, sintió por él un profundo desprecio (v. 16).

No es serio, ni de buen gusto, que un rey salte y baile delante de sus súbditos, piensa la esposa de David.

Cuando David volvió para bendecir a su familia, Mical, la hija de Saúl, le salió al encuentro y le reprochó: «¡Qué distinguido se ha visto hoy el rey de Israel, desnudándose como un cualquiera en presencia de las esclavas de sus oficiales!» (v. 20).

David, con todo, mantiene su firmeza. Él no es un hipócrita religioso, no antepone su majestad humana delante de la majestad divina. Es una persona real y auténtica.

David le respondió: «Lo hice en presencia del Señor, quien en vez de escoger a tu padre o a cualquier otro de su familia, me escogió a mí y me hizo gobernante de Israel, que es el pueblo del Señor De modo que seguiré bailando en presencia del Señor, y me rebajaré más todavía, hasta humillarme completamente Sin embargo, esas mismas esclavas de quienes hablas me rendirán honores» (vv. 21-22).

Como consecuencia de sus críticas conyugales, la llave de la causalidad se abre sobre Mical en forma terrible.

Y Mical hija de Saúl murió sin haber tenido hijos (v. 23).

La alabanza es una poderosa llave del reino de Dios. Para utilizarla no necesitas ser músico, ni compositor, ni tener buen oído, ni entender de partituras, ni aprender a tocar ningún instrumento. Tú mismo eres el instrumento, lo único que necesitas en realidad es regocijo espiritual.

En aquel momento Jesús, lleno de alegría por el Espíritu Santo, dijo: Te alabo, Padre, Señor del cielo y de la tierra, porque habiendo escondido estas cosas de los sabios e instruidos, se las has revelado a los que son como niños Sí, Padre, porque esa fue tu buena voluntad (Lucas 10:21).

Cuando Jesús siente alegría espiritual, alaba al Padre. Para él, los niños son el mejor ejemplo de alabanza y solo el Espíritu Santo nos da regocijo interior para poder decir: «Te alabo Padre», haciéndonos como niños delante de su presencia.

Como hemos visto, se alaba en la tierra y se alaba en el cielo. En el cielo se alaba siempre. El universo en expansión alaba todo el tiempo junto con los ángeles. Los tres reinos de la naturaleza: animal, vegetal y mineral, alaban constantemente a Dios. Pero tú, el creyente, tienes la llave de la alabanza en tu mano y la puedes usar voluntariamente. Cuando tú abres con esta llave de la alabanza el mundo sobrenatural, quedas sintonizado con los ángeles, te sincronizas con la música de las esferas en el universo; y, sobre todo, con el Espíritu de Dios, cuyo poder baja sobre tu vida.

El mismo poder que hace alabar a los ángeles; el mismo poder que sostiene al universo; el mismo poder que creó lo que existe; el mismo poder sustentador de los reinos de la naturaleza. El Salmo 104 contiene todas las razones de la alabanza. El por qué desde los cielos de los cielos, descendiendo al universo físico y a este pequeño planeta llamado tierra; a los reinos de la naturaleza, a la humanidad, al pueblo del Señor, se nos muestra que todos sin excepción tenemos la obligación de alabar el Nombre del Señor.

LLAVE 7

EL REPOSO

Un profundo tema de meditación en las Sagradas Escrituras se encuentra en este breve versículo.

En vano madrugan ustedes, y se acuestan muy tarde, para comer un pan de fatigas, porque Dios concede el sueño a sus amados (Salmo 127:2).

Hay tres elementos en la vida del hombre que, aun cuando existen desde siempre como carga negativa, se han agudizado en forma extraordinaria durante esta edad que ya se llama postmoderna. Esos tres elementos fueron enumerados precisamente desde la antigüedad por la Biblia: El hombre se levanta de madrugada, se va tarde a reposar y come pan de fatiga. Tanto madrugón, tanto afán durante el día solo para vivir intranquilo y comer mal, para ser un amargado y dañar la calidad de la vida. De un modo u otro, somos todos víctimas de la agenda, del celular, del Internet y, algo más, de la úlcera gástrica.

Al hombre postmoderno, a medida que le sangra el colon, le sangra también el corazón. Somos una sociedad tan enferma que nuestra prioridad es el trabajo. A nadie le importa la familia, ni la mujer, ni los hijos, ni la recreación sana, ni los deportes, ni los placeres que vienen de la naturaleza, ni la iglesia. A todo el mundo lo único que le importa es trabajar. El trabajador se levanta de madrugada, a toda velocidad, se viste en la oscuridad para no despertar a la esposa y, por eso, combina calcetín amarillo con rojo y mete el botón en el ojal equivocado. Es laboradicto. Adicto al trabajo.

La adicción al trabajo —demostrado incluso por la sicología— puede llegar a ser más destructiva, en muchos casos, que la adicción a las drogas o al alcohol. Estos tipos de hoy viven para trabajar y no trabajan para vivir. El ejecutivismo del mundo actual ha hecho del trabajo un dios. Las Escrituras nos instan a «amar a Dios con todo el corazón, con toda el alma, con toda la mente y con todas las fuerzas», y lo que esta gente hace es amar su trabajo con todo el corazón, con toda el alma, con toda la mente y con todas las fuerzas. La conclusión es fácil, directa y sencilla: El trabajo es su dios. No han digerido la última parte del versículo que leímos: Dios concede el sueño a quienes ama.

¡Qué delicia es saber que Dios nos ama y nos permite dormir tranquilos! El creyente no tendrá sobresaltos, por levantarse a la mañana de carrera, para ganarle a la «hora pico» y cosas así, sino que se levantará de mañana a orar, trabajará durante el día normalmente y dormirá tranquilo por la noche. La herramienta que el Señor quiere que ahora metamos al llavero es la llave del reposo. Cualquiera pensaría que se trata de un asunto puramente sociológico.

Sagradas Escrituras. Antes de Adán, Dios ya tenía perfectamente redactado su contrato laboral. ¿De dónde proviene, entonces, la negativa idea de una penalización por el trabajo?

> *Al hombre le dijo: Por cuanto le hiciste caso a tu mujer, y comiste del árbol del que te prohibí comer, ¡maldita será la tierra por tu culpa! Con penosos trabajos comerás de ella todos los días de tu vida La tierra te producirá cardos y espinas, y comerás hierbas silvestres. Te ganarás el pan con el sudor de tu frente, hasta que vuelvas a la misma tierra de la cual fuiste sacado Porque polvo eres, y al polvo volverás* (Génesis 3:17-19).

El castigo por el pecado consiste en que el trabajo se vuelve una carga, se hace penoso, porque la tierra ya no será un edén, sino producirá espinos y cardos; y el hombre tendrá que esforzarse mucho para obtener el pan de ella. El trabajo no es castigo, es la penalidad del trabajo lo que constituye tal cosa. Tengamos cuidado con ciertas interpretaciones para no infamar la Palabra de Dios.

Antes del pecado, el trabajo era deleitoso y agradable; después ya no sería así: Habría que ganar el pan con el sudor de la frente. Antes el hombre no sudaba, la tierra era paradisíaca y no estaba bajo maldición, como pasó a estarlo después del pecado. ¡Ah, claro! Pero si uno dice que el trabajo es una bendición, no faltará el fariseo arrinconado que se incorpore para proclamar: «Por eso hay que trabajar hasta reventarse». Para este sujeto todo tiene que ser blanco o negro, sin tonos grises.

Existe la creencia de que los mejores cristianos son los que trabajan más arduamente Esa es otra perversión interpretativa ¿Cuál es el mal que aqueja a la humanidad actual? La «depre» Sí, ahora le dan tal nombre Depresión Pero ha existido en todas las épocas, solo que le cambian la denominación, según van y vienen las modas literarias, filosóficas, artísticas, etc. Por ejemplo, en la segunda mitad del siglo XIX, todos los filósofos y hasta los teólogos, e incluso los artistas, llamaron a ese estado del alma que viene del exceso o el vacio «el mal del siglo» Y, por cierto, José Asunción Silva, el gran poeta, escribió algo que nos puede ambientar sobre la depre de ese centenio, que era el mal del siglo En uno de sus poemas dijo aquel que terminó pegándose un tiro·

El paciente Doctor, un desaliento de la vida
que en lo íntimo de mí se arraiga y nace,
el mal del siglo, el mismo mal de Werther,
de Rolla, de Manfredo, de Leopardi
Un cansancio de todo, un absoluto
desprecio por lo humano, un incesante
renegar de lo vil de la existencia
digno de mi maestro Shopenhauer,
un malestar profundo que se aumenta
con todas las torturas del análisis
El médico Eso es cuestión de régimen, camine
de mañanita, duerma largo, báñese,
coma bien, beba bien, cuídese mucho
lo que usted tiene es hambre

En Inglaterra, durante el ocaso del romanticismo, ese bajón recibe el nombre de *spleen*. Los lores se enfermaban de *spleen*. Cuando comenzaba mi vida profesional, en la adolescencia, como hombre de radio y televisión, había una palabra francesa para describir ese cansancio terrible por el cúmulo de obligaciones, cuando uno no da más y se vuelve un nudo de nervios. A finales de los cincuenta y comienzo de los sesenta éramos muy afrancesados y decíamos *surmenage*

«¿El señor ministro se encuentra, señorita?» «No, hoy amaneció con *surmenage*» En esa época de intelectualismo depravado, ese signo del hombre ansioso recibió la filosófica definición de «angustia existencial». En los setenta nos volvimos gringófilos y ya no decíamos ni el mal del siglo, ni el *spleen*, ni el *surmenage*, ni angustia existencial, sino que entonces usamos otro nombre *Stress* Era decir *in stress*. Hoy, pues, finalmente, nos hallamos en la edad depresiva, la congoja humana se llama depresión. La gente ligh dice con pereza. *Depre* Es una soberana equivocación el que uno tenga que vivir una vida infeliz y comer pan de dolores, como dice el salmo, solo por vivir trabajando Eso es el mal del siglo, el *spleen*, el *surmenage*, el *estrés*, la *depre* o lo que quieran llamarlo en la próxima edad. Para un cristiano genuino, el trabajo es una bendición.

EL DESCANSO ES UN MANDAMIENTO

Debo declarar explícitamente. Esto no es opcional, no es si quieres descansar, no es si te da la gana reposar. Ten

169

cuidado porque «los cielos y la tierra pasarán, mas mis palabras jamás pasarán». Hay mandamientos que se dieron en dos palabras: No mates. No robes. Hay mandamientos que se dieron en tres palabras: No cometas adulterio. Hay mandamientos que se dieron en nueve palabras: No des falso testimonio en contra de tu prójimo. Hay mandamientos que se dieron en veinticinco palabras: Honra a tu padre y a tu madre, para que disfrutes de una larga vida en la tierra que te da el Señor tu Dios. Pero mira cuántas palabras emplea Dios para hablar del reposo:

Acuérdate del sábado, para consagrarlo Trabaja seis días, y haz en ellos todo lo que tengas que hacer, pero el día séptimo será un día de reposo para honrar al Señor tu Dios No hagas en ese día ningún trabajo, ni tampoco tu hijo, ni tu hija, ni tu esclavo, ni tu esclava, ni tus animales, ni tampoco los extranjeros que vivan en tus ciudades Acuérdate de que en seis días hizo el Señor los cielos y la tierra, el mar y todo lo que hay en ellos, y que descansó el séptimo día Por eso el Señor bendijo y consagró el día de reposo (Éxodo 20:8-11).

Ni siquiera me tomaré el trabajo de contar cuántas palabras utiliza el Señor para dar el mandamiento del reposo, pero —según pienso— debe haber alguna razón para que las instrucciones sean tan minuciosas al respecto, porque nada hay de desechar ni caprichoso en la Palabra de Dios.

Cuando surgió, a principios de siglo, el sistema marxista leninista en Rusia, se cometieron algunos errores, aunque el origen del asunto era sano: Buscar la justicia social.

Fue suprimido, por ejemplo, el día de descanso. Los gobernantes juzgaron como inconsecuente que la gente tuviera un día en que no hacía nada. ¿Qué pasó? Sorprendentemente la productividad se vino al suelo y, después de grandes estudios y variados laboratorios, el materialismo dialéctico llegó a la conclusión de que, así como las máquinas puramente materiales necesitan reposo, la máquina biológica (el hombre) lo requiere también.

Eso se instauró desde el Génesis por Dios nuestro Señor. Al restablecerse en la Unión Soviética el «Día de Reposo», la productividad volvió a crecer. Y, aunque los legalistas preparen sus guijarros para lapidarme, no es pecado aprovechar el reposo que el Señor nos da. Entre los judíos se estableció el sábado. ¿Por qué? El nombre propio del día viene de la palabra hebrea *shabat*. No es el nombre de un día, quiere decir simplemente reposo. Por eso, ellos terminaron por llamar al séptimo día de la semana *shabat*, es decir sábado, porque era el día de reposo. Pero eso no significa que, en determinadas sociedades, las circunstancias indiquen algunas variantes y que los cristianos nos pongamos en contravía de la legalidad solo para sentirnos ante Dios mejor aprobados, porque somos unos buenos fariseos laboradictos.

La Naturaleza Debe Reposar

Un tema como para los ecólogos. Digamos con claridad, de una vez por todas, que hay también ecología cristiana, aunque casi toda la ecología actual sea pagana, orientada por la Nueva Era.

Durante seis años sembrarás tus campos, podarás tus viñas y cosecharás sus productos; pero llegado el séptimo año la tierra gozará de un año de reposo en honor al Señor No sembrarás tus campos Ni podarás tus viñas; no segarás lo que haya brotado por sí mismo ni vendimiarás las uvas de tus viñas no cultivadas La tierra gozará de un año completo de reposo Sin embargo, de todo lo que la tierra produzca durante ese año sabático, podrán comer no solo tú sino también tu siervo y tu sierva, el jornalero y el residente transitorio entre ustedes También podrán alimentarse tu ganado y los animales que haya en el país Todo lo que la tierra produzca ese año será solo para el consumo diario (Levítico 25:3-7).

Una orden expresa de Dios a los israelitas que, de haberse cumplido, habría hecho inocua la nueva ciencia que llaman ecología. ¿Qué fue lo que realmente pasó? La tierra nunca reposó. El Señor ordena seis años continuos de labores; pero el hombre, la bestia y la tierra tienen que descansar el séptimo año. Es reposo para la tierra. Los animales podrán comer libremente, no serán obligados a trabajar durante todo ese año. De alguna manera, los judíos trajeron esa costumbre a occidente y, en cierta medida, se está practicando: Las personas que dirigen grandes compañías o empresas descansan el séptimo año. El famoso año sabático.

Observemos el principio bíblico: Cada seis días, un día; cada seis años, un año. Los grandes ejecutivos dedican el año sabático a vacaciones, viajes y cursos o para escribir algún libro. Esta costumbre moderna preserva un principio bíblico. Los sociólogos, los ingenieros industriales, los sicólogos, los jefes de personal, hablan hoy de este asunto. Y es absolutamente necesario que volvamos al principio bíblico para darle calidad a la vida humana. Por supuesto, no es prudente en sociedades como la nuestra la práctica del año sabático. ¿Se imaginan lo que pasaría?

Todos se volverían sabatistas, tomarían de a tres meses durante varios años para completar su año sabático, y cosas así. Somos sinuosos por naturaleza. Esto ha traído como consecuencia, en la cultura occidental, que el hombre debe reposar las vacaciones anuales. Y está bien que así se haga, porque la suma de tales vacaciones le puede dar a usted, en el tiempo prudente, un año sabático de manera exacta. La observación pertinente es: el reposo está establecido por Dios para el individuo y para la naturaleza. Cada seis días, un día. Cada seis años, un año. Como la Biblia nos enseña claramente, el reposo es personal y natural.

El Reposo Es Para Toda La Sociedad

Según la Biblia, no solo debemos reposar individualmente, sino hacerlo como comunidad, como grupo, como conjunto, como sociedad. El descanso no es solamente para personas o individuos, Dios ordenó el descanso comunitario. Si retomamos algunas ideas de la llave de la productividad, veremos cómo, cuando el hombre se sale de los planes de Dios, produce enormes desastres.

El Barón de Rottschild, por mucho tiempo el banquero más rico del mundo —judío, por cierto— dijo algo extraordinario: «El interés compuesto es la octava maravilla». Tome hoy cien devaluados pesos colombianos, colóquelos a interés compuesto, y cada año duplicará la suma. En veinte años tendrá cincuenta millones de pesos. Siga con el interés compuesto: En la misma proyección, sin mover un solo centavo, en treinta años usted tendrá la bicoca de treinta billones de pesos. Ese es el interés compuesto. Entre más se usa más rinde lo que se usa. Pero especialmente en las sociedades capitalistas, el interés compuesto enriquece a unos pocos y empobrece a los más. Sucede en muchos países del mundo. Y eso es deplorable. El Señor sabía que tal cosa podría suceder y, por eso, inventó el reposo colectivo.

Siete veces contarás siete años sabáticos, de modo que los siete años sabáticos sumen cuarenta y nueve años, y el día diez del mes séptimo, es decir, el día del Perdón, harás resonar la trompeta por todo el país. El año cincuenta será declarado santo, y se proclamará en el país la liberación de todos sus habitantes. Será para ustedes un jubileo, y cada uno volverá a su heredad familiar y a su propio clan. El año cincuenta será para ustedes un jubileo: ese año no sembrarán ni cosecharán lo que haya brotado por sí mismo, ni tampoco vendimiarán las viñas no cultivadas Ese año es jubileo y será santo para ustedes. Comerán solamente lo que los campos produzcan por sí mismos. En el año de jubileo cada uno volverá a su heredad familiar Si entre ustedes se realizan transacciones de compraventa, no se exploten los unos a los otros. Tú comprarás de tu prójimo a un precio proporcional al número de años que falten para el próximo jubileo, y él te venderá a un precio proporcional al número de años, que queden por cosechar Si aún faltan muchos años para el jubileo, aumentarás el precio en la misma proporción; pero si faltan pocos, rebajarás el precio proporcionalmente, porque lo que se te está vendiendo es solo el número de cosechas. No se explotarán los unos a los otros, sino que temerán a su Dios Yo soy el Señor su Dios. Pongan en práctica mis estatutos y observen mis preceptos, y habitarán seguros en la tierra. La tierra dará su fruto, y comerán hasta saciarse, y allí vivirán seguros Si acaso se preguntan: ¿Qué comeremos en el séptimo año, si no plantamos ni cosechamos nuestros productos?, déjenme decirles que en el sexto año les enviaré una bendición tan grande que la tierra producirá como para tres años (Levítico 25:8-21).

Siete semanas de año son cuarenta y nueve; el año cincuenta es el del jubileo, de acuerdo con la ley de Dios. Y, en este año ¿qué sucede? El jubileo ¿en qué consiste? Todas las deudas acumuladas desaparecían, simplemente no se podrían cobrar más, eran condonadas. Según costumbre de entonces, la gente se vendía durante un tiempo al servicio de un señor, pero en el año del jubileo quedaban libres los siervos y los esclavos. Estar en servidumbre era una forma de esclavitud financiera, una modalidad de endeudamiento, como lo ha señalado agudamente Pat Robertson.

Por otra parte, los campos, o medios de producción, tenían que regresar a las familias que originalmente los poseían, sin importar cuántas transacciones se hubieran hecho durante cincuenta años. El lote de tierra volvía a la familia original. El jubileo consistía en recapitular medio siglo de historia económica y dar un nuevo comienzo.

¿Cuáles son los resultados de la desobediencia? Sus efectos sociales son devastadores. Los ecosistemas ya no pueden reciclar más. Por la desobediencia a la Palabra de Dios, se agotan los recursos naturales, pues la tierra no ha reposado. La acumulación del dinero en unas pocas manos hace que los más necesitados se endeuden y, como cada día se tendrán que endeudar más, llegará un momento en que nos hallemos en la gloriosa Latinoamérica como está hoy en día debido al incumplimiento con los planes de Dios.

Cada cincuenta años, cíclicamente, en el mundo se produce una depresión económica. Las instituciones financieras se ven obligadas a decretar moratorias, condonaciones de deudas, etc. ¿A qué se debe que los países ricos del mundo estén tan preocupados con los pobres? Es una cuenta de cobro que Dios les está pasando, por no obedecer a su Palabra. Los países ricos han esclavizado a los pobres y ya las deudas de estos son impagables. En una reciente declaración, el grupo de los países llamados «No alineados» notificaron al Banco Mundial, al BID, a la Agencia Internacional de Desarrollo, y otras instituciones: «No tenemos con qué pagar, y no vamos a pagar». Punto. Se acabó el problema. La historia se repite: Todo empieza con créditos blandos, tratando de que las tensiones se aligeren, de que los medios vuelvan a producir. El gran capital tendrá que hacer concesiones. De otra manera nunca saldremos de la crisis.

En una época de depresión, Henry Ford —de formación protestante— dijo: «Voy a aumentar los salarios de los trabajadores de mi fábrica». Todos juzgaron: «Ford está loco». Pero él razonó: «Si los trabajadores ganan más dinero, comprarán más automóviles». A la larga, las ideas de Ford ayudaron a los Estados Unidos a salir de la depresión.

La llave del reposo. Un día por semana. Un año cada semana de años. El jubileo cada cuarenta y nueve años, en el año cincuenta. En la vida individual, el ciudadano de hoy vive deprimido, angustiado, víctima de la *depre*, o del mal del siglo, o del *spleen*, o del *surmenage* o del *estrés*. La fauna y la flora están diezmadas y la vida colectiva muestra un deterioro extraordinario.

Por la violencia, en el tercer milenio de la era cristiana, hay comunidades enteras de desplazados que viven en condiciones más precarias que los hombres de la edad de las cavernas. ¿Por qué pasa esto? Porque hemos recibido un cristianismo equivocado, lleno de desacatos y de falsas interpretaciones. Por eso, la economía es un completo desastre. Personalmente he sido una persona muy activa. Mi antigua profesión de comunicador social y periodista hizo que me acostumbrara a estar disponible las veinticuatro horas del día, los sesenta minutos de cada hora y los sesenta segundos de cada minuto.

Es por esa causa que a veces pierdo la noción de que no todo el mundo tiene la misma capacidad laboral. Mi amigo Neil Anderson me dijo una vez· «Observo que eres una persona muy activa, y está bien que trabajes para la obra de Dios lo más dinámicamente que puedas Pero quiero decirte algo· Una de las armas más efectivas del diablo es el activismo, el exceso de trabajo. Lo presenta como algo bueno delante de Dios, y sucede que no es así. «Entonces», dijo Neil, «si el diablo no te puede vulnerar moral ni económicamente, te lleva a trabajar en exceso para que te enfermes, y así inutilizarte e impedir que cumplas tu labor en la obra de Dios».

UN TRABAJO ESPECIAL REQUIERE UN REPOSO ESPECIAL

Hay personas que viven ceñidas al horario Son inflexibles, milimétricas. Marcan tarjeta a la hora exacta por la mañana y por la tarde. Practican el legalismo del trabajo El profeta Elías era un hombre muy dinámico en la obra de Dios e, incluso, se veía precisado a hacer trabajos especiales En una oportunidad se enfrentó contra centenares de profetas de Baal y de Asera, estando él solo En una tremenda batalla espiritual en la cumbre del monte, Elías ganó porque Dios estaba con él. Terminó muy cansado y, aparte de todo, Jezabel empezó a buscarlo para quitarle la vida. Veamos lo que sucedió.

Elías se asustó y huyó para ponerse a salvo Cuando llegó a Berseba de Judá, dejó allí a su criado y caminó todo un día por el desierto Llegó adonde había un arbusto, y se sentó a su sombra con ganas de morirse ¡Estoy harto, Señor —protestó—

Quítame la vida, pues no soy mejor que mis antepasados (I
Reyes 19:3-4).

Elías sufre desapego por la vida. Esto se llama depre.
Tiene angustia existencial por un exceso de trabajo muy
riguroso, algo a lo cual no estaba acostumbrado. Está pidiendo morir.

*Luego se acostó debajo del arbusto y se quedó dormido. De re-
pente un ángel lo tocó y le dijo: Levántate y come* (v. 5).

El ángel le abre la llave del reposo a Elías: Usted hizo
un trabajo especial, así que necesita un reposo especial.
¿Y qué pasó?

*Elías miró a su alrededor, y vio a su cabecera un panecillo cocido
sobre carbones calientes, y un jarro de agua. Comió y bebió, y volvió a acostarse* (v. 6).

El mejor remedio que recetan las Sagradas Escrituras
contra la depresión es comer y dormir.

*El ángel del Señor regresó y, tocándolo, le dijo: Levántate y come,
porque te espera un largo viaje* (v. 7).

Hay que recobrar fuerzas para seguir adelante. Aquí
ocurre algo que conviene entender con claridad: Elías va
al monte de Dios y el Espíritu le revela la palabra de sabiduría con las instrucciones precisas de lo que tiene que
hacer de allí en adelante, hasta que sea arrebatado al
cielo. La conclusión sencilla es: Dios se nos revela cuando estamos reposados, no cuando estamos fatigados. En

el libro de Isaías leemos: En reposo y descanso te pastorearé. No dice en afanes y fatigas. La revelación llega cuando estás sereno y tranquilo en la presencia de Dios.

Gran lección esa de un reposo especial para un trabajo especial. Elías no pensó: «Si no me pongo a trabajar inmediatamente, no tendré qué comer». El ángel le preparó una torta y se la puso a la cabecera del lugar donde estaba durmiendo. Si cumples con el reposo, Dios proveerá tu comida, no tienes por qué preocuparte por esa añadidura. Algunas personas conquistan una cumbre muy alta y ya se quieren retirar. Pero el ángel enseña algo distinto: Le abre la llave del reposo a Elías, no para que termine su carrera, no para que se pensione, sino para que renueve fuerzas como el águila y continúe trabajando. Concluyamos entonces, honradamente, en que un trabajo adicional requiere un descanso adicional.

La Holgazaneria Es Pecado

El apóstol San Pablo escribe a los tesalonicenses dos cartas, ambas sobre la Segunda Venida de Cristo, y, en ellas, específicamente les advierte que, no por el hecho de que el Señor puede venir en cualquier momento, dejen de trabajar. Ocúpense en sus negocios, estén activos, que ese día no los sorprenda retirados en ocio infecundo. Porque se ha sabido que algunos en la iglesia andan desordenadamente, que no quieren trabajar en nada, a quienes les mando a decir: El que no quiera trabajar, tampoco coma. ¡Admiro a Pablo! Aun hoy no falta el hermanito cínico que se toma lo del reposo como norma permanente. Ese que interpreta las Escrituras a su amaño, y hasta piensa que hay que trabajar un día y reposar seis. Estos son los que dicen, sacando pecho muy orondos: «Es que yo vivo por fe, pastor». «No», les respondo yo, «usted no vive por fe, usted es un gorrón, un logrero, un vividor». Al reino de Dios no entran los haraganes. Pues, ¿qué dice la Santa Palabra?

Pasé por el campo del perezoso, por la viña del falto de juicio Había espinas por todas partes; la hierba cubría el terreno, y el lindero de piedras estaba en ruinas Guardé en mi corazón lo observado, y de lo visto saqué una lección: Un corto sueño, una breve siesta, un pequeño descanso, cruzado de brazos ¡y te asaltará la pobreza como un bandido, y la escasez, como un hombre armado! (Proverbios 24:30-34).

El que tenga oídos para oír, que oiga; y el que tenga ojos para leer, que lea.

Cuál Es El Día De Reposo

No debemos confundir los conceptos «Día del Señor» y «Día de Reposo». Aunque casi siempre coincidan no son exactamente lo mismo. Cada cultura, por necesidades colectivas y reglamentaciones constitucionales y legales, tiene algunas variantes particulares. En Israel, por ejemplo, el viernes es día sagrado para los musulmanes y ellos no pueden trabajar; el sábado, día sagrado para los judíos y ellos se abstienen de trabajar; y el domingo, día sagrado para los cristianos, con igual cesación de labores. En España, por la época de la Inquisición, uno de los recursos del Santo Oficio y sus verdugos para descubrir a los judíos que se escondían huyendo del castigo, era observar las chimeneas durante el sábado, porque ellos ni siquiera prenden el fuego en ese día, pues no comen. Chimenea de la que no saliera humo, chimenea de judíos.

La Torá habla del sábado, por supuesto, pero debemos entender: Los cristianos observamos el día del Señor, que es el domingo, o primer día de la semana. Ello no significa que, si tienes que trabajar el domingo, eres candidato al infierno. Muchos se imaginan que, si hacen algún trabajito el domingo, pierden la salvación y será necesario volver a crucificar a Jesús para que los redima de nuevo. Son maneras erróneas de ver las cosas, según el apóstol Pablo.

Así que nadie los juzgue a ustedes por lo que comen o beben, o con respecto a días de fiesta religiosa, de luna nueva o de reposo (Colosenses 2:16).

Tan claro como el agua. Nadie tiene potestad para juzgar a otro en cuanto a los días de reposo. El apóstol entiende que hay personas sometidas a un día y otras a otro día, y que no siempre coincide el Día del Señor con el de reposo. A veces olvidamos que Jesús trabajaba más en el *shabat* que en los días ordinarios. Cuando iba a los templos, venían a él los que iban a ser sanados, los que requerían ser liberados, los que necesitaban oración. En el día de reposo, aparte de tales actividades, Jesús predicaba. El sábado es cuando más trabaja un rabino aun hoy en día.

Pasando de allí, entró en la sinagoga, donde había un hombre que tenía una mano paralizada Como buscaban un motivo para acusar a Jesús, le preguntaron:

—*¿Está permitido sanar en sábado?*

Él les contestó:

—*Si alguno de ustedes tiene una oveja y en sábado se le cae en un hoyo, ¿no la agarra y la saca? ¡Cuánto más vale un hombre que una oveja! Por lo tanto, está permitido hacer el bien en sábado* (Mateo 12:9-12).

Cuando la iglesia que pastoreo se iniciaba y llegó de Buenos Aires el pastor Silvano Espíndola —quien fuera estrella del fútbol profesional—, a instancias suyas se organizó un campeonato interiglesias de ese deporte. Nos reunimos los pastores para definir el asunto y uno de ellos expresó una teoría para mí sorprendente: «No debemos programar los partidos en domingo, pues no puede usarse el Día del Señor para jugar al fútbol». Su propuesta de jugar en sábado fracasó, sin embargo, porque también había entrado en el torneo la Iglesia Adventista.

Hay personas hoy aun más legalistas que los fariseos en la época de Jesús. Me imagino lo furioso que se pondrá el Señor porque los muchachos hacen deporte en su día, como si el deporte fuera algo corrupto en sí mismo. Tales personas no entienden bien que el día de reposo fue hecho por causa del hombre, no el hombre por causa del día de reposo, como bien lo aclaró Jesús. El día de reposo es para que el hombre se sirva de él, no para que le sirva al día de reposo.

Si tienes que trabajar en domingo, la norma neotestamentaria y, más exactamente, la paulina, dice: Debes buscar otro día para reposar, porque trabajarás seis y descansarás uno. Ese es el mandamiento divino. Cierto que Jesús celebraba el sábado, porque era judío sometido a la ley; pero no olvidemos que los apóstoles y los primeros cristianos trasladaron el culto al domingo, primer día de la semana, porque prefirieron honrar al Señor, no el día en que su cuerpo era cadáver, sino el día en que se levantó en gloria y majestad resucitado.

El primer día de la semana nos reunimos para partir el pan Como iba a salir al día siguiente, Pablo estuvo hablando a los creyentes (Hechos 20:7a).

Esta, y otras porciones bíblicas, nos muestran claramente la costumbre cristiana primitiva de guardar el domingo. En aquel tiempo, pues, se reunían el primer día de la semana para la cena del Señor y Pablo les daba el sermón. En la mitología romana y en las indoeuropeas en general, el primer día de la semana era consagrado al sol. Por eso algunos descendientes de los celtas conservan en inglés el nombre Sunday, el día del sol. Los primeros cristianos decidieron llamarlo Dominica, de *Domines, Dominus,* que es Señor. El día de reposo ordinario en Occidente es el domingo y esa práctica no es necesario cambiarla. Sería absurdo, traería muchos traumatismos y, por razones prácticas, es muy bueno que coincidan día de reposo y día del Señor.

Reiteramos, sin embargo, si tienes que trabajar el domingo, debes descansar necesariamente, por orden de Dios, otro día. El propio Jesús dijo que los sacerdotes en el templo profanan el *shabat* y son sin culpa. Yo mismo trabajo intensamente en el día de reposo. Por eso he buscado otro, que en mi caso es el lunes para reposar. Ese día procuro estar en familia, leer un libro, hacer algo distinto a mis labores durante la semana. Porque reposar es, en muchos sentidos, cambiar. La conclusión sana nos dice: Es inútil que alguien pretenda tener éxito si no sabe manejar la llave del reposo. En Marcos encontramos cómo Jesús se preocupaba de que sus colaboradores descansaran.

> *Y como no tenían tiempo ni para comer, pues era tanta la gente que iba y venía, Jesús les dijo: «Vengan conmigo ustedes solos a un lugar tranquilo y descansen un poco»* (Marcos 6:31).

Jesús es el Señor del reposo; él lo creó, él lo ordena y lo facilita. El reposo es el broche del llavero; si no está bien colocado, se esparcirán las llaves por el piso y después no habrá manera de recogerlas.

JESÚS DESCANSABA

Aquel que se llamó a sí mismo «Señor del Día de Reposo» ilustra con su ejemplo su propia enseñanza:

> *Un día subió Jesús con sus discípulos a una barca.*

«Crucemos al otro lado del lago», les dijo. Así que partieron, y mientras navegaban, él se durmió Entonces se desató una tormenta sobre el lago, de modo que la barca comenzó a inundarse y corrían gran peligro. Los discípulos fueron a despertarlo. «¡Maestro, Maestro, nos vamos a ahogar!» gritaron. Él se levantó y reprendió al viento y a las olas; la tormenta se apaciguó y todo quedó tranquilo (Lucas 8:22-24).

¿Por qué dormía Jesús? Porque estaba cansado. En la orilla había trabajado intensamente. Con todo respeto, el Señor debió pensar de esta manera: «Las profecías no dicen que moriré en un naufragio, sino en una cruz; por lo tanto dormiré tranquilo ahora».

Todo El Tiempo En Reposo

La vida cristiana debería consistir, si fuéramos sumisos a las Sagradas Escrituras, en vivir todo el tiempo reposadamente. No entendamos el reposo tan solo como cesación o suspensión del trabajo, sino como un estado del alma. Dios pide que trabajemos reposadamente, es decir, manteniendo sosiego en todas las labores.

Mientras iba de camino con sus discípulos, Jesús entró en una aldea, y una mujer llamada Marta lo recibió en su casa Tenía ella una hermana llamada María que, sentada a los pies del Señor, escuchaba lo que él decía Marta, por su parte, se sentía abrumada porque tenía mucho que hacer Así que se acercó a él y le dijo:

—*Señor, ¿no te importa que mi hermana me haya dejado sirviendo sola? ¡Dile que me ayude!*

—*Marta, Marta* —*le contestó Jesús*—, *estás inquieta y preocupada por muchas cosas, pero solo una es necesaria María ha escogido la mejor, y nadie se la quitará* (Lucas 10:38-42).

Aquí se conjugan dos verbos enemigos del cristiano: inquietarse y preocuparse. Encontramos en este pasaje dos perfiles humanos muy definidos en las iglesias: el contemplativo y el operativo; es decir, el que por estar contemplando no trabaja, y el que por estar trabajando no contempla. María nos muestra que hay que vivir en reposo; Marta, la afanosa, coloca lo accesorio sobre lo fundamental. Conozco mucha gente que se queja porque se cansa trabajando. Eso es como descubrir que el agua moja y que el fuego quema. Es muy normal que si trabajamos nos cansemos. ¿Cómo podríamos cansarnos sin trabajar? Existe reposo porque existe cansancio; y existe el cansancio porque existe el trabajo. Si no hubiera trabajo no habría cansancio; y, si no hubiera cansancio, no sería necesario el reposo. El que trabaja se cansa, y el que se cansa, reposa. Esa es la idea.

NECESIDADES DEL TRABAJADOR

La humanidad de Dios es algo que sorprende y maravilla en el relato del evangelio cristológico.

Allí estaba el pozo de Jacob Jesús, fatigado del camino, se sentó junto al pozo Era cerca del mediodía. Sus discípulos habían ido al pueblo a comprar comida En eso llegó a sacar agua una mujer de Samaria, y Jesús le dijo: «Dame un poco de agua» (Juan 4:6-8).

Aquí tiene usted, en la persona de Jesús, las tres cosas que le suceden al que trabaja: Se cansa, tiene sed y siente hambre. Si le sucedió a Jesús, es muy probable que nos pase también a nosotros. Jesús está haciendo una pausa para comer, beber y descansar. La hora del almuerzo debe ser un grato refrigerio. El Maestro invierte esa hora para hacer algo agradable, no para cargarse más con los problemas de la vida diaria. Aprovecha el *lunch* [almuerzo] para tener un impresionante diálogo con esta mujer y salvar su alma. Es un tiempo de relax espiritual durante el cual dialoga con ella muy cariñosamente, mientras los apóstoles van a la ciudad a traerle una hamburguesa samaritana. Hoy vivimos afanados y turbados; no sabemos cómo manejar la llave preciosa del reposo por necia incomprensión de esta Palabra.

Vengan a mí todos ustedes que están cansados y agobiados, y yo les daré descanso Carguen con mi yugo y aprendan de mí, pues yo soy apacible y humilde de corazón, y encontrarán descanso para su alma Porque mi yugo es suave y mi carga es liviana (Mateo 11:28-30).

Entendamos: Jesús pasa todo el tiempo frente a nosotros con una cruz sobre los hombros y diciendo: «¿Tienes una carga? ¿Tienes un trabajo? ¿No puedes reposar? Coloca todo eso encima de mí». Es porque no descansamos en él que no entendemos el reposo como principio capital del reino de Dios.

LLAVE 8

LA RESTITUCIÓN

Nos abocaremos ahora a una enseñanza especial que bendecirá enormemente a los que presten atento oído. Esta llave se llama restitución.

—¿Qué de nosotros, que lo hemos dejado todo y te hemos seguido? —comenzó a reclamarle Pedro—

—Les aseguro —respondió Jesús— que todo el que por mi causa y la del evangelio haya dejado casa, hermanos, hermanas, madre, padre, hijos o terrenos, recibirá cien veces más ahora en este tiempo (casas, hermanos, hermanas, madres, hijos y terrenos, aunque con persecuciones), y en la edad venidera, la vida eterna Pero muchos de los primeros serán últimos, y los últimos, primeros (Marcos 10:28-31).

Restituir es devolver, restaurar o reivindicar. Eso es exactamente de lo que Jesús hace caer en cuenta al apóstol Pedro en el pasaje citado: Nadie que deje todo por él se quedará sin recibir cien veces más como restitución. Si Dios restituye al ciento por uno, y si las matemáticas no fallan, significa que paga un interés del diez mil por ciento. No hay entidad financiera que te otorgue ese rédito en ningún país del mundo. Por supuesto, la restitución no es gratuita: Para que me devuelvan algo, tengo que haber perdido algo; para que me restauren algo, es necesario que se me haya dañado algo; para que me reivindiquen algo, es necesario que algo se me haya desconocido u omitido. No confundamos los conceptos para no usar incorrectamente las llaves del poder.

El despojo consiste en que uno voluntariamente se desprende de algo. La causalidad en que lo que le hago a otro me lo harán a mí. La restitución consiste en recuperar lo que perdí. Se trata de cosas muy diferentes entre sí, aunque complementarias; porque hay llaves que trabajan juntas, en concordancia, armonizan, se conciertan unas con otras. Es evidente que podemos perder algo de dos maneras distintas: Voluntariamente, como lo hizo Pablo, que renunció a su importancia, jerarquía social, económica y política, y a su dinero, para servir al Señor. Involuntariamente, pues también puedo perder algunas cosas a través de una prueba, como en el caso del patriarca Job. En la primera instancia, dejo algo porque quiero. En la segunda, me quitan algo aunque no lo quiera. Las llaves del despojo y la restitución trabajan juntas. Miremos la forma en que el Espíritu Santo nos ha dado esta llave para los tiempos de hoy.

Niveles De La Restitución

Analizaremos ahora, para facilitar el estudio de este tema, los siguientes niveles de la restitución.

Despojo y restitución. El apóstol Pedro tiene derecho para reclamarle a Jesús, posee autoridad moral para hacer su pregunta

«¿Qué de nosotros, que lo hemos dejado todo y te hemos seguido?» —comenzó a reclamarle Pedro (Marcos 10:28).

Expliquemos: Pedro poseía, junto con su hermano Andrés y los hijos de Zebedeo, Jacobo y Juan, una microempresa de pesca en el lago de Galilea. Un día estaba remendando sus redes para buscar el sustento; justamente pasó a su lado Jesús, que le dijo: «Sígueme», y él sin vacilar dejó todos sus enseres en la playa y marchó tras el Nazareno. Por eso le dice ahora: «Bueno, Jesús, tú predicas muy lindo, pero yo dejé todo por ti. ¿Qué es lo que voy a recibir?» La respuesta de Jesús no admite interpretaciones, es directa y explícita:

Les aseguro —respondió Jesús— que todo el que por mi causa y la del evangelio haya dejado casa, hermanos, hermanas, madre, padre, hijos o terrenos, recibirá cien veces más ahora en este tiempo (casas, hermanos, hermanas, madres, hijos y terrenos, aunque con persecuciones); y en la edad venidera, la vida eterna (Marcos 10:29-30).

La promesa no es para unas pocas personas, no se trata de algo selectivo, sino colectivo: Es para todos. Ninguno se quedará sin restitución. Donde dice terrenos hay que entender riquezas en general, pues toda clase de tesoros estaban representados en la tierra que era la gran posesión de ese tiempo, y sigue siéndolo hoy también en muchos casos. La restitución que Jesús ofrece es práctica, es palpable. Algo real.

Restitución temporal y eterna. Es fácil entender los dos niveles de la restitución marcados por Jesús: El primero nos habla de una restitución temporal: Ahora, en este tiempo. Una restitución al ciento por uno aquí en la tierra, algo para disfrutar en nuestra vida actual. El segundo nivel ofrece una restitución interminable: En la edad venidera la vida eterna. Se perciben dos corrientes igualmente erróneas en el evangelio contemporáneo. Hay gente que siempre anda buscándole cinco patas al gato, y algunos creen habérselas encontrado. La primera corriente nos dice que la vida terrenal no es importante para Dios, que Jesús nos da las cosas espirituales pero no las materiales, que su función al hacerse hombre se ha limitado a entregarnos la vida eterna. Eso es una distorsión de la Palabra de Dios.

La segunda corriente sostiene que el cristianismo es un manual de «exitología», de actitud mental positiva y cosas así, para la vida aquí en la tierra, sin ocuparse de la vida en el cielo. Una distorsión aun peor que la anterior. Pero ¿qué dice Jesús? En el pasaje leído, él coloca el fiel de la balanza, el equilibrio perfecto: Hay una restitución eterna en el cielo, pero hay una restitución temporal aquí en la tierra, en este tiempo. Sin sombra de confusiones, en la perspectiva bíblica la restitución es terrenal y celestial.

Llave 8

Ejemplos De Restitución

La Biblia nos ofrece la mejor ilustración de sus propias afirmaciones. Veamos.

Ismael el beduino. La historia es bien conocida. En vista de que Sara no podía tener hijos, ella y Abraham convienen en que el patriarca entre a la tienda de una esclava muy garbosa de origen egipcio que se llama Agar. El viejo, ni corto ni perezoso, hace su trabajo y como resultado nace Ismael. Pasado el tiempo, la promesa original de Dios se cumple al nacer Isaac, y allí comienzan los problemas, como siempre sucede en estos casos.

> Pero Sara se dio cuenta de que el hijo que Agar la egipcia le había dado a Abraham se burlaba de su hijo Isaac Por eso le dijo a Abraham: «¡Echa de aquí a esa esclava y a su hijo! El hijo de esa esclava jamás tendrá parte en la herencia con mi hijo Isaac» Este asunto angustió mucho a Abraham porque se trataba de su propio hijo. Pero Dios le dijo a Abraham: «No te angusties por el muchacho ni por la esclava. Hazle caso a Sara, porque tu descendencia se establecerá por medio de Isaac. Pero también del hijo de la esclava haré una gran nación, porque es hijo tuyo» (Génesis 21:9-13).

La historia relata cómo Ismael, andando el tiempo, casa también con una egipcia y engendra doce hijos que forman las que conocemos como tribus arábigas o ismaelitas. Una raza que también es llamada agarenos, a causa de Agar. Observemos la manera en que se cumple la restitución ofrecida por Dios a Ismael y su madre. Ellos en realidad no se despojan, al contrario, son despojados por viva fuerza, pero Dios es justo y, más milimétricamente, equitativo. Jamás, a través del tiempo, casi cien años, Ismael e Isaac tuvieron un solo conflicto.

Y murió en buena vejez, luego de haber vivido muchos años y fue a reunirse con sus antepasados Sus hijos Isaac e Ismael lo sepultaron en la cueva de Macpela (Génesis 25:8-9a).

Aquel que fue despojado de su padre y de su hermano por los celos de Sara, recibe una completa restitución familiar. Pero lo más importante, esa restitución profetizada desde la antigüedad se ha cumplido prodigiosamente en su descendencia. Los ismaelitas han aportado a la humanidad algunos inventos de importancia: El alcohol, el álgebra, los números arábigos, que son los que sirven a las matemáticas en el mundo entero; además, el alfiler, el alambre, el alcantarillado; una literatura excelente que bastaría con Las Mil y Una Noches; un arquitectura formidable, de la cual quedan vestigios de los ochocientos años árabes en España.

Los ismaelitas, miles de años después del despojo a que fue sometido su padre en el desierto, son los dueños del petróleo y sus riquezas no tienen comparación. La restitución prometida por Dios a Agar, a través de Abraham y de Ismael para su descendencia, es por siempre. Los árabes hacen presencia en todo el mundo y es fácil observarlos como gente de éxito. Sus grandes habilidades financieras justifican el refrán: Lo que se hereda no se hurta. Son buenos hijos de Abraham. En Ismael se demuestra palmariamente que el desposeído será restituido.

Raquel la estéril. Jacob ha tenido que salir de Canaán, pues su hermano Esaú lo busca para matarlo porque le birló la primogenitura. Llega a la tierra de Padan-aram, a casa de su tío Labán, hermano de su madre. Se enamora de su prima Raquel. Las trampas de su tío suegro lo obligan a casarse primero con Lea y después con Raquel.

Cuando el Señor vio que Lea no era amada, le concedió hijos Mientras tanto, Raquel permaneció estéril (Génesis 29:31).

¿Por qué Dios le dio hijos a Lea? Porque era menospreciada. Jacob lucha durante catorce años de trabajo arduo por una mujer que resultó ser de vientre estéril. ¡Qué decepción para Jacob y para la propia Raquel!

Lea quedó embarazada y dio a luz un hijo, al que llamó Rubén, porque dijo: El Señor ha visto mi aflicción; ahora sí me amará mi esposo Lea volvió a quedar embarazada y dio a luz otro hijo, al que llamó Simeón, porque dijo: Llegó a oídos del Señor que no soy amada, y por eso me dio también este hijo Luego quedó embarazada de nuevo y dio a luz un tercer hijo, al que llamó Leví, porque dijo: Ahora sí me amará mi esposo, porque le he dado tres hijos Lea volvió a quedar embarazada, y dio a luz un cuarto hijo, al que llamó Judá porque dijo: Esta vez alabaré al Señor. Después de esto, dejó de dar a luz (vv. 32-35).

Y Raquel, nada de nada, a pesar de los grandes esfuerzos que obviamente hacía Jacob. La verdad es que
Raquel había sido despojada por Lea, pero Jacob la ama-
ba. Ya resignada a su suerte, Raquel pide a Jacob que se
acueste con su sierva Bilha para poder tener un hijo de
ella, según las antiguas costumbres orientales. Pero Lea
seguía teniendo la prominencia.

*Dios escuchó a Lea, y ella quedó embarazada y le dio a Jacob
un quinto hijo. Entonces dijo Lea: Dios me ha recompensado,
porque yo le entregué mi criada y mi esposo. Por eso lo llamó
Isacar Lea quedó embarazada de nuevo, y le dio a Jacob un
sexto hijo Dios me ha favorecido con un buen regalo —dijo
Lea— Esta vez mi esposo se quedará conmigo, porque le he
dado seis hijos. Por eso lo llamó Zabulón Luego Lea dio a luz
una hija, a la cual llamó Dina (Génesis 30:17-21).*

Pero Dios es justicia y equidad y, para él, Raquel
también es digna de tomar en cuenta.

*Pero Dios también se acordó de Raquel; la escuchó y le quitó
la esterilidad Fui así como ella quedó embarazada y dio a
luz un hijo. Entonces exclamó: Dios ha borrado mi desgracia Por eso lo llamó José y dijo: Quiera el Señor darme otro
hijo (Génesis 30:22-24).*

¡Qué gran restitución! La palabra José, quiere decir:
Dame un hijo más. Que el Señor la oyó, está claro,
pues, después de regresar a Canaán, nace Benjamín,
también hijo de Raquel. En verdad, Lea tuvo mayor número de hijos, pero Raquel tuvo dos muy importantes.

De la tribu de Benjamín salió el primer rey de Israel que fue Saúl.

José el esclavo. Thomas Mann, escritor alemán, el único que ha ganado dos veces el Premio Nobel de Literatura, escribió *José y sus hermanos* y fue él quien dijo que esta es la más bella historia que la humanidad conoce. Como sabemos, por los detalles que están en las Sagradas Escrituras, el fruto de la restitución de Raquel, José, fue despojado por sus propios hermanos y vendido como esclavo precisamente a unos ismaelitas. En Egipto fue a parar a la cárcel por negarse a mantener relaciones sexuales con la mujer de su patrón. Y, como sabía interpretar sueños proféticamente, culminó ante el faraón ejerciendo ese extraño oficio.

Entonces el faraón les preguntó a sus servidores:

—¿Podremos encontrar una persona así, en quien repose el espíritu de Dios?

Luego le dijo a José:

—Puesto que Dios te ha revelado todo esto, no hay nadie más competente y sabio que tú Quedarás a cargo de mi palacio, y todo mi pueblo cumplirá tus órdenes. Solo yo tendré más autoridad que tú, porque soy el rey Así que el faraón le informó a José:

—Mira, yo te pongo a cargo de todo el territorio de Egipto.

De inmediato, el faraón se quitó el anillo oficial y se lo puso a José Hizo que lo vistieran con ropas de lino fino, y que le

pusieran un collar de oro en el cuello. Después lo invitó a sub-
irse al carro reservado para el segundo en autoridad, y ordenó
que gritaran: ¡Abran paso! Fue así como el faraón puso a José
al frente de todo el territorio de Egipto Entonces el faraón le
dijo:

—Yo soy el faraón, pero nadie en todo Egipto podrá hacer
nada sin tu permiso (Génesis 41:38-44).

Esta es la campeona de las restituciones: Un esclavo
preso convertido en el gobernante más poderoso de la
tierra. Porque se despojó de su instinto sexual, porque
José fue puro, la restitución que le llega es formidable.

Y le cambió el nombre a José, y lo llamó Zafenat Panea; ade-
más, le dio por esposa a Asenat, hija de Potifera, sacerdote de
la ciudad de On. De este modo quedó José a cargo de Egipto
(v. 45).

Aquí la Providencia entrega a José una restitución
sentimental. Ya tiene una hermosa mujer a quien amar.

Tenía treinta años cuando comenzó a trabajar al servicio del
faraón, rey de Egipto Tan pronto como se retiró José de la
presencia del faraón, se dedicó a recorrer todo el territorio de
Egipto Durante los siete años de abundancia la tierra produ-
jo grandes cosechas, así que José fue recogiendo todo el alimen-
to que se produjo en Egipto durante esos siete años, y lo alma-
cenó en las ciudades Juntó alimento como quien junta arena
del mar, y fue tanto lo que recogió que dejó de contabilizarlo
¡Ya no había forma de mantener el control! (vv. 46-49).

Por la restitución de Dios, un esclavo preso no solo recibe personalmente una enorme cantidad, sino que su restitución se extiende al país que lo honró.

Antes de comenzar el primer año de hambre, José tuvo dos hijos con su esposa Asenat, la hija de Potifera, sacerdote de On. Al primero lo llamó Manasés, porque dijo: Dios ha hecho que me olvide de todos mis problemas, y de mi casa paterna (vv. 50-51).

La palabra Manasés significa: El que me hace olvidar. José quiere sanar su corazón. Después de todo lo que sufrió, después de tantas pruebas y tribulaciones —incluso la cárcel—, quiere olvidar. Tal es el nombre que pone a su hijo: Manasés, el que me hace olvidar.

Al segundo lo llamó Efraín, porque dijo: Dios me ha hecho fecundo en esta tierra donde he sufrido (v. 52).

Efraín significa: El que fructifica, el fructífero. Esa es la palabra Efraín. Fructificar ¿dónde? En la tierra de mi aflicción. La tribu de Efraín, entre otras cosas llegó a ser tan importante que, para citar un solo caso, el reemplazo de Moisés como caudillo del pueblo, el conquistador de la tierra prometida, que es Josué, pertenecía a ella. La restitución, comenzando desde Raquel, pasa por José y llega a todos los israelitas. Esta restitución es colectiva. Ellos en Egipto se convierten en un gran pueblo, en una nación poderosa. José fue despojado por sus hermanos y restituido por Dios, porque, ciertamente, Dios restituye lo que el hombre quita.

Job el desechado. Este antiquísimo libro de Job contiene el más bello poema del dolor humano. Allí leemos:

En la región de Uz había un hombre recto e intachable, que temía a Dios y vivía apartado del mal. Este hombre se llamaba Job (1:1).

Destaquemos las cualidades personales de Job: perfecto, recto, temeroso de Dios y apartado del mal.

Tenía siete hijos y tres hijas; era dueño de siete mil ovejas, tres mil camellos, quinientas yuntas de bueyes y quinientas asnas, y su servidumbre era muy numerosa Entre todos los habitantes del oriente era el personaje de mayor renombre (vv. 2-3).

Para que nos quede claro, Job era un potentado, un hombre de alta clase social y económica en su patria.

Sus hijos acostumbraban turnarse para celebrar banquetes en sus respectivas casa, e invitaban a sus tres hermanas a comer y beber con ellos Una vez terminado el ciclo de los banquetes, Job se aseguraba de que sus hijos se purificaran. Muy de mañana ofrecía un holocausto por cada uno de ellos, pues pensaba: Tal vez mis hijos hayan pecado y maldecido en su corazón a Dios Para Job ésta era una costumbre cotidiana (vv. 4-5).

Un hombre rico y santo. Pero ¿cuál es el problema que se presenta en la vida de Job?

Llegó el día en que los ángeles debían hacer acto de presencia ante el Señor, y con ellos se presentó también Satanás Y el Señor le preguntó:

—*¿De dónde vienes?*

—*Vengo de rondar la tierra, y de recorrerla de un extremo a otro* —*le respondió Satanás*

—*¿Te has puesto a pensar en mi siervo Job?* —*volvió a preguntarle el Señor*— *No hay en la tierra nadie como él; es un hombre recto e intachable, que me honra y vive apartado del mal*

Satanás replicó:

—*¿Y acaso Job te honra sin recibir nada a cambio? ¿Acaso no están bajo tu protección él y su familia y todas sus posesiones? De tal modo has bendecido la obra de sus manos que sus rebaños y ganados llenan toda la tierra. Pero extiende la mano y quítale todo lo que posee, ¡a ver si no te maldice en tu propia cara!* (vv. 6-11).

Satanás reta a Dios: Job está contigo porque Tú lo has rodeado de garantías, porque no tiene problemas, porque es un hombre próspero, importante; pero tócalo, para que veas cómo reniega de ti.

—*Muy bien* —*le contestó el Señor*— *Todas sus posesiones están en tus manos, con la condición de que a él no le pongas la mano encima*

Dicho esto, Satanás se retiró de la presencia del Señor (v. 12).

El diablo corre a cumplir su tarea, a buscar la destrucción de Job. Intentemos un sucinto relato de las calamidades que vienen sobre Job, de un momento a otro.

Llegó el día en que los hijos y las hijas de Job celebraban un banquete en casa de su hermano mayor Entonces un mensajero llegó a decirle a Job: Mientras los bueyes araban y los asnos pastaban por allí cerca, nos atacaron los sabeanos y se los llevaron. A los criados los mataron a filo de espada ¡Solo yo pude escapar, y ahora vengo a contárselo a usted! No había terminado de hablar este mensajero cuando uno más llegó y dijo: Del cielo cayó un rayo que calcinó a las ovejas y a los criados ¡Solo yo pude escapar para venir a contárselo! No había terminado de hablar este mensajero cuando otro más llegó y dijo: Unos salteadores caldeos vinieron y, dividiéndose en tres grupos, se apoderaron de los camellos y se los llevaron A los criados los mataron a filo de espada ¡Solo yo pude escapar, y ahora vengo a contárselo! No había terminado de hablar este mensajero cuando todavía otro llegó y dijo: Los hijos y las hijas de usted estaban celebrando un banquete en casa del mayor de todos ellos cuando, de pronto, un fuerte viento del desierto dio contra la casa y derribó sus cuatro esquinas ¡Y la casa cayó sobre los jóvenes, y todos murieron! ¡Solo yo pude escapar, y ahora vengo a contárselo! Al llegar a este punto, Job se levantó, se rasgó las vestiduras, se rasuró la cabeza, y luego se dejó caer al suelo en actitud de adoración Entonces dijo: Desnudo salí del vientre de mi madre, y desnudo he de partir El Señor ha dado; el Señor ha quitado ¡Bendito sea el nombre del Señor! A pesar de todo esto, Job no pecó ni le echó la culpa a Dios (vv. 13-22).

Después de esta narración de calamidades, la gran clave es: Cuando viene la prueba, increpar a Dios es la actitud incorrecta si esperamos la restitución divina.

Durante mucho tiempo, Job estuvo enfermo, deprimido, convertido en un desecho. Viene un grupo de sus amigos íntimos, pero no para consolarlo sino para molestarlo, a echarle sal y limón en las heridas. Tuvo grandes discusiones con ellos pero, a pesar del dolor que le causaban, del fastidio con que lo rodeaban, oró por esos amigos. También tuvo polémicas con Dios. Discutir con Dios no es rebeldía si se hace con respeto y reverencia. Pero Job nunca inculpó al Señor de lo que le ocurría.

Después de haber orado Job por sus amigos, el Señor lo hizo prosperar de nuevo y le dio dos veces más de lo que antes tenía Todos sus hermanos y hermanas, y todos los que antes lo habían conocido, fueron a su casa y celebraron con él un banquete Lo animaron y lo consolaron por todas las calamidades que el Señor le había enviado, y cada uno de ellos le dio una moneda de plata y un anillo de oro El Señor bendijo más los últimos años de Job que los primeros, pues llegó a tener catorce mil ovejas, seis mil camellos, mil yuntas de bueyes y mil asnas Tuvo también catorce hijos y tres hijas A la primera de ellas le puso por nombre Paloma, a la segunda Canela, y a la tercera, Linda No había en todo el país mujeres tan bellas como las hijas de Job. Su padre les dejó una herencia, lo mismo que a sus hermanos Después de estos sucesos Job vivió ciento cuarenta años. Llegó a ver a sus hijos, y a los hijos de sus hijos, hasta la cuarta generación Disfrutó de una larga vida y murió en plena ancianidad (Job 42:10-17).

La lección que debemos aprender aquí, como un principio bíblico de la restitución es esta: Dios restituye lo que Satanás roba.

Zaqueo el capo. Para nadie es un secreto que a Jesús le gustaban las malas compañías. He aquí un caso ilustrativo:

> *Jesús llegó a Jericó y comenzó a cruzar la ciudad Resulta que había allí un hombre llamado Zaqueo, jefe de los recaudadores de impuestos, que era muy rico Estaba tratando de ver quién era Jesús, pero la multitud se lo impedía, pues era de baja estatura Por esto se adelantó corriendo y se subió a un árbol para poder verlo, ya que Jesús iba a pasar por allí. Llegando al lugar, Jesús miró hacia arriba y le dijo: «Zaqueo, baja en seguida Tengo que quedarme hoy en tu casa» Así que se apresuró a bajar y, muy contento, recibió a Jesús en su casa. Al ver esto, todos empezaron a murmurar: «Ha ido a hospedarse con un pecador»* (Lucas 19:1-7)

Los publicanos eran recaudadores de impuestos; ellos sangraban a su propia gente para quitarle el dinero y, luego, lo serruchaban con los funcionarios de Roma, la potencia extranjera que tenía invadida su tierra. Eran desalmados y apátridas, por eso la gente los detestaba tan vivamente. Zaqueo era el jefe de los publicanos; ellos formaban una mafia. No hay otra palabra moderna para decirlo. Por eso, la gente se escandalizaba de que Jesús fuera a posar en la morada de Zaqueo. Es como si, hace algunos años, el Señor se hubiera ido a hospedar en Chicago en casa de Al Capone. Un escándalo de marca mayor: Era desafiante Jesús, ¿verdad?

Pero Zaqueo dijo resueltamente:

—Mira, Señor: Ahora mismo voy a dar a los pobres la mitad de mis bienes, y si en algo he defraudado a alguien, le devolveré cuatro veces la cantidad que sea

—Hoy ha llegado la salvación a esta casa —le dijo Jesús—, ya que éste también es hijo de Abraham Porque el Hijo del Hombre vino a buscar y a salvar lo que se había perdido (vv. 8-10).

Zaqueo, como judío, entiende exactamente el principio de la restitución: La mitad de sus riquezas será para los pobres; él se reservará solo la mitad. Si comprueba que ha defraudado a alguna persona, le devolverá el dinero cuadruplicado. Así como era astuto para los negocios, lo era también para las leyes espirituales. La llave verdadera de la restitución consiste en que yo mismo debo restituir. Debo restituir amor, dinero, fama, cualquier cosa que le haya quitado al prójimo. Si no restituyo, no seré restituido. Eso es lo que Zaqueo discierne y practica. Por eso, el apóstol Pablo recomienda a los cristianos:

Paguen a cada uno lo que le corresponda: Si deben impuestos, paguen los impuestos; si deben contribuciones, paguen las contribuciones; al que deban respeto, muéstrenle respeto; al que deban honor, ríndanle honor No tengan deudas pendientes con nadie, a no ser la de amarse unos a otros De hecho, quien ama al prójimo ha cumplido la ley (Romanos 13:7-8).

Habla de restitución el famoso escritor bíblico. En el Sermón del Monte, que es la constitución del reino de los cielos, Jesús nos advirtió: «Si traes tu ofrenda ante el altar de Dios y te acuerdas de un problema con tu hermano, deja la ofrenda y ve y restituye a tu hermano y después ven a presentar tu ofrenda». Si yo restituyo, recibiré restitución. Pero impacta, sobre todo, lo que afirma el Señor sobre Zaqueo: «Hoy ha llegado la salvación a esta casa». La salvación es la mayor restitución.

Pablo el prisionero. En sus andanzas por el Mediterráneo y el Imperio Romano, especialmente su parte griega, el apóstol junto con su compañero de predicación Silvano, llamado también Silas por los griegos, se enfrenta con una hechicera en la ciudad de Filipos, de la provincia de Macedonia. Al reprender el espíritu de adivinación que hay en esa mujer, es objeto de consecuencias terribles. La adivina de Filipos se quería hacer pasar por profeta de Dios, como hay tantas por allí. Pero Pablo no es tonto, advierte que allí no hay profecía del Espíritu Santo. Por lo tanto reprende al demonio y este sale de la muchacha.

Como resultado se forma un gigantesco alboroto, y Pablo y Silvano van a parar a la cárcel. Los colocan en la celda más oscura, con cadenas y grillos. Impasibles, ellos se ocupan en cantar alabanzas a Dios. A la media noche, mientras cantan, el poder de la alabanza en la guerra espiritual produce un temblor, se abren las puertas y se sueltan las cadenas. El colofón de todo esto es que el carcelero y su familia se convierten. Pero falta un detalle.

Al amanecer, los magistrados mandaron a unos guardias al carcelero con esta orden: Suelta a esos hombres El carcelero, entonces, le informó a Pablo: «Los magistrados han ordenado que los suelte Así que pueden irse Vayan en paz» (Hechos 16:35-36).

Cualquiera pensaría que Pablo y Silvano dijeron al instante: «Ay, muy agradecidos por ponernos en libertad». No, ellos no aceptaron tal cosa.

Pero Pablo respondió a los guardias: «¿Cómo? A nosotros, que somos ciudadanos romanos, que nos han azotado públicamente y sin proceso alguno, y nos han echado en la cárcel, ¿ahora quieren expulsarnos a escondidas? ¡Nada de eso! Que vengan ellos personalmente a escoltarnos hasta la salida» (v. 37).

¡Qué inteligente Pablo! No basta que me abran la puerta, no solo nos deben restituir nuestra libertad física como si fuéramos indultados o amnistiados, como si se nos estuviera perdonando algo, cuando no hemos hecho nada. Ellos deben disculparse con nosotros, reconocer que ha habido un error judicial. En otras palabras, tienen que restituirnos nuestra honra porque no somos delincuentes. Él exige su restitución.

*Los guardias comunicaron la respuesta a los magistrados
Estos se asustaron cuando oyeron que Pablo y Silas eran ciudadanos romanos, así que fueron a presentarles sus disculpas
Los escoltaron desde la cárcel, pidiéndoles que se fueran de la
ciudad* (vv. 38-39).

Los jueces les ruegan que salgan de la ciudad. Este episodio se ha repetido en la historia por el ejemplo de Pablo. En la antigua Rusia de los zares, a finales del siglo XIX, se inició un sonado proceso que concluyó ya entrado el XX. Un carnicero judío de la ciudad de Kiev, llamado Mendel Beilis, fue acusado por ortodoxos de haber degollado a un niño cristiano para utilizar su sangre en un sacrificio. Como el carnicero era inocente, se movieron los defensores de los derechos humanos en todo el mundo y se formó un gran problema de orden público.

El zar entonces envió a Nicolai Sheglovitov, que era su ministro de justicia, a soltar al carnicero. Cuando el funcionario se presentó a la celda, abrió la puerta de la prisión y dijo al hombre que quedaba libre. Entonces habló el judío: «¿Sabe una cosa, señor ministro? Un judío llamado Pablo de Tarso en quien ustedes creen, a quien ustedes predican, por cuyas doctrinas ustedes se guían, fue encarcelado injustamente, y no quiso salir de la cárcel con solo que le abrieran la puerta. Yo haré lo mismo. Usted me tiene que restituir, como hace dos mil años el Imperio Romano restituyó a Pablo. No me retiro de aquí, hasta que usted diga públicamente que soy inocente».

En Francia, en la segunda mitad del siglo XIX, se presentaron grandes persecuciones contra los judíos, por el solo hecho de serlo Alfred Dreyfus era un oficial del ejército francés a quien acusaron con pruebas falsas y testimonios montados de ser espía de los alemanes. Le hicieron un juicio público, lo escarmentaron, lo despojaron de su uniforme y sus arreos militares, y lo condenaron a prisión perpetua en la Isla del Diablo de la Guayana Francesa, cerca a Venezuela. Años después, el intelectual Emilio Zolá se dio a examinar el caso y, final-mente, escribió su célebre Yo Acuso, manifiesto publica-do en el periódico La Aurora de París, en el cual demostró que con Dreyfus se había cometido una injusticia El caso llegó a ser tan famoso en el mundo, que el gobierno francés se vio precisado a restituir a Dreyfus. Lo sacaron de la Isla del Diablo, le dieron una enorme suma de dinero y en una ceremonia pomposa lo reincorporaron, como oficial, al ejército francés Eso se llama restitución

Detengámonos por un momento en el caso de Israel. Hace dos mil años, bajo Tito y Vespasiano, el Imperio Romano arrasó la Tierra Santa tal y como Jesús lo profetizó Los judíos fueron esparcidos por todas las naciones, sin esperanza de tener un país, de adquirir una patria. Todos los años durante dos mil, oraron diciendo· «Y el año que viene en Jerusalén. Amén». Recién pasada la Segunda Guerra Mundial, un grupo de sobrevivientes del holocausto nazi que eran físicamente esqueletos forrados en piel, bajaron, chocando las rodillas, de un barco destartalado que los arrojó a las playas de Haifa Y un viejo rabino que estaba allí dijo solemnemente: «Esta Escritura de Isaías se produjo hace dos mil setecientos años para hoy».

Se alegrarán el desierto y el sequedal; se regocijará el desierto y florecerá como el azafrán Florecerá y se regocijará: ¡Gritará de alegría! Se le dará la gloria del Líbano, y el esplendor del Carmelo y de Sarón Ellos verán la gloria del Señor, el esplendor de nuestro Dios Fortalezcan las manos débiles, afirmen las rodillas temblorosas; digan a los de corazón tembloroso: Sean fuertes, no tengan miedo Su Dios vendrá, vendrá con venganza; con retribución divina vendrá a salvarlos (Isaías 35:1-4).

Y regresaban a la tierra de sus antepasados veinte siglos después. El tema se aclara más aún en la pluma de Ezequiel y su tremenda visión espiritual junto al Río Quebar, en la antigua aldea de Tel-Avib, asentamiento de judíos expatriados en Babilonia.

Luego me dijo: Hijo de hombre, estos huesos son el pueblo de Israel. Ellos andan diciendo: Nuestros huesos se han secado Ya no tenemos esperanza ¡Estamos perdidos! Por eso, profetiza y adviérteles que así dice el Señor omnipotente: Pueblo mío, abriré tus tumbas y te sacaré de ellas, y te haré regresar a la tierra de Israel (Ezequiel 37:11-12).

Si quieres conocer la realidad de la restitución, mira a Israel. El desierto floreció como la rosa, según lo había visto Isaías setecientos años antes de que Dios se hiciera hombre. Los esqueletos forrados en piel crearon el moderno estado que diseñó Theodoro Herlz a través del sionismo.

Llave 8

La Restitución Nacional

Todos los procedimientos de Dios afectan, primero al individuo y después a la sociedad. La Biblia contiene muchos ejemplos acerca del tema.

Las eras se llenarán de grano; los lagares rebosarán de vino nuevo y de aceite Yo les compensaré a ustedes por los años en que todo lo devoró ese gran ejército de langostas que envié contra ustedes: Las grandes, las pequeñas, las larvas y las orugas Ustedes comerán en abundancia, hasta saciarse, y alabarán el nombre del Señor su Dios, que hará maravillas por ustedes ¡Nunca más será avergonzado mi pueblo! Entonces sabrán que yo estoy en medio de Israel, que yo soy el Señor su Dios, y no hay otro fuera de mí ¡Nunca más será avergonzado mi pueblo! (Joel 2:24-27).

Joel escribe su profecía en una época de grandes dificultades nacionales para Judá e Israel. Es más, el tema del libro de Joel es la miseria nacional. El que tenga oídos para oír que oiga, y el que tenga ojos para leer que lea. Pensemos en un pueblo desolado —como Colombia, por ejemplo—, cuando Joel pronuncia su profecía. No hay un solo mal que no caiga sobre los israelitas: hambre, violencia, desempleo, derramamiento de sangre, injusticia social, robo, guerras por doquier, plagas, pestes. Y entonces, sorpresivamente, Joel habla de la restitución. El Señor promete restituir al pueblo, si este se arrepiente de sus caminos torcidos. ¿Qué dice el profeta?: Las eras se llenarán de trigo y los lagares rebosarán de vino y aceite.

Yo les compensaré a ustedes por los años en que todo lo devoró ese gran ejército de langostas que envié contra ustedes: las grandes, las pequeñas, las larvas y las orugas (v. 25).

Que ese sea nuestro tema desde hoy mismo.

Ustedes comerán en abundancia, hasta saciarse, y alabarán el nombre del Señor su Dios, que hará maravillas por ustedes. ¡Nunca más será avergonzado mi pueblo! (v. 26).

Miremos con cuidado algunos símbolos que hay aquí: Se habla de abundancia de tres productos básicos para la vida humana, pero que son al mismo tiempo símbolos de la vida espiritual. *El grano.* ¿Qué dijo Jesús? Si el grano de trigo no cae en tierra y se pudre, no produce fruto. Pero, además, del trigo sale el pan para la cena del Señor, representando su propio cuerpo. *El vino.* ¿Qué significa el vino en el contexto espiritual? La sangre bendita de nuestro Señor, derramada por nosotros en la cruz. *El aceite.* Este es el símbolo por excelencia del Espíritu Santo. Aceite implica unción. Se habla, entonces, de una abundancia material, pero paralelamente, también de una abundancia espiritual.

En el ejemplo del joven rico que no quiso restituir, podremos escarmentar; en el ejemplo de Pedro, que hizo la gran pregunta, y en las respuestas del Señor, hallaremos una lección valiosa para nuestras vidas.

Cuando Jesús estaba ya para irse, un hombre llegó corriendo y se postró delante de él. «Maestro bueno —le preguntó—, ¿qué debo hacer para heredar la vida eterna?» (Marcos 10:17).

Impresiona que Jesús ponga directamente el dedo en la llaga.

Ya sabes los mandamientos: No mates, no cometas adulterio, no robes, no presentes falso testimonio, no defraudes, honra a tu padre y a tu madre (v. 19).

El joven rico, el hijo de papi, como se dice en nuestro medio, sintió descanso.

Maestro —dijo el hombre—, todo eso lo he cumplido desde que era joven (v. 20).

Sin embargo, aún falta un pequeño detalle por resolver.

Jesús lo miró con amor y añadió: «Una sola cosa te falta: Anda, vende todo lo que tienes y dáselo a los pobres, y tendrás tesoro en el cielo. Luego ven y sígueme» (v. 21).

Ante la parte tediosa del sermón, el adinerado mostró el cobre de su verdadero carácter.

Al oír esto, el hombre se desanimó y se fue triste porque tenía muchas riquezas (v. 22).

Jesús, por cierto, no lo agarra por el manto para detenerlo. Deja que se vaya. El cristianismo es voluntario, no obligatorio. Pero aquí se desencadena una secuencia magistral.

Jesús miró alrededor y les comentó a sus discípulos: «¡Qué difícil es para los ricos entrar en el reino de Dios!» Los

*discípulos se asombraron de sus palabras. «Hijos ¡qué difícil
es entrar en el reino de Dios!» repitió Jesús* (vv. 23-24).

Confiar en las riquezas dificulta el acceso al cielo.

*Le resulta más fácil a un camello pasar por el ojo de una agu-
ja, que a un rico entrar en el reino de Dios. Los discípulos se
asombraron aún más, y decían entre sí: «Entonces, ¿quién podrá salvarse?» «Para los hombres es imposible —aclaró Jesús, mirándolos fijamente—, pero no para Dios; de hecho,
para Dios todo es posible»* (vv. 25-27).

Como quien dice: Dios puede pasar un camello por
el ojo de una aguja.

*«¿Qué de nosotros, que lo hemos dejado todo y te hemos segui-
do?», comenzó a reclamarle Pedro «Les aseguro —respondió
Jesús— que todo el que por mi causa y la del evangelio haya dejado casa, hermanos, hermanas, madre, padre, hijos o terrenos,
recibirá cien veces más ahora en este tiempo [casas, hermanos,
hermanas, madres, hijos y terrenos, aunque con persecuciones];
y en la edad venidera, la vida eterna Pero muchos de los primeros serán últimos, y los últimos, primeros»* (vv. 28-31).

Hay una restitución eterna y una restitución temporal. El que dialoga hace dos mil años con Pedro y los
otros apóstoles, el que exhortó a ese joven rico a que en-
tendiera la ley de la restitución, es Aquel que se hizo
hombre porque estábamos destituidos de la presencia
del Dios Eterno y él, al despojarse de todo por amor a
nosotros, se convirtió en nuestra eterna restitución.

LLAVE 9

EL SILENCIO

El gran profeta Amós, era pastor de ovejas en su época. Le correspondió profetizar durante un tiempo muy difícil para el pueblo de Dios. Y esta es su recomendación central:

> *Por eso en circunstancias como éstas guarda silencio el prudente, porque estos tiempos son malos* (Amós 5:13).

Cuando el tiempo es malo, el creyente debe callarse la boca. El tiempo malo, de acuerdo con las Sagradas Escrituras, no se enfrenta con palabras. Se enfrenta con silencio. Porque las palabras suelen ocasionar incendios y agravar las situaciones conflictivas. Por eso, el profeta de Dios dice: «En el tiempo malo hay que callar». Hablar hace que el tiempo malo se vuelva peor.

A veces las situaciones parecen no mejorar precisamente, porque, cuando viene el tiempo malo, todo el mundo se dedica a hablar, a lanzar opiniones, a plantear supuestas soluciones, y eso no contribuye sino a enredar aun más las circunstancias de la vida. Y, por eso, nos ocuparemos ahora mismo de la llave del silencio. Cuando he querido reaccionar ante situaciones conflictivas que se me presentan, el Señor me ha dicho: «Cállate la boca». Hay muchas cosas que podría decir, y no irrazonablemente, pero el Señor siempre me obliga a morderme los labios, porque antes de reaccionar hay que callar y meditar.

LAS REACCIONES DE JESÚS

Hace dos mil años en la Tierra Santa se escenificó un juicio muy especial. La ciudad de Jerusalén se vio conmocionada por un hombre a quien se acusaba, no de cosas de poca monta, sino de delitos muy graves, especialmente en el orden político y religioso. Se dijo que era un sedicioso contra el Imperio Romano y, en el terreno espiritual, se lo acusó de blasfemo y falso profeta. Este reo se llamaba Jesús de Nazaret. ¿Cómo reaccionó el inculpado?

Reacción ante el imperio. En aquel tiempo la Tierra Santa estaba ocupada por la superpotencia de la época, que eran los romanos. Inclusive las autoridades locales eran títeres o robots de los romanos; no tenían autonomía nacional; se trataba de un país ocupado y sojuzgado. A Jesús lo llevan ante el representante de ese imperio, el gobernador Poncio Pilato, quien encarna la majestad de Roma, la potestad que domina al mundo.

«¿No oyes lo que declaran contra ti?» le dijo Pilato. Pero Jesús no respondió ni a una sola acusación, por lo que el gobernador se llenó de asombro (Mateo 27:13-14).

El reo está frente a la máxima autoridad del imperio más grande del mundo y no le contesta ni una palabra. Abre la llave del silencio ante Pilato y es tan impresionante que, dice el evangelista, el gobernador se asombraba del silencio de Jesús. Pilato, el representante imperial, el de la potencia más importante de la historia antigua, estaba atónito, perplejo, con la boca abierta ante el silencio de Jesús. Es como si a uno, siendo pastor evangélico y además carpintero, lo pusieran delante de un representante del Presidente de los Estados Unidos de América y no le respondiera ni una sola palabra. Contrario a muchas opiniones el silencio asombra al enemigo.

La reacción ante el rey. Por supuesto, los romanos tenían unas autoridades marionetas allí en Tierra Santa. Por ejemplo, en la provincia de Galilea, donde Jesús se había criado y donde comenzó propiamente su ministerio, reinaba un tetrarca, hebreo de nacimiento, pero voluntariamente puesto al servicio del Imperio Romano: Herodes, ¿Cómo reaccionará Jesús ahora, frente al rey local y máxima autoridad de su región?

Prestemos atención a la astucia de Pilato, hombre ladino, desconfiado y perspicaz.

Al oír esto, Pilato preguntó si el hombre era galileo Cuando se enteró de que pertenecía a la jurisdicción de Herodes, se lo mandó a él, ya que en aquellos días también Herodes estaba en Jerusalén (Lucas 23:6-7).

«Si es galileo», es posible que razonara Pilato, «me quitaré el problema de encima y le pasaré de taquito, el balón a Herodes. Que él se enfrente con este mudo voluntario, que no responde, que no dice una palabra».

Al ver a Jesús, Herodes se puso muy contento; hacía tiempo que quería verlo por lo que oía acerca de él, y esperaba presenciar algún milagro que hiciera Jesús Lo acosó con muchas preguntas, pero Jesús no le contestaba nada (vv. 8-9)

¡Qué impaciencia! Nadie dejará de admirarse, de asombrarse, de llenarse de perplejidad. Jesús no le dice una sola palabra a Herodes. Nada le responde. Algo impresionante. ¿Quién era Herodes? Era un hombre feroz, de malas mañas, un fenómeno de perversidad. Frente a este monstruo está Jesús. Herodes le hace preguntas; no unas cuantas, muchas. Pero nada le respondió. Otra vez Jesús usa la llave del silencio frente a una autoridad política y terrenal. ¡Qué templanza, qué dominio propio, qué excelente rienda de la mansedumbre tiene Jesús de Nazaret! Él es la Palabra hecha Hombre, el Verbo de Dios humanado que creó todo lo que existe, visible e invisible. Escalofriante, me impresiona que la Palabra calle.

La Palabra misma enmudece, porque la Palabra de Dios habla también por el silencio. A algunos parecerá risible este pleito de las investiduras de Herodes a Pilato; las autoridades no hallan qué hacer con el hombre. Qué decidir respecto a este mudo voluntario, a este carpintero excéntrico, que no responde, que no dice nada, que no se inmuta. El artesano es una bomba de tiempo en manos de las autoridades de su época. Jesús es peligroso, no por lo que dice, sino por lo que calla. Imagino a esos hombres cavilando: «Si pronunciara una sola palabra, si abriera la boca para balbucear siquiera una sílaba, comenzaríamos con él una discusión, le pondríamos una trampa dialéctica para cazarlo».

La reacción ante el sumo sacerdote. Bueno, las autoridades políticas son una cosa. Pero, ¿cómo reacciona Jesús ante la autoridad espiritual? No es un asunto de poca monta lo que estamos analizando. Jesús va ante el representante del emperador y guarda silencio. Ante la autoridad local, el rey en su tierra, el tetrarca de Galilea, guarda silencio. Pero ¿qué pasará cuando lo lleven a una autoridad diferente como el sumo sacerdote? Jesús como judío está obligado a cumplir la ley de Moisés, y ahora comparece ante la máxima autoridad espiritual del judaísmo.

> *Poniéndose de pie en el medio, el sumo sacerdote interrogó a Jesús: «¿No tienes nada que contestar? ¿Qué significan estas denuncias en tu contra?» Pero Jesús se quedó callado y no contestó nada* (Marcos 14:60-61).

A veces no nos damos cuenta de todas las lecciones que vienen de Jesús. El sumo sacerdote es su autoridad. Jesús estuvo en todo sometido a la ley, cumplió hasta la última iota y la última tilde. Ahora la bomba de tiempo está en el templo: Jesús callaba y nada respondía. Calla primero frente al gobernador del imperio, calla después frente al rey de su nación y calla también frente a la autoridad del templo en Jerusalén. El sumo sacerdote no puede ser desacatado.

¿Quién se cree este carpintero de aldea tan particular, que no solo calla ante la autoridad política, sino que ahora guarda silencio ante un líder máximo como el sumo sacerdote? Es como si un condenado a muerte no le contestara al Papa de Roma, en el contexto católico romanista. Pensemos ahora: «Eras tú, era yo, éramos nosotros los que debíamos estar allí siendo interrogados. Y no seríamos interrogados ni por el representante del imperio, ni por una autoridad local, ni por un sumo sacerdote en la tierra, sino por el Dios Eterno a causa de nuestros pecados». ¿Qué le habríamos contestado? Nada, o quizás, como lo hacemos, una buena tontería. Pero te tengo una noticia: No fue necesario. Jesús calló para que nosotros pudiéramos hablar.

La razón para hablar. Muchos dirían: «Hay que callar siempre, nunca debemos hablar por ningún motivo».

«¿Eres el Cristo, el Hijo del Bendito?» le preguntó de nuevo el sumo sacerdote (Marcos 14:61b).

He aquí una novedad. No se dice: «Jesús guardó silencio, Jesús no abrió la boca, Jesús calló». No. Inmediatamente...

«Sí, yo soy —dijo Jesús— Y ustedes verán al Hijo del hombre sentado a la derecha del Todopoderoso, y viniendo en las nubes del cielo (v 62).

Aquí Jesús no calla, abre los labios para hacer una solemne declaración. Conviene entender correctamente bien la diferencia de reacción de Jesús. Ante Pilato no dice una palabra. Ante Herodes guarda silencio. Ante el sumo sacerdote reacciona de dos maneras distintas Si es para contestar lo terrenal, no hablaré. Si es para contestar lo celestial, hablaré Permanece en silencio, ante el reto de lo humano, pero no tarda en contestar ante el reto de lo divino

Si la autoridad espiritual lo confronta sobre el juicio, los falsos testimonios, todo lo que le están achacando, Jesús calla Pero, cuando su autoridad espiritual lo confronta en el nombre del Padre, sobre la naturaleza de su filiación divina, Jesús habla claro, sin ambages; habla para que no haya duda ni confusión Para dar testimonio de sí mismo, Jesús habla, para reconocerse como Hijo de Dios, Jesús habla. Para eso vino, para dar testimonio de la verdad; no para contestar calumnias ni para polemizar sobre falsos testimonios, no para recoger la basura verbal del piso. Lo condenaron por ser testigo de la verdad, es decir, testigo de sí mismo.

«¿Para qué necesitamos más testigos?» dijo el sumo sacerdote, rasgándose las vestiduras «¡Ustedes han oído la blasfemia! ¿Qué les parece?» Todos ellos lo condenaron como digno de muerte (vv 63-64)

Digno de muerte ¿por qué? Por proclamar la verdad, por dar testimonio de su Padre celestial y de su propia persona divina hecha un hombre como tú y como yo

Pero en las falsas acusaciones calló, y es precisamente el silencio de Jesús lo que hace posible que nosotros hablemos hoy en libertad. Literalmente nuestra redención nació del silencio de Jesús. Ante las calumnias calla. Ante las injurias calla. Ante los acosos calla. Ante los ataques calla. Ante los insultos calla. Ante las provocaciones calla. Esa es la gran lección.

La profecía del silencio. Aquí no hay ninguna paradoja. Cierto que parece extraño, «Profecía del silencio», pues todas las profecías se dicen con palabras, y el poder de la palabra se utiliza precisamente para profetizar. ¿Profecía del silencio? Es lo que vamos a analizar, porque las predicciones de Isaías, siete siglos antes de este juicio en la ciudad de Jerusalén, fueron milimétricas y perfectas.

Maltratado y humillado, ni siquiera abrió su boca; como cordero, fue llevado al matadero; como oveja, enmudeció ante su trasquilador; y ni siquiera abrió su boca (Isaías 53:7).

Esta escena, como leemos en los evangelios, está clara: Ante Pilato, él estaba maltratado y humillado. Ante Herodes, él estaba maltratado y humillado. Ante el sumo sacerdote, él estaba maltratado y humillado. Pero ante todos ellos guardó silencio. Por tres veces el profeta habla del silencio del Mesías. Ante Pilato no abrió su boca. Enmudeció ante Herodes. No abrió su boca ante el sumo sacerdote. Lo dijo tres veces Isaías, lo hizo tres veces Jesús. Hay que aprender algo aquí: En la aflicción y en la angustia, no abrir la boca, porque la profecía se cumple en el silencio.

La Reacción Del Creyente

Se supone que estamos en la iglesia para aprender a ser imitadores de Cristo. Él vino a nosotros para enseñarnos cómo vivir en la tierra y no solo para darnos la salvación eterna. Él dijo: «Aprended de mí». Pero no dice que aprendamos solo lo que nos parece agradable; sino que debemos aprender absolutamente todos los secretos conductuales que él nos enseñó. Permíteme aclarar que no estoy enseñando a callar cuando hay que hablar. Se trata de no hablar cuando tenemos que callar, puesto que Jesús calló, pero después habló.

El rey Salomón discierne la oportunidad de las cosas humanas: Hay tiempo para callar y hay tiempo para hablar. Tenemos la llave de la palabra y la llave del silencio. No trabaja la una sin la otra. Hay una llave de la palabra y hay una llave del silencio, deben usarse alternativamente, pero en concordancia.

Con motivo de un documento que firmaron en Ciudad del Vaticano la Federación Luterana Mundial y la Iglesia Católica Romana, mucha gente afirma que ya se unificó el cristianismo. No hay que ser tan ligeros, hay que pensar antes de hablar. Claro, celebro que quinientos años después de Martín Lutero, la Iglesia Romana diera el primer paso, aunque algo tímidamente.

¿Qué fue lo que acordaron los luteranos y los católicos romanos? Declarar solemnemente, de acuerdo ambas iglesias, que la salvación y el perdón de Dios vienen únicamente por fe mediante la gracia de Dios, y que las obras son un resultado de la fe. Es una buena rectificación de Roma. Me alegro que esta iglesia se empiece a reformar, pero no voy a tirar las campanas al viento porque sucede que Martín Lutero tuvo noventa y cinco desacuerdos con Roma y apenas han acordado uno. Faltan noventa y cuatro todavía por discutir.

Un buen ejemplo, pues, de que no hay que hablar antes de pensar, porque podemos cometer un error grave.

La paciencia del silencio. El salmo 37 es uno de mis favoritos. Hay que leerlo con frecuencia. ¿De qué nos habla en esencia? De cómo prosperan los malos a la vista de los buenos. Pero ¿cuál será el final de los malos? Y ¿cuál será el final de los buenos? Y ¿cómo debemos reaccionar cuando vemos que la maldad crece?

> *No te irrites a causa de los impíos ni envidies a los que cometen injusticias; porque pronto se marchitan, como la hierba; pronto se secan, como el verdor del pasto. Confía en el Señor y haz el bien; establécete en la tierra y mantente fiel Deléitate en el Señor, y él te concederá los deseos de tu corazón Encomienda al Señor tu camino; confía en él, y él actuará Hará que tu justicia resplandezca como el alba; tu justa causa, como el sol de mediodía Guarda silencio ante el Señor, y espera en él con paciencia; no te irrites ante el éxito de otros, de los que maquinan planes malvados (Salmos 37:1-7).*

Este salmo tiene una columna vertebral, un eje, alrededor del cual gira todo su contexto: el versículo 7. El gran secreto consiste en guardar silencio delante de Dios y entonces las bendiciones del salmo vendrán sobre tu vida. Es guardando silencio. Algunas personas se imaginan que el silencio es solo ausencia de ruido. Eso es ser muy elemental y mediocre en las apreciaciones. El silencio es algo mucho más profundo. El silencio es música. Los grandes creadores realizaron su obra, no en medio del bullicio, sino en medio del silencio.

Dios habla en el silencio. En el silencio nos podemos oír a nosotros mismos. En el bullicio es muy difícil escucharnos. Uno de mis poetas favoritos, Antonio Machado, creía en Jesucristo, aun cuando no se supo que estuviera matriculado en alguna iglesia. A veces en sus versos dice cosas que solo pueden ser de un renacido. Cuando murió, Rubén Darío, el más grande de los poetas de lengua castellana, le escribió una elegía, cuyo estribillo es elocuente y conmovedor.

Silencioso y misterioso
iba una y otra vez,
su mirada era tan profunda
que apenas se podía ver.

Gran descripción del carácter de Antonio Machado. Tenía una mirada tan profunda que apenas se podía ver, por ser un hombre que escuchaba en el silencio cosas extraordinarias. El propio Machado, en un poema autobiográfico expresa:

Detesto las romanzas de los tenores huecos
Y el coro de los grillos que chillan a la luna;
A distinguir me paro las voces de los ecos
Y entre las voces oigo, únicamente, una

Aquí hay sabiduría. Pablo dijo: «Examínenlo todo y retengan lo bueno». Lo que escucha Antonio es la voz interior, la voz de Dios. Es en el silencio donde podemos percibir voces, sonidos, diapasones que no se oyen en medio del bullicio. Dios habla siempre en la armonía del silencio. Tengo un ejemplo bíblico maravilloso. El profeta Elías tuvo una gran batalla contra los sacerdotes de Baal y Asera y los derrotó. Ahora Jezabel lo busca para quitarle la vida. Ha estado deprimido un largo tiempo, le pidie a Dios que se lo lleve, que no resiste más la vida terrenal. Está muy triste, realmente desalentado, lleno de angustia. Entonces un ángel viene, lo reconforta y le ordena que vaya al monte para escuchar la nueva revelación que Dios tiene para él.

El Señor le ordenó: «Sal y preséntate ante mí en la montaña, porque estoy a punto de pasar por allí» Como heraldo del Señor vino un viento recio, tan violento que partió las montañas e hizo añicos la roca; pero el Señor no estaba en el viento. Al viento lo siguió un terremoto, pero el Señor tampoco estaba en el terremoto. Tras el terremoto vino un fuego, pero el Señor tampoco estaba en el fuego Y después del fuego vino un suave murmullo (1 Reyes 19:11-12).

En estas grandes manifestaciones de la naturaleza, Dios no se manifiesta, no habla, no se revela. Por cierto, el profeta no reacciona frente al viento huracanado, ni reacciona frente al terremoto, ni frente al fuego calcinador. Sin embargo, tras el fuego, hay un murmullo apacible y delicado. No en el estruendo del huracán, del terremoto, del fuego crepitante. Cuando se hace completo silencio, cuando se restablece la paz, se percibe un silbo apacible. Entonces el profeta, que es espiritual, que no reaccionó frente a los otros fenómenos, lo hace positivamente.

Cuando Elías lo oyó, se cubrió el rostro con el manto y, saliendo, se puso a la entrada de la cueva Entonces oyó una voz que le dijo: «¿Qué haces aquí Elías?» (v. 13).

La voz del Señor en el silencio. A través de un siseo delicado y apacible en una cueva de la montaña. Dios no habla en el estruendo, sino en el silencio. Algunas personas piensan que en medio de grandes manifestaciones el Señor hablará. No es verdad. «En reposo y descanso te pastorearé». El Señor se manifiesta sí, a través de fenómenos naturales, porque su presencia es incontenible. Hasta los seres inanimados reaccionan a ella. Sopla el viento y la tierra tiembla, viene un fuego que quema la arboleda porque Dios está allí. Pero la voz de Dios solo puede oírse cuando todo está en calma y en silencio. El silbo apacible y delicado nos enseña una lección espiritual. Dios no habla en el estruendo sino en el silencio.

El silencio en la tribulación. El libro de las Lamentaciones es una escritura amarga, muy poética y profundamente espiritual. ¿Qué sucedió? Jeremías vio cumplido todo lo que profetizó. Los ejércitos de Nabucodonosor vinieron como langosta bélica. La ciudad de Jerusalén, donde el profeta se quedó a vivir, está desolada, no ha quedado en ella piedra sobre piedra. El templo destruido; los edificios gubernamentales, incendiados; la gente llevada cautiva a Babilonia. Jerusalén es convertida en una morada de animales salvajes, de chacales y liebres, de ratas y topos. Hay hedor de cadáveres, pues los babilonios incluso masacraron a niños recién nacidos pasándolos a filo de espada. Cosa terrible el juicio de Dios sobre la ciudad. Allí está Jeremías en medio de esa caótica situación, y ¿qué dice?

Bueno es esperar calladamente a que el Señor venga a salvarnos (Lamentaciones 3:26).

En medio de tanto dolor, de tantas cenizas, de tantas ruinas de la ciudad deleitosa convertida en un montón de escombros, el profeta exalta el poder del silencio. Jeremías observa que su palabra se ha cumplido. Él hizo el trabajo de Dios, pero está muy triste, lamentándose. Por eso su libro es terrible. No obstante la columna vertebral de Lamentaciones dice: «Es bueno esperar en silencio». En medio de la tribulación hay que guardar silencio, entiende Jeremías. Como ilustración, examinaremos algunos versos de este poeta angustiado.

Yo soy aquel que ha sufrido la aflicción bajo la vara de su ira
Me ha hecho andar en las tinieblas; me ha apartado de la luz.
Una y otra vez, y a todas horas, su mano se ha vuelto contra

mí *Me ha marchitado la carne y la piel; me ha quebrantado los huesos. Me ha tendido un cerco de amargura y tribulaciones. Me obliga a vivir en las tinieblas, como a los que hace tiempo murieron Me tiene encerrado, no puedo escapar; me ha puesto pesadas cadenas Por más que grito y pido ayuda, él se niega a escuchar mi oración Ha sembrado de piedras mi camino; ha torcido mis senderos Me vigila como oso agazapado; me acecha como león. Me aparta del camino para despedazarme; ¡me deja del todo desvalido! Con el arco tenso, me ha hecho el blanco de sus flechas Me ha partido el corazón con las flechas de su aljaba Soy el hazmerreír de todo mi pueblo; todo el día me cantan parodias Me ha llenado de amargura, me ha saturado de hiel Me ha estrellado contra el suelo; me ha hecho morder el polvo Me ha quitado la paz, ya no recuerdo lo que es la dicha Y digo: La vida se me acaba, junto con mi esperanza en el Señor* (Lamentaciones 3:1-18).

¿Cuál es el secreto de Jeremías? Esperar en silencio la salvación del Señor. Él reclama, se angustia, increpa a Dios. Jeremías tiene un corazón sincero y no le va a decir mentiras al Señor, sino que le expondrá la situación tal como es. Con todo, guardará silencio para esperar en él.

¡Déjenlo estar solo y en silencio (v. 28a)...

Que se siente solo y calle en medio de la tribulación y de la prueba. Y lo que añade ¿qué es?

. porque así el Señor se lo impuso! (v. 28b).

Los atribulados tienen la pésima costumbre de hablar mucho, pero lo que enseñan las Sagradas Escrituras es, en medio de la tribulación, usar la llave del silencio y esperar en el Señor. La soledad y el silencio son hermanos gemelos. Cuando nos acosan, cuando nos sitian, cuando nos persiguen, debemos protagonizar, digamos: «El silencio de los inocentes».

Algunos atribulados reaccionan con altivez, pésimo remedio para salir de los males. Lo que debemos practicar, es precisamente, resistencia pasiva. La gente se maravilla de que Mahatma Gandhi expulsara a los ingleses de la India sin disparar un solo tiro. ¿Cómo lo hizo? Leemos que cuando a Mahatma le hacen esa pregunta clave, no afirma: «A través del hinduismo, la meditación trascendental, el budismo, el brahmanismo», o alguno de todos esos «ismos» extravagantes que ahora nos importan como novedades y que para lo único que han servido es para convertir a los países en superpotencia de la miseria, donde los niños mueren, famélicos, de inanición, ante la indiferencia general, debajo de las ubres de las vacas sagradas, entre montones de basura roídos por grandes ratas.

¿Qué respondió Gandhi? Yo aprendí la resistencia pasiva en el Sermón del Monte, de Jesús de Nazaret. Pero no se alegren, porque hay una factura que el Señor nos pasará a todos los cristianos, si es que no empezamos a entender bien las cosas espirituales. Cuando a Mahatma se le preguntó: «Y ¿por qué no se matriculó en una iglesia cristiana? ¿Por qué no figura como un cristiano nominal?»

Respondió algo terrible, espantoso, por lo cual el Padre celestial nos reclamará a los creyentes: «Nunca me hice cristiano, porque los cristianos no practican el Sermón del Monte, de Jesús de Nazaret». La gente de esta época no se da cuenta de que la resistencia pasiva es más dinámica y produce mejores efectos que la resistencia activa, porque cuando callas, Dios habla por ti. Por lo tanto, no se trata de callar lo que hay que decir, se trata de no decir lo que hay que callar.

El poder del silencio. He aquí una Escritura profundamente misteriosa.

Cuando el Cordero rompió el séptimo sello, hubo silencio en el cielo como por media hora (Apocalipsis 8:1).

Imaginemos un silencio de media hora en el cielo. Los machistas afirman que esa es señal segura de que en el cielo no hay mujeres. Media hora de silencio en el cielo ¿por qué razón? ¿qué significa eso? Para buscar ¿qué efectos? Aquí hay sabiduría. Después de esa media hora de silencio en el cielo, se desatan los ángeles que derraman la ira de Dios sobre la tierra. Siempre que Dios va a obrar se produce un gran silencio, pues él actúa cuando el hombre calla.

La palabra y el silencio. Nunca me cansaré de decir que el cristianismo es cuestión de balance y equilibrio. No hay nada más desagradable que el cristiano extremista o fanático, porque eso va en contra de lo que se ha predicado desde los tiempos del apóstol Pablo: Donde está el Espíritu de Dios, allí hay libertad. Y siempre el Espíritu Santo se encarga de colocar el fiel de la balanza. En síntesis, no se trata de estar todo el tiempo callado, ni de estar todo el tiempo hablando. El silencio y las palabras son alternables. La llave de la palabra y la llave del silencio son complementarias, pero no simultáneas. Como diría Perogrullo, obviamente uno no puede usar al mismo tiempo la voz y el silencio. No se puede hablar mientras se calla, y no se puede callar mientras se habla. La elocuencia es muy buena, pero la charlatanería es muy mala.

No hay que hablar todo el tiempo de todas las cosas ni con todas las personas. Eso no es sabiduría ni prudencia, ni encaja en el contexto espiritual. El silencio es una llave que abre y cierra puertas espirituales a la vida humana. Aun en el amor de la pareja, el silencio juega un papel muy importante. Cuando leo el *Cantar de los Cantares* concluyo que Salomón no era carnal cuando escribió ese libro. El amor de la pareja humana es establecido por Dios, ordenado y bendecido por él. El gran poeta chileno, Pablo Neruda, tiene cosas que parecen sacadas del *Cantar de los Cantares*, y con Neruda podemos tener fronteras ideológicas, pero no líricas. En sus *Veinte poemas de amor y de dolor*, dijo algo tan hermoso que vale la pena transcribir, pues concierne a los matrimonios y aun a los novios.

Me gustas cuando callas porque estás como ausente
Y me oyes desde lejos y mi voz no te toca,
Parece que los ojos se te hubieran volado

Y parece que un beso te sellara la boca
Como todas las cosas están llenas de mi alma,
Emerges de las cosas, llena del alma mía;
Mariposa de ensueño te pareces a mi alma
Y te pareces a la palabra melancolía
Me gustas cuando callas y estás como distante,
Y estás como quejándote, mariposa en arrullo,
Mujer hecha de música y de grandes silencios
Déjame que me calle con el silencio tuyo
Déjame que te hable también con tu silencio,
Claro como una lámpara, simple como un anillo
Eres como las noches callada y constelada
Tu silencio es de estrella tan lejano y sencillo
Me gustas cuando callas y estás como distante
Distante y sibilina como si hubieras muerto;
Una palabra entonces, un gesto, una sonrisa,
Y estoy alegre, alegre de que no sea cierto

En el amor de la pareja humana encontraremos exacto lo que nos dijeron nuestros antepasados coloquialmente: «El silencio es más elocuente que la palabra». En el refranero español encontramos otras verdades: «El que calla otorga», lo cual es relativo, pues cuando hay que hablar, hay que hablar. Jesús habló cuando debía hacerlo. También se ha dicho con mucha razón, en el mismo refranero, que en boca cerrada no entran moscas.

Hay que equilibrar el hablar y el callar en nuestra vida, recordando que el que mucho habla, mucho yerra.

Aun en la música, los compositores clásicos incorporan, en la partitura, los silencios. El silencio hace parte de la música. El silencio, un gran tema humano y sobre todo espiritual, ha sido ahogado en medio de la verborrea generalizada. Si los dirigentes y los dirigidos por igual hablaran menos, se entenderían mejor. Actuarían más y acertarían más. Y, por eso, en medio de las crisis prefiero, salvo cuando sea para proclamar la verdad, callarme la boca. No atices el incendio, no contribuyas con tus palabras a que esta sociedad se nos siga desmenuzando irremediablemente entre las manos. Recuerda lo que dijo Amós al comenzar este capítulo: «El prudente en el mal tiempo calla». Aprende a usar la llave del silencio en forma adecuada y eficaz.

Mis queridos hermanos, tengan presente esto: Todos deben estar listos para escuchar, y ser lentos para hablar y para enojarse (Santiago 1:19).

Si eres pronto para oír y demoras en hablar, tardarás en enojarte, porque la ira sale con más facilidad a través de las palabras. ¡Qué técnica tan extraordinaria! Tardo para hablar, tardo para airarse, pero pronto para oír, pues por un misterio genético, biológico o anatómico, Dios nos dio dos orejas y una boca. ¿Qué significa eso? Que debemos oír el doble de lo que hablamos, que debiéramos hablar la mitad de lo que debemos callar. Para que saques una lección práctica, te invito a usar la llave del silencio diariamente. ¿De qué manera? Durante la oración personal cierra los ojos, inclina el rostro y guarda unos segundos de silencio. Pídele a Dios que actúe en tu vida, tu familia, tus finanzas, tu iglesia, tu país, etc. A través de la llave maravillosa del silencio, si la usas adecuadamente, Dios honrará tu actitud y abrirá la puerta de una completa bendición sobre tu vida.

LLAVE 10

LA OBEDIENCIA

El libro de Deuteronomio se atribuye a Moisés quien, antes de ir a la presencia de Dios, decidió colocar por escrito una serie de recomendaciones a sus connacionales, recordándoles cómo Dios los bendeciría si permanecían en obediencia. La parte final del tratado, su colofón, no es de Moisés sino, al parecer de alguno de sus colaboradores, probablemente Josué, quien relata los últimos días del gran legislador hebreo. De este testamento espiritual extractaremos algunas lecciones valiosas.

Si realmente escuchas al Señor tu Dios, y cumples fielmente todos estos mandamientos que hoy te ordeno, el Señor tu Dios te pondrá por encima de todas las naciones de la tierra Si obedeces al Señor tu Dios, todas estas bendiciones vendrán sobre ti y te acompañarán siempre (Deuteronomio 28:1-2).

Veremos ahora la llave de la obediencia. El tema es impopular. Todos, dicen las Sagradas Escrituras, somos rebeldes por naturaleza. Dicho de manera elemental, en palabras sencillas: La rebelión es el pecado original y, por eso, todos nacemos con la inclinación a ser rebeldes. El trabajo de Jesucristo consiste, a través del Espíritu

Santo, en llevarnos otra vez a la obediencia, al plan original de Dios. Esta llave abre puertas de bendición sobre la vida humana, pero es una llave de dos vueltas: La primera, escuchar a Dios; la segunda, cumplir fielmente sus mandamientos. Oír la Palabra y llevarla a la práctica. La llave de doble vuelta es, pues, la obediencia. Todo el arte de la vida exitosa depende de esas dos acciones: Escuchar y practicar, pues ciertamente la obediencia es una ciencia.

LA OBEDIENCIA COMO MANDAMIENTO

No se puede juzgar a la obediencia como consejo, como recomendación o sugerencia. La obediencia solo puede verse como mandamiento.

Obediencia a Dios. Jesús es, por supuesto, el mayor ejemplo de obediencia. Examinar sus reacciones nos ayudará enormemente a desarrollar esta escasa virtud en nuestra vida.

> *De nuevo lo tentó el diablo, llevándolo a una montaña muy alta, y le mostró todos los reinos del mundo y su esplendor.*
>
> *—Todo esto te daré si te postras y me adoras*
>
> *—¡Vete, Satanás! —le dijo Jesús— Porque escrito está: Adora al Señor tu Dios y sírvele solamente a él* (Mateo 4:8-10).

Aquí tenemos, ni más ni menos, el enfrentamiento definitivo entre la salvación y la condenación, entre la luz y las tinieblas. Es decir, entre Cristo y Satanás. Pero observemos cómo la confrontación es, en realidad, entre la rebelión y la obediencia. El primer desobediente no es un ser humano, es el antiguo comandante de las huestes angélicas, el portador de la luz que se rebeló contra Dios e inauguró la desobediencia en el universo. En este pasaje vemos al gran desobediente enfrentado a Aquel que encarna la obediencia suprema, nuestro Señor Jesucristo.

El diablo busca que le adoren y le sirvan y, al que se comprometa a ello, le ofrece como contraprestación todos los reinos de la tierra. Jesús no se deja seducir, él es el mejor ejemplo de obediencia que el universo conoce, y simplemente contesta: «Solo a Dios hay que obedecer». ¿Qué es obedecer a Dios? Allí se dice: Adorarlo y servirlo. Por consiguiente, obedecer es adorar y servir, y toda forma de desobediencia, por pequeña que sea, por minúscula que parezca, es adoración satánica. Siempre que se incurre en un acto de desobediencia, se adora y sirve al príncipe de las tinieblas.

Obediencia entre cónyuges. Dios es la Suprema Autoridad, pero tiene autoridades delegadas. Uno de los errores más graves que se cometen, aun dentro del ámbito cristiano, consiste en pensar que, como yo estoy sometido a la autoridad de Dios, puedo evadir a las autoridades delegadas por él. Cuando uno desacata a la autoridad delegada, desobedece directamente a quien hizo la delegación. Pasar por alto las autoridades que Dios puso sobre ti, equivale a pasar por alto la autoridad misma de Dios.

Esposas, sométanse a sus esposos, como conviene en el Señor (Colosenses 3:18).

Esto es algo que casi nunca cumplen las señoras, para después preguntar: ¿Por qué no recibo las bendiciones de Dios? Pero, por supuesto, no podemos aceptar la común calumnia contra el cristianismo, y muy particularmente contra San Pablo, sobre supuesto machismo. Porque, si uno sigue leyendo esta epístola, encontrará el equilibrio y el balance de la fe cristiana.

Esposos, amen a sus esposas y no sean duros con ellas (v. 19).

Hay quien cree que vale solo la parte que Dios le ordena a la mujer e invalida la que le corresponde al varón. Pero ¿es tan autoridad sobre el hombre como sobre la mujer el mismo Dios eterno? Es un absurdo pretender que exista alguna forma de servidumbre o esclavitud en los hogares. No se encuentra una sola porción en la Palabra divina que le dé a una persona la potestad de humillar o sojuzgar a un semejante. Lo que la Biblia dice, de principio a fin, es que no hay acepción de personas frente al Señor. La mujer es llamada ayuda idónea o adecuada, no esclava. Tiranías como: «Aquí yo doy las órdenes y la mujer tiene que obedecer», son extrabíblicas. El Señor le dice a Abraham, modelo de creyente: «En todo lo que te dijere tu mujer, oye su voz». La mujer no toma la decisión, la tiene que tomar el varón; pero ella con su intuición natural, si es muy espiritual con su palabra de ciencia, detecta situaciones que al hombre le pasan inadvertidas. Lo que el hombre debe hacer es analizar el dato aportado por la mujer y tomar la decisión.

Para las Sagradas Escrituras, el hombre y la mujer se tienen que complementar, someterse el uno al otro a las obligaciones de esta vida, respetando el natural reparto que Dios dio a cada uno de los sexos, sin interferencias. Pero no hay tal cosa como que el uno manda olímpicamente y el otro obedece con sumisión. Cónyuge significa el que comparte el yugo, como en las yuntas de bueyes. Los esposos se tienen que ayudar y su autoridad sobre los hijos es compartida.

Obediencia a los padres. En los últimos tiempos la sicología ha invertido algunos principios y valores, lo ha puesto todo patas arriba, ha autorizado a los pájaros a tirarles a las escopetas. Sin embargo, la Palabra de Dios afirma:

> *Hijos, obedezcan a sus padres en todo, porque esto agrada al Señor* (Colosenses 3:20).

Un negocio redondo hace el buen hijo, porque este es el único mandamiento con promesa: «Honra a tu padre y a tu madre para que tengas largos años sobre la tierra y todo lo que emprendas te salga bien». Este mandamiento nos recuerda que Dios se identifica como Padre. ¿Qué quiere decir Abba? No quiere decir padre, escuetamente, sino más bien papito. Dios se identifica con la paternidad Y, por cierto, el Decálogo no contiene mandamiento alguno de los padres hacia los hijos.

Hay un bello himno que me hace llorar cuando lo escucho. No sé que me pasa con la unción de esa canción en la que un padre terrenal le ora al Padre celestial por su hijo, y le dice

Señor, yo quiero ser como tú,
porque él quiere ser como yo

¿Cuál es el modelo de padre? Nadie razone. «Yo soy el padre, o la madre, y me tienen que hacer reverencias y obedecerme en forma ciega». ¡No! La Palabra es clara:

Padres, no exasperen a sus hijos, no sea que se desanimen
(v. 21)

Todas las cosas deben hacerse con amor. El que ejerce autoridad, hágalo con amabilidad y los hijos no olviden que el que honra al padre terrenal, honra al Padre celestial.

Obediencia a los patronos. Hay cristianos de orientación más bien socialista Un socialismo democrático, es el sistema que ha influido en Europa ¿O Suecia no es un país socialista? Sí. ¿Inglaterra no es un país socialista? También. ¿España no progresó en tres lustros de socialismo democrático? Por supuesto Hecha esta necesaria aclaración, ¿en qué consiste la obediencia a los patronos? Los trabajadores no prosperan porque no entienden la sencilla idea que Max Weber (luterano, claro describió en su famoso libro La *Ética Protestante*, que merece ser revisado a fondo otra vez, como lo propuso el profesor Salomón Kalmanovitz.

¿Qué es lo que Weber dice exactamente? Que cada trabajador es un ministro de Dios, que allí donde tú laboras, le estás sirviendo a Dios Y no solo las profesiones liberales, o de carácter intelectual· Abogados, médicos, ingenieros, científicos o técnicos, sino aun los oficios más sencillos, son un ministerio dado por Dios a cada hombre Ese es un gran aporte de la Reforma Protestante para extirpar el feudalismo e imponer la democracia

Esclavos, obedezcan en todo a sus amos terrenales, no solo cuando ellos los estén mirando, como si ustedes quisieran ganarse el favor humano, sino con integridad de corazón y por respeto al Señor Hagan lo que hagan trabajen de buena gana, como para el Señor y no como para nadie en este mundo (vv. 22-23)

Un abogado que te preste una asesoría legal, no te asesora a tí, sino a Jesús. Un lustrabotas que arregle tus zapatos, se ocupa de los zapatos de Jesús. Una lavandera que lave mi ropa, no lavará la ropa sucia de Darío, arregla la ropa de Jesús Ética del trabajo, desde la perspectiva cristiana Pero, ¡cuidado! ¿Puedo llegar a mi oficina, o a mi taller, a donde tenga a algunos bajo mi autoridad, con un látigo en la mano a intentar sojuzgarlos o esclavizarlos? No, mil veces no Todos somos iguales ante Dios, aunque haya que respetar a las autoridades delegadas. Midamos el equilibrio y el balance del cristiano

Amos, proporcionen a sus esclavos lo que es justo y equitativo, conscientes de que ustedes iambién tienen un Amo en el cielo (Colosenses 4:1).

En los tiempos de Pablo se decía amos y esclavos, hoy decimos patronos y trabajadores. El Patrón de los patronos está en el cielo y tomará cuenta de cómo ellos tratan a sus subalternos, pues un principio elemental enseña que el que ejerce autoridad debe someterse a ella.

Obediencia a los gobernantes. ¿Qué leímos al principio de este capítulo? Que vendrán las bendiciones si nosotros damos las dos vueltas a esta llave: Oír y guardar la Palabra de Dios. Si no la oímos —o si solamente la oímos— y no la cumplimos, no habrá bendiciones sobre nuestra vida, porque toda bendición tiene una condición.

Todos deben someterse a las autoridades públicas, pues no hay autoridad que Dios no haya dispuesto, así que las que existen fueron establecidas por él. Por lo tanto, todo el que se opone a la autoridad se rebela contra lo que Dios ha instituido Los que así proceden recibirán castigo (Romanos 13:1-2).

Una costumbre malsana es vivir criticando a los gobernantes. Dios dice que debemos someternos a ellos. Y esto no es cuestión de opiniones políticas, sino un mandamiento del Señor. Pero, un momento. ¿Podemos expresar criterios contrarios a lo que hacen los gobiernos? Terminantemente sí, pero con respeto. Otra pregunta clave: ¿Puede un cristiano desobedecer a las autoridades gubernamentales en la tierra? Sí, bajo ciertas circunstancias. Si la autoridad gubernamental nos quiere obligar a hacer algo contrario a la voluntad de Dios, no solamente tenemos el derecho, sino la obligación de rebelarnos. ¿Cómo actuaron los apóstoles cuando el Imperio Romano, la gente del Sanedrín y las autoridades civiles en Jerusalén los acosaron?

¡Es necesario obedecer a Dios antes que a los hombres!, respondieron Pedro y los demás apóstoles (Hechos 5:29).

Los encarcelaron, pero no tuvieron alternativa. Una de dos: Obedeces al Gobernante de arriba o al de abajo. Cuando este último te quiera obligar a hacer algo contrario al Gobernante de arriba, debes rebelarte sin vacilaciones.

Obediencia en la iglesia. Algunas personas se imaginan que, cuando se es autoridad en un lugar, se pueden eludir los asuntos relativos a la obediencia. Esa es una soberana equivocación. Si algo ha caracterizado al liderazgo espiritual bíblico —es decir, judeocristiano—, es que siempre hizo respetar su autoridad. La Biblia dice:

Acuérdense de sus dirigentes, que les comunicaron la palabra de Dios Consideren cuál fue el resultado de su estilo de vida, e imiten su fe (Hebreos 13:7).

Observemos: Hay aquí exigencias difíciles para los dirigentes de una iglesia. ¿Cuál es su estilo de vida? Si la mía es indigna, no tengo ningún derecho a reclamar que mis ovejas me obedezcan. Pero si no se encuentra en mi

conducta algo contrario a la moral, a los principios y valores que inspiran el pastorado, mis ovejas podrán obedecerme. Por otra parte, si no soy una persona de fe, las
ovejas no tienen por qué imitarme. Es un asunto muy serio. Tanto, que merecería todo un libro. Por eso, he ins-
trumentado en mi iglesia esta consigna:

> *El Señor es mi pastor,*
> *el pastor no es mi Señor*

Ciertamente un pastor en la tierra no puede enseño-
rearse de las ovejas, pero la Biblia desea que las ovejas
respeten al pastor que Dios ha puesto sobre ellas.

> *Obedezcan a sus dirigentes y sométanse a ellos, pues cuidan de*
> *ustedes como quienes tienen que rendir cuentas. Obedézcanlos a*
> *fin de que ellos cumplan su tarea con alegría y sin quejarse, pues*
> *el quejarse no les trae ningún provecho* (Hebreos 13:17).

Son multitud las personas que en la iglesia desobede-
cen hasta en mínimos detalles lo que ordenan los dirigentes. Y toda forma de desobediencia, por minúscula que
sea, es honrar y servir al enemigo de Dios. Esto no significa
que haya creyentes clones o simples robots. Como ya se
ha dicho, podemos disentir, pero con el debido respeto.

LOS ESTRAGOS DE LA DESOBEDIENCIA

Satanás ya se encuentra instalado en la tierra. Juan lo
identifica con la serpiente antigua que rondaba por el
Edén. Aquí comienza la erosión de la desobediencia.

Adán y Eva contra Dios. Dios coloca a la especie humana en Edén para que viva a plenitud, sin ningún problema. El hombre no fue diseñado para sufrir, ni para enfermarse, ni para cansarse. El proyecto original era otro: Dios entrega al ser humano todos los bienes de la tierra pero le pone una condición.

Pero del árbol del conocimiento del bien y del mal no deberás comer
El día que de él comas, ciertamente morirás (Génesis 2:17).

Requisito único. Son libres, son felices, tienen una relación con Dios, no van a morir, ni siquiera a envejecer. Pero la condición es: «No me desobedezcan, los pruebo con el conocimiento del bien y del mal». ¿Captamos cómo lo que la Nueva Era ofrece hoy a la gente es ser como Dios, por medio del conocimiento? Tal doctrina no es ni tan nueva ni tan era. Solo era la era que no era. ¿Cuál es el desenlace trágico de este asunto?

La serpiente era más astuta que todos los animales del campo que Dios el Señor había hecho, así que le preguntó a la mujer:

—¿Es verdad que Dios les dijo que no comieran de ningún árbol del jardín?

—Podemos comer del fruto de todos los árboles —respondió la mujer— Pero, en cuanto al fruto del árbol que está en medio del jardín, Dios nos ha dicho: No coman de ese árbol, ni lo toquen; de lo contrario, morirán.

Pero la serpiente le dijo a la mujer:

—¡No es cierto, no van a morir! Dios sabe muy bien que, cuando coman de ese árbol, se les abrirán los ojos y llegarán a ser como Dios, conocedores del bien y del mal (Génesis 3:1-5)

Hoy lo que anda vendiendo por ahí la Nueva Era es precisamente ese embuste. El hombre es dios, a través del conocimiento seremos divinos. La Biblia muestra que el origen del pecado humano es querer ser como Dios. ¡Qué diferencia tan radical! La Biblia dice: «Hay que creer». La Nueva Era afirma: «Hay que conocer». Pero como lo analizamos al exponer la llave de la fe, para nosotros es importante conocer, pero nos basta creer. Si Dios lo dice, yo lo creo, aun contra toda evidencia de mi mente. Por lo tanto, la desobediencia es el pecado. Lean bien. No he escrito: La desobediencia es pecado, ni la desobediencia es un pecado, sino la desobediencia es el pecado.

Cam contra Noé. Ya pasó el diluvio. Los hombres cultivan otra vez los campos. Se está recreando la especie humana sobre este planeta.

Noé se dedicó a cultivar la tierra, y plantó una viña Un día, bebió vino y se embriagó, quedándose desnudo dentro de su carpa. Cam, el padre de Canaán, vio a su padre desnudo y fue a contárselo a sus hermanos, que estaban afuera (Génesis 9:20-22).

Cam no se conforma con burlarse de su padre, sino que además comunica a sus hermanos el lamentable estado del patriarca para que ellos participen de su rebelión. Pero, ¡qué diferencia se observa entre la conducta suya y la de Sem y Jafet!

Entonces Sem y Jafet tomaron un manto, se lo echaron sobre los hombros, y caminando hacia atrás cubrieron la desnudez de su padre Como miraban en dirección opuesta, no lo vieron desnudo (v. 23).

Reverencia, respeto: «Sí, es cierto, nuestro padre se ha emborrachado, pero nosotros no lo infamaremos por eso. Al fin y al cabo, él es nuestra autoridad».

Cuando Noé despertó de su borrachera y se enteró de lo que su hijo menor le había hecho, declaró: ¡Maldito sea Canaán! Será de sus dos hermanos el más bajo de sus esclavos (vv. 24-25).

Dios bendijo a Noé y a sus tres hijos, y el patriarca no podía revocar la bendición de Cam. Por eso, maldice su descendencia. Sin entrar en muchos detalles, la historia nos enseña por los desarrollos inmediatos que la simiente de Cam surgió bajo maldición, hasta el punto de que Canaán es el antepasado de Nimrod, el primer rebelde espiritual después del diluvio, constructor de la Torre de Babel, quien se endiosa a sí mismo e inicia la religión babilónica, culto satánico por excelencia.

Por su parte los hijos de Canaán, los cananeos, fundaron una religión errática en su tierra. Aprendamos un principio elemental, que Watch Man Nee enseñó hace décadas: «Nadie tiene autoridad para juzgar a su autoridad». ¿Las autoridades cometen errores? Sí, pero el que

está bajo autoridad no tiene ningún derecho a infamar-
las. En otras palabras, Cam no podía juzgar a su padre,
aunque este hubiera pecado. Noé tenía quien lo juzga-
ra, sobre él reposaba la autoridad suprema de Dios. Hay
que ser muy cuidadosos para no asemejarnos a este joven inconsciente que trajo maldición sobre su propia
descendencia de generación en generación, ya que la
desobediencia corrompe la conciencia.

Nadab y Abiú contra Aarón. Aquí hablaremos de actividades litúrgicas y religiosas, y de la participación de sacerdotes y levitas en ellas.

> *Pero Nadab y Abiú, hijos de Aarón, tomaron cada uno su in-*
> *censario y, poniendo en ellos fuego e incienso, ofrecieron ante el*
> *Señor un fuego que no tenían por qué ofrecer, pues él no se lo ha-*
> *bía mandado Entonces salió de la presencia del Señor un fuego*
> *que los consumió, y murieron ante él Moisés le dijo a Aarón:*
> *De esto hablaba el Señor cuando dijo: Entre los que se acercan a*
> *mí, manifestaré mi santidad, y ante todo el pueblo manifestaré*
> *mi gloria Y Aarón guardó silencio* (Levítico 10:1-3).

Aarón entiende perfectamente lo que pasó con sus
hijos y no hace reclamos a Dios. No dijo, por ejemplo:
«Señor, eso fue simplemente una ligereza de los muchachos». ¿Por qué callar? Él es el sumo sacerdote, y sus hijos se hallan autorizados para subir al altar y ministrar las
cosas sagradas. Pero aquí lo hacen a espaldas de su padre, sin estar autorizados a encender el fuego, pues el
único que podía hacer tal cosa era Aarón.

Hoy en día, en no pocas iglesias, no todos los colaboradores se someten a la autoridad del líder. A veces, aun las ovejas cometen ligerezas al estilo de Nadab y Abiú, que pueden traer consecuencias fatales sobre sus vidas. En grupos hogareños de oración y, sobre todo en ejercicio de los dones espirituales, hay personas no autorizadas que, a espaldas de su pastor, prenden el fuego extraño. Esta es una forma de rebelión más común de lo que uno se imagina, y quienes la practican suelen preguntarse: «¿Por qué Dios no me bendice? ¿Por qué no llegan las promesas bíblicas a mi vida, mi familia, mis finanzas?» Porque es necesario oír y cumplir la Palabra del Señor, y nunca un desobediente recibirá bendición del cielo. No es asunto de poca monta entregarse a imponer manos, profetizar y, en general, realizar actividades espirituales, sin autorización para ello. Es peligroso acercarse al fuego espiritual sin estar bajo autoridad, porque su llama consume a los rebeldes. El fuego extraño siempre causa daño.

Uza y el «Arca de Dios». Esta historia es patética. Recordemos: En el Antiguo Testamento eran sagradas las cosas, en el Nuevo Testamento son sagradas las personas. El arca sagrada ha estado en tierra de filisteos; David la rescata y la lleva a Jerusalén para colocarla en el monte santo. Los coatitas, es decir, los hijos de Coat, tenían exclusivamente el encargo de transportarla. Eran instruidos desde pequeños, para transportar el arca santa y cumplían unas normas muy estrictas y precisas que no podían infringir por ningún motivo. Miremos lo que pasa aquí con el coatita Uza:

> *Colocaron el arca de Dios en una carreta nueva y se la lleva-*
> *ron de la casa de Abinadab, que estaba situada en una colina.*
> *Uza y Ajío, hijos de Abinadab, guiaban la carreta nueva que*
> *llevaba el arca de Dios Ajío iba delante del arca, mientras*
> *David y todo el pueblo de Israel danzaban ante el Señor con*
> *gran entusiasmo y cantaban al son de arpas, liras, panderetas,*
> *sistros y címbalos. Al llegar a la parcela de Nacón, los bueyes*
> *tropezaron; pero Uza extendiendo las manos sostuvo el arca*
> *de Dios. Con todo, la ira del Señor se encendió contra Uza por*
> *su atrevimiento y lo hirió de muerte ahí mismo, de modo que*
> *Uza cayó fulminado junto al arca* (2 Samuel 6:3-7).

Uno primeramente se cuestiona: ¿Cómo puede morir trágicamente un muchacho solo por la preocupación de que el arca no caiga al suelo, y se llene de lodo, pasto o polvo? Las cosas son menos sencillas que eso. Las órdenes de Dios no se pueden interpretar, hay que cumplirlas tal cual las da, al pie de la letra, como se dice en los textos literarios: Sic, así como está escrito. He aquí las minuciosas instrucciones de Dios sobre este tema.

> *Cuando Aarón y sus hijos hayan terminado de cubrir el san-*
> *tuario y todos sus accesorios, los israelitas podrán ponerse en*
> *marcha. Entonces vendrán los coatitas para transportar el*
> *santuario, pero sin tocarlo para que no mueran También*
> *transportarán los objetos que están en la Tienda de reunión*
> (Números 4:15).

Uza y sus hermanos cometieron un error garrafal. Debiendo cargar en sus propios hombros el arca, la colocaron sobre un carro tirado por bueyes. El sagrado utensilio debía ser llevado por hombres y no por animales. La regla decía: No la tocarás. El arca estaba dotada de argollas de metal para introducir en ellas unas varas que permitían el transporte a hombros. Estaba absolutamente prohibido tocar el arca, y ahora, además que la llevan sobre los lomos de unos bueyes, el preocupado y obediente Uza, al ver cómo se balancea al ritmo de los animales, siente temor normal de que caiga a tierra y, automáticamente, la sostiene con su mano. De inmediato es fulminado por la ira de Dios, que alertó que no tocaran el arca porque morirían.

Uza sabía eso, no podía alegar que no lo instruyeron desde pequeño en casa de su padre en cuanto a la manera de manipular las cosas sagradas. Estos detalles nos ayudan a entender el celo de Dios por la autoridad, a despecho de quienes se alarman por lo que le pasó al hijo de Coat, el joven Uza. En este caso, a Dios no le preocupaba que el arca fuera sobre los lomos de unos animales, tampoco si caía a tierra, si se enlodaba, o si se llenaba de pasto o de polvo. Dios podría pasar esos detalles por alto. Lo que no podía tolerar era que tocara la santidad de su arca la mano pecadora de un desobediente.

Saúl y Samuel. Hagamos una composición histórica de lugar. Con el fin de que los enemigos de Israel desaparecieran y el pueblo pudiera prosperar en la Tierra Santa

de modo que tomara la franja de territorio en manos aje-
nas, el Espíritu Santo le ordena al rey Saúl por intermedio
de Samuel: «Mata a todos los amalecitas, no dejes vivo a
ninguno, y mata todo el ganado, los bueyes, los asnos, las
vacas y las ovejas de los amalecitas. No dejes ni una pe-
zuña para ti».

Saúl, tan parecido a nosotros, interpretó a su acomo-
do las órdenes de Dios, y ¿qué le sucedió? Del campamento enemigo, mató a muchos hombres y destruyó
gran parte del ganado, pero se reservó cosillas: Dejó vivos a varios de los de Amalec, y algunos corderos, bueyes y vacas con el pretexto de que le sirvieran para elevar
sacrificios al Señor. Parece una cosa lógica ¿verdad? Pero
¿qué opina al respecto el profeta Samuel?

*—Y entonces, ¿qué significan esos balidos de oveja que me
parece oír? —le reclamó Samuel— ¿Y cómo es que oigo
mugidos de vaca?*

*—Son las que nuestras tropas trajeron del país de Amalec
—respondió Saúl— Dejaron con vida a las mejores ovejas
y vacas para ofrecerlas al Señor tu Dios, pero todo lo demás lo
destruimos* (I Samuel 15:14-15).

Hasta aquí se obedeció la orden de Dios parcialmente.
Saúl se reservó algunas cosas para dárselas al propio Dios
que le ordenó acabar con todas. Interpretar las órdenes de
Dios es de lo más grave que un creyente puede hacer.

*Samuel respondió: ¿Qué le agrada más al Señor: Que se le
ofrezcan holocaustos y sacrificios, o que se obedezca lo que él*

dice? El obedecer vale más que el sacrificio, y el prestar aten-
ción, más que la grasa de carneros. La rebeldía es tan grave
como la adivinación (vv. 22-23a).

Si eres desobediente es como si consultas el tarot, lees
el horóscopo, usas los cuarzos y cosas así, desobedeces las
instrucciones de Dios. Y por este pecado, Saúl fue cortado
del pueblo. En la batalla final intentó suicidarse arrojándo-
se sobre su espada tan torpemente que quedó medio vivo
y, cuando se desangraba lentamente, un joven amalecita
fue quien lo remató, uno de los sobrevivientes del ejército
enemigo, lo cual nos ofrece una gran lección: «El que
complace al enemigo será víctima de él».

BENDICIONES DE LA OBEDIENCIA

Hemos recibido ejemplos explícitos de los terribles
efectos que produce la desobediencia. Ahora, quienes
quieran recibir bendición, ya tienen la fórmula: Oír y
cumplir, darle la doble vuelta a la llave. Vendrán sobre ti
todas estas bendiciones. Muchos cristianos viven corriendo, supuestamente tras las bendiciones para caerles
encima y tomarlas a viva fuerza, si se dejan. La Biblia no
dice eso, sino que las bendiciones vienen sobre nosotros. Aprendamos a leer las Escrituras.

¿Qué más dice? Y te acompañarán. La Palabra de
Dios afirma que las bendiciones vienen a nuestro lado,
acompañándonos, no que vamos detrás de ellas para
tratar de alcanzarlas. Las bendiciones de la obediencia
están enumeradas en el capítulo 28 Deuteronomio. Tú

las recibirás si oyes, y cumples usando la llave de dos vueltas, que se llama obediencia. Enumeremos tales bendiciones.

Bendición urbana. En gran parte la sociología, y últimamente la ecología, creen que la ciudad es una maldición, algo malsano. La Biblia por el contrario bendice las ciudades.

Bendito serás en la ciudad (v. 3a).

Hay más gente citadina que gente campesina al inicio del tercer milenio; la mayor parte de la humanidad se hacina en las megápolis. El más grande auge humano se da precisamente en las ciudades y el fenómeno tiende a crecer. Quienes maldicen la ciudad cometen un grave error, pues hay una bendición urbana en la Palabra de Dios. Cuando Jeremías despide al pueblo que irá cautivo a Babilonia, una ciudad muy corrompida, cuna de la religión satánica, meca de la idolatría, capital de la rapiña, del sexo desordenado, de toda la corrupción humana, recomienda encarecidamente: «Bendigan la ciudad a la cual son transportados».

No tenemos ni para qué hablar de lo que sucedió en Sodoma; y sin embargo, la Biblia dice que Lot todos los días oraba por esa ciudad. El rey Salomón, el más sabio de los antiguos, nos llama la atención sobre una cosa que nunca debemos olvidar los cristianos: «Por la bendición de los justos, la ciudad es engrandecida». Hacemos lo contrario, hablamos mal de nuestras ciudades. ¡Qué

ciudad tan mala! ¡Qué huecos en las calles! Que los basureros, que las zonas de miseria, que los niños debajo
de los puentes... No bendecimos la ciudad donde habitamos. Ojalá aprendiéramos a utilizar la doble vuelta de
la llave de la obediencia para bendecir a las ciudades,
pues así las sacaríamos de su maldición y las engrandeceríamos delante de Dios.

Bendición rural. Frente al colosal progreso urbano, el
campo sigue siendo importantísimo.

Y bendito en el campo (v. 3b).

Cuando comenzó el auge industrial, las ideas de
Marx y de Engels impulsaron el fin de las sociedades pastoriles para entrar a las industrializadas urbanas. Los
campos se desmantelaron y todos los países que llegaron
a progresar a través de la industria se quedaron sin agricultura y sin ganadería, con la evidente excepción de los
Estados Unidos de América, que no solo progresaron en
lo propiamente industrial, sino que también industrializaron el campo. Por eso, tienen la agricultura y la ganadería más desarrollada del mundo, lo que hoy se conoce
como «Agropoder».

Los futurólogos afirman que en los próximos trescientos años, gobernarán la tierra los que tengan alimentos; y a pesar de que en los Estados Unidos solamente el
diez por ciento de la población está dedicado al campo,
se cultiva, en primer lugar, para que cada norteamericano coma dos veces —son 300 millones los habitantes—;

luego para almacenar la reserva estratégica de guerra y, por último, para exportar.

Hay algo censurable, sin embargo: Lo que les sobra no lo dan para los pobres, sino que lo lanzan al mar. Sin duda, el Señor tomará cuenta de tan cínico abuso. Con todo, el principio por el cual fueron prosperados, nació de los protestantes que llegaron a las playas del Atlántico norte, después de una travesía penosa, y lo primero que hicieron fue arrodillarse y proclamar: «Esta tierra es para Cristo».

Y, según algunas tradiciones, procedieron a leer esta Escritura en la cual se promete: «Bendito tú en el campo». Se dice que en el nuevo siglo, el mundo necesitará enormes despensas campesinas. Allí es donde América Latina tiene su oportunidad más grande, si el Señor nos da la paz que tanto anhelamos. Podemos ser una potencia en el siglo XXI, si le pedimos a Dios que esto se cumpla. Pero, para poderlo hacer, es necesario comprometernos nosotros mismos a cumplir lo que el Señor nos exige.

Bendición de la descendencia. Las bendiciones de Dios para los obedientes se extienden de generación a generación.

Bendito será el fruto de tu vientre (v. 4a).

Hay personas que no han entendido bien las Sagradas Escrituras. Bendito el fruto de tu vientre ¿cómo? Si obedecieres. Las bendiciones son hereditarias. El Señor bendice a Abraham y lo hace de generación en generación por toda su descendencia. Casi cuatro mil años después de esa promesa, puedes ver la descendencia de Abraham: millones de judíos, cientos de millones de árabes y miles de millones de cristianos. Hay aquí una genética espiritual que funciona en nuestros hijos, porque la obediencia bendice la descendencia.

Bendición de frutos y animales. La prosperidad agropecuaria está claramente descrita en la Palabra de Dios.

Tus cosechas, las crías de tu ganado, los terneritos de tus manadas y los corderitos de tus rebaños (v. 4b).

Benditos, dice. La gente se preocupa razonablemente con las plantaciones y los ganados, pero su éxito no consiste solo en el esfuerzo humano, sino fundamentalmente la bendición agrícola y zoológica llega sobre las propiedades campesinas de quienes obedecen la voz del Señor.

Bendición de la canasta familiar. Las promesas transmitidas por Moisés son realmente minuciosas.

Benditas serán tu canasta y tu mesa de amasar (v. 5).

No dice: «Cuando haya escasez, tu provisión bajará». No dice: «La carestía te tocará». Al contrario, en toda época y, con mayor razón, en la escasez, benditas serán tu canasta y tu mesa de amasar. Significa que no te faltará el mercado y que lo que hagas en casa, recibirá bendición. Tu mesa de amasar. La llave de la obediencia abre la canasta familiar y llena la despensa.

Bendito serás en el hogar y bendito en el camino (v. 6).

Siendo benditos en nuestro hogar, al emprender un viaje, el Señor nos dice: «Bendito cuando salgas de este lugar donde te encuentres. Al llegar al lugar donde vayas serás bien recibido también». El Señor bendecirá el camino por donde vayas y abrirá puertas de oro y bronce a tu paso. Solo que esas puertas se franquean con la llave de doble vuelta: oyendo y cumpliendo. El cristiano se caracteriza porque, cuando llega a su hogar, los seres queridos se congratulan: «Siquiera viniste, hombre. ¡Qué alegría verte!» Tu buen humor, tu conversión edificante, tu calor humano embellece la vida. Y cuando sales de tu hogar para tomar el camino, los obstáculos serán allanados y tu viaje será grato.

Bendición de la victoria. Nadie quiere ser derrotado y en esta vida abundan los adversarios. Sin embargo,

El Señor te concederá la victoria sobre tus enemigos Avanzarán contra ti en perfecta formación, pero huirán en desbandada (v. 7).

Hay quienes salen a la batalla personalmente, enfrentándose en forma directa. ¿En qué consiste esta bendición? No en que derrotes a los enemigos, sino que Dios los derrota por ti. Él mismo se encarga de ellos, pues lo que dice de nosotros nuestro Dios es algo tierno y sencillo: «Que somos su especial tesoro». Su amor es tan grande, a pesar de todo, incondicionalmente, sin importar lo que seamos, él nos dice: «Son la niña de mis ojos». E indica también: «En mis manos los tengo esculpidos, nunca me olvido de ustedes».

¿Qué ocurre cuando un padre humano ve que a su hijo lo golpean? Ese niño no tendrá que defenderse, pues el mismo papá se encargará del agresor. Nunca olvides que Dios es papá, y si le lesionan a uno de sus pequeñitos, reacciona como tal. Él mismo se apersona del asunto, no tienes que hacerlo tú. ¿Por qué no sientes protección de tus enemigos? Porque no has hecho los dos movimientos para abrir tu llave de la obediencia: Escuchar y practicar.

La bendición del trabajo. En Latinoamérica nos hemos habituado al enriquecimiento fácil, y eso nos ha llevado al enriquecimiento ilícito. Las Sagradas Escrituras hablan muy claro acerca de los bienes materiales.

El Señor bendecirá tus graneros, y todo el trabajo de tus manos El Señor tu Dios te bendecirá en la tierra que te ha dado El Señor te establecerá como su pueblo santo, conforme a su juramento, si cumples sus mandamientos y andas en sus camino (vv. 8-9).

Observa la reiteración: «Si cumples, si andas en sus caminos». Es una incomprensión para los cristianos de Latinoamérica por qué la patria en que les tocó vivir se halla en tan malas condiciones. Era también una incomprensión para los israelitas por qué estaba en tan malas condiciones Canaán. Canaán era como Latinoamérica, pero ellos la transformaron, la convirtieron en la tierra que fluye leche y miel, mediante la promesa de Dios.

Latinoamérica es nuestro Canaán, la tierra que Dios nos entregó. Él nos bendecirá en esta Canaán, si manejamos bien la llave de la obediencia. Y veremos grandes cosas en Latinoamérica, si comenzamos hoy mismo. No es ningún descubrimiento decir que en Latinoamérica hay pobreza y violencia. ¿Por qué? Porque hay idolatría. Donde quiera que hay idolatría, habrá pobreza y violencia. Tales cosas van siempre juntas. Debemos trabajar para cambiar esas costumbres porque somos el pueblo santo apartado del Señor. Una nación dentro de la nación, un país dentro del país, un reino dentro del reino. Nos corresponde afectar la sociedad para que cambie. Oír y aplicar hará que Latinoamérica se convierta en la tierra que fluye leche y miel.

La bendición del prestigio. Seamos precisos en el lenguaje: Prestigio no significa popularidad. Realmente somos muy impopulares los cristianos, pero tenemos prestigio. Son cosas diferentes. Por eso decimos: La bendición del prestigio, no la bendición de la popularidad.

Todas las naciones de la tierra te respetarán al reconocerte como el pueblo del Señor (v. 10).

Te respetarán. Aunque no somos populares, se oye decir a la gente: «Es mejor no meterse con los cristianos porque trae problemas. Ellos tienen algo raro y especial». La gente comenta. Yo lo he oído muchas veces.

Bendición de la abundancia. Es necesario entender que la economía depende de la espiritualidad.

El Señor te concederá abundancia de bienes: multiplicará tus hijos, tu ganado y tus cosechas en la tierra que a tus antepasados juró que te daría El Señor abrirá los cielos, su generoso tesoro, para derramar a su debido tiempo la lluvia sobre la tierra y para bendecir todo el trabajo de tus manos Tú les prestarás a muchas naciones, pero no tomarás prestado de nadie (vv. 11-12).

Es fácil observar en el panorama mundial cómo los países cuyas leyes han sido extraídas de la Biblia son los más prósperos. Por contraste, los países donde se cree, por ejemplo, en la reencarnación, son miserables. Allí a nadie se le ocurre decir: «Voy a trabajar duro ahora para descansar en la próxima vida»; al contrario, «Descansaré mucho ahora, porque en mi próxima reencarnación me va a tocar trabajar arduamente». Eso empobrece la sociedad, hace que la gente no trabaje.

En tales lugares, es un espectáculo deprimente ver a los niños muriendo de hambre entre montones de basura, roídos por enormes ratas, debajo de las ubres de las vacas sagradas. Yo no quiero eso para mi Latinoamérica, sino aquello que ha engrandecido a las potencias de la tierra, a saber: Los principios y valores de la civilización cristiana. ¿Y por qué dice la Biblia que Abraham era riquísimo? Porque era obediente, porque descubrió que la abundancia proviene de la obediencia. Y no se trata de apegarnos a los bienes materiales. No es posible servir a dos señores: A Dios y a las riquezas. Pablo enseña que no debemos colocar la confianza en las riquezas, sino en el Dios que las da.

El dinero no es bueno ni malo, es neutro. Bueno o malo es el corazón del hombre, según utilice el dinero para bien o para mal.

Billy Graham, que acaba de ser escogido por Time como uno de los cien personajes más influyentes del siglo XX, dijo esta frase sensata: «El dinero es muy bueno como esclavo, pero muy malo como amo». Tú decides si te esclavizas al dinero o si te vales de él. Pero no existe en las Sagradas Escrituras ninguna condena a poseer bienes materiales. Esa es una argucia del diablo para empobrecer a los cristianos. Ejemplar es el contentamiento del que habló San Pablo: «He aprendido a contentarme cualquiera sea mi situación, sé tener abundancia y sé pasar necesidad. En todo y por todo estoy acostumbrado, así para pasar hambre como para estar lleno. Todo lo puedo en Cristo que me fortalece».

Está claro pues, que tendrás abundancia si oyes y cumples la Palabra de Dios en cuanto a la economía. Ahora bien, le das vueltas y vueltas al tema y no hallas ninguna otra fórmula a través de la cual Dios te abra la puerta de la abundancia, que la del diezmo. Diezmar o no es tu dilema, pero no es mi problema. Mi tema es enseñarte para que seas prosperado, si lo quieres aprender.

Bendición de la prominencia. Prominencia significa importancia. Dios hace de cada uno de sus hijos una persona sobresaliente.

> *El Señor te pondrá a la cabeza, nunca en la cola. Siempre estarás en la cima, nunca en el fondo, con tal de que prestes atención a los mandamientos del Señor tu Dios que hoy te mando, y los obedezcas con cuidado* (v. 13).

Hay muchos cristianos que se consideran cola y viven como si lo fueran; pero son cabeza, solo que no se han dado cuenta. No tienen identidad. Oír y cumplir, los dos giros, las dos vueltas de la llave de la obediencia. Algunas personas confunden orgullo con autoestima, conceptos muy diferenciados. Qué fastidioso es el hermanito, con «carita de yo no fui y olor a santidad», que tira la cabeza a un lado y dice: «Soy tan humilde, que me siento orgulloso de lo humilde que soy». Solo es un grandísimo farsante, un hipócrita.

Pablo afirma que los que afectan humildad no son humildes. La virtud de la humildad no consiste en menospreciarse a sí mismo, sino en no considerarse uno más de lo que es. Que nadie tenga de sí más alto concepto que el que debe tener, escribe a los romanos. Pero no dice que lo tenga más bajo. Te pondrá a la cabeza y no a la cola; estarás en la cima y no en el fondo. ¿Qué dijo Dios sobre su pueblo? A mis ojos fuiste de alta estima, fuiste honorable y yo te amé. ¿Cuánto vales para el Padre? ¿En qué precio te tiene tasado o valorado?

Piénsalo: El pagó por tu vida con toda la sangre de su Hijo. Vales para Dios toda la sangre de Jesús. ¿Y por qué no recibimos las bendiciones? Porque no cumplimos las condiciones. Un día el Dios eterno, por amor a ti y a mí, se hizo hombre. Se convirtió en criatura siendo el creador y se humilló hasta ser tratado como un criminal y morir en la cruz. ¿Por qué lo hizo? ¿Para qué lo hizo? El apóstol se lo aclaró a los filipenses en forma magistral.

La actitud de ustedes debe ser como la de Cristo Jesús, quien, siendo por naturaleza Dios, no consideró el ser igual a Dios como algo a qué aferrarse Por el contrario, se rebajó voluntariamente, tomando la naturaleza de siervo y haciéndose semejante a los seres humanos Y al manifestarse como hombre, se humilló a sí mismo y se hizo obediente hasta la muerte, ¡y muerte de cruz! Por eso Dios lo exaltó hasta lo sumo y le otorgó el nombre que está sobre todo nombre, para que ante el nombre de Jesús se doble toda rodilla en el cielo y en la tierra y debajo de la tierra, y toda lengua confiese que Jesucristo es el Señor, para gloria de Dios Padre (Filipenses 2:5-11).

LLAVE 11

El Acuerdo

San Lucas no era judío, sino griego, de profesión médico; además, escritor e historiador; y al parecer se hizo cristiano a través del ministerio del apóstol Pablo, a quien acompañó en todas sus aventuras. Por eso en Hechos de los Apóstoles nos comenta con pelos y señales la odisea paulina. En su evangelio, Lucas registra estas palabras de Jesús.

El que no está de mi parte, está contra mí; y el que conmigo no recoge, esparce (Lucas 11:23).

En este episodio viene Jesús de Nazaret hablando sobre liberación de opresiones satánicas. Es bien interesante que nuestro Señor siempre asocia la acción de los demonios sobre la gente con las contiendas, las divisiones y los pleitos. En otras palabras, si no tuviéramos esas cosas negativas, los demonios no podrían actuar. Es sencillo, pero cierto. La verdad siempre es sencilla. La razón es elemental; Dios es factor de unidad y Satanás es factor de división. Dios une, Satanás divide. Y para enseñarnos a vivir unidos según su propósito, el Espíritu Santo quiere que trabajemos con la llave del acuerdo. Significa eso que uno de dos creyentes es la cerradura y el otro es la llave.

LOS ESTRAGOS DEL DESACUERDO

Caín y Abel. Los dos iniciales hermanos que existen sobre la tierra son los protagonistas del primer desacuerdo. La primera contienda comenzó en la primera familia con los primeros hermanos. Allí ya se cumplía lo que dijo Dostoievski en su novela Los Hermanos Karamazov: «Los hermanos son semilleros de discordias». Satanás divide el primer hogar que hay sobre la tierra y trae luto sobre los primeros padres.

La única familia de duelo sobre la tierra, es la única familia que existe. ¿Por qué? Por el desacuerdo. Caín y Abel, a pesar de ser hermanos, no estaban de acuerdo sino en desacuerdo, y ellos nos dan esa maldita herencia. Satanás inaugura el primer sepulcro en el primer cementerio. El emperador de la muerte gana su primera batalla. El desacuerdo produce muerte.

Agar y Sara. Conocemos bien esta historia: Sara no podía tener hijos, Abraham era muy viejo y ella ya no menstruaba. Aunque Dios les había prometido descendencia, ellos se desalentaron en la demora y, por consejo de Sara, el viejo entró en la tienda de su esclava egipcia Agar, a cumplir la penosa obligación. Y de allí nació el joven Ismael. Este creció, fue destetado y circuncidado; poco tiempo después nació Isaac, según la promesa.

Pero Sara se dio cuenta de que el hijo que Agar la egipcia le había dado a Abraham se burlaba de su hijo Isaac Por eso le dijo a Abraham: «¡Echa de aquí a esa esclava y a su hijo! El hijo de esa esclava jamás tendrá parte en la herencia con mi hijo Isaac» Este asunto angustió mucho a Abraham porque se trataba de su propio hijo Pero Dios le dijo a Abraham: «No te angusties por el muchacho ni por la esclava Hazle caso a Sara, porque tu descendencia se establecerá por medio de Isaac Pero también del hijo de la esclava haré una gran nación, porque es hijo tuyo» (Génesis 21:9-13).

Los pueblos que salieron de los lomos de Abraham han vivido cuatro mil años de desacuerdo. Estas dos señoras, doña Sara y doña Agar, no se pusieron de acuerdo respecto de sus hijos, padres de palestinos y judíos. Por desdicha tuvieron una relación muy traumática y por eso sus dos hijos crecieron separados: Isaac como tronco de los hebreos, Ismael como padre de los árabes. ¿Qué habría pasado si estos dos pueblos hubieran sido uno solo? ¿Cómo sería esta humanidad si los hijos de Abraham hubieran estado unidos desde el principio? La pelea de dos ilustres matronas hace cuatro milenios, trajo guerras, contiendas y divisiones que todavía hoy protagonizan sus hijos en Tierra Santa. Cuatro mil años de consecuencias. Indudablemente, el desacuerdo origina guerras.

Esaú y Jacob. Conocemos el famoso episodio del plato de lentejas. Jacob se apoderó de la primogenitura y, de paso, le robó la bendición a su hermano mayor.

Ahora ¿en qué estamos? En que Esaú busca a Jacob para quitarle la vida. Este huyó de Canaán a Mesopotamia.

A partir de ese momento, Esaú guardó un profundo rencor hacia su hermano por causa de la bendición que le había dado su padre, y pensaba: Ya falta poco para que hagamos duelo por mi padre; después de eso, mataré a mi hermano Jacob (Génesis 27:41).

Dos seres humanos que nacieron juntos del mismo vientre y a la misma hora no pudieron ponerse de acuerdo, a despecho de la más optimista predicción. Es una historia compleja dentro de la cual, Esaú formó un pueblo, los edomitas, por Edom, que quiere decir: De vello rojo; Jacob formó otro pueblo que es Israel, y los libros históricos de la Biblia están llenos de relatos de sangre y destrucción entre estas dos etnias por el desacuerdo de Esaú y Jacob.

Cuando Israel regresaba de Egipto para entrar otra vez en la tierra prometida, mandó Moisés a decir al rey de Edom, gobernante de los descendientes de Esaú: «Soy Israel, tu hermano, que vengo de las pesadas cadenas de Egipto, porque el Señor me va a recuperar la tierra. Déjame pasar por tu país hacia el mío». ¿Qué le contestó el rey de Edom? «No pasarás por mi tierra». Moisés le promete: «Todo lo que comamos en el camino y todo el daño que causemos, lo restituiremos». Ante la negativa de Edom, Israel tuvo que hacer un gran rodeo para llegar a Canaán otra vez, quinientos años después de los hombres llamados Esaú y Jacob ¿por qué razón? Por el desacuerdo Porque un desacuerdo presente genera división en el futuro

FRUTOS DEL ACUERDO

Por contraste con los ejemplos anteriores, vemos cómo algunas personas sabias en las Sagradas Escrituras utilizaron correctamente la llave del acuerdo

Rut y Noemí. Esta señora tenía dos hijos solteros Debido a una gran hambre en la tierra de Judea, ella huyó a Moab, un país vecino donde sus hijos se casaron con nativas. Pasó el tiempo y, por avatares del destino, ella y sus nueras enviudaron, al morir los hijos de Noemí, como su propio marido.

Una vez más alzaron la voz deshechas en llanto Luego Orfa se despidió de su suegra con un beso, pero Rut se aferró a ella «Mira —dijo Noemí—, tu cuñada se vuelve a su pueblo y a sus dioses Vuélvete con ella» (Rut 1 14-15)

Rut empleaba la llave del acuerdo Al quedar sola en la tierra, entiende que su único pariente es su única autoridad· Su suegra.

Pero Rut respondió «¡No insistas en que te abandone o en que me separe de ti! Porque iré adonde tú vayas, y viviré donde tú vivas Tu pueblo será mi pueblo, y tu Dios será mi Dios» (v. 16)

Es ejemplar el carácter de esta mujer, una viuda joven y además, bonita, según la Biblia

Moriré donde tú mueras, y allí seré sepultada. ¡Qué me castigue el Señor con toda severidad si me separa de ti algo que no sea la muerte! Al ver Noemí que Rut estaba tan decidida a acompañarla, no le insistió más (vv. 17-18).

Rut usa la llave del acuerdo y, ¿qué sucede? Regresa a Judá, donde la situación ha cambiado. Ahora el hambre está sobre Moab, la prosperidad otra vez en la Tierra Santa. Esta mujer, siguiendo la costumbre de la ley de Moisés, recogía espigas en el campo de un hombre muy rico, llamado Booz, gran empresario de Judea en aquella época.

La ley de Moisés decía: «Una viuda tiene derecho a entrar por los sembrados recogiendo todo lo que necesite para su sustento», norma de Dios para protección de las mujeres viudas. Para concluir esta telenovela, Booz se enamora de Rut y, como no hay otro pariente que la redima, termina casándose con la moabita joven y bella. Y colorín colorado este cuento no ha acabado, porque Rut y Booz son los padres de Obed, y Obed es el padre de Isaí, que a su vez es el padre del rey David. Mira cuánta bendición sobre Rut y su descendencia, solo porque entendió el principio del acuerdo y utilizó esta llave maravillosa.

Elías y Eliseo. Al profeta Elías le llegó la hora de buscar un sucesor por instrucciones directas del Espíritu Santo, y encontró a Eliseo. Ya andan juntos por todas partes. Estos dos hombres nos enseñan el principio que estamos exponiendo: la llave del acuerdo.

Al cruzar, Elías le preguntó a Eliseo:

—*¿Qué quieres que haga por ti antes de que me separen de tu lado?*

—*Te pido que sea yo el heredero de tu espíritu por partida doble —respondió Eliseo*

—*Has pedido algo difícil —le dijo Elías—, pero si logras verme cuando me separen de tu lado, te será concedido; de lo contrario, no me verás*

Iban caminando y conversando cuando, de pronto, los separó un carro de fuego con caballos de fuego, y Elías subió al cielo en medio de un torbellino (2 Reyes 2:9-11)

Los locos de la Nueva Era dirían: «A Elías se lo llevó un ovni». Pero observemos: Eliseo conoce bien el secreto de la unidad. Él era boyero de profesión, y su trabajo, entonces era guiar bueyes. Sabía perfectamente que los animales deben tener la misma altura y andar al mismo ritmo para que la yunta funcione bien. Si los bueyes no están de acuerdo cuando aran, es imposible que el trabajo se cumpla a cabalidad. Él conoce el principio de la unidad: Yunta de bueyes. ¿Qué quiere decir cónyuge? El que lleva conmigo el yugo. Por eso los esposos tienen que ir como los bueyes, uncidos por la frente, al mismo ritmo para poder arar. Eso explica lo que viene a continuación.

Luego recogió el manto que se le había caído a Elías y, regresando a la orilla del Jordán, golpeó el agua con el manto

*y exclamó: ¿Dónde está el Señor, el Dios de Elías? En
cuanto golpeó el agua, el río se partió en dos, y Eliseo cruzó*
(vv. 13-14).

Se cumplió la petición de Eliseo: El espíritu de Elías
reposa sobre él. ¿Por qué? Porque abrió la llave de la unidad. Estuvo al pie del profeta todo el tiempo. A partir de
este momento, al heredar el manto de Elías hereda el espíritu de este, ¿qué hace Eliseo? Sana las aguas insalu-
bres, multiplica el aceite de la viuda, resucita un niño,
hace grandes prodigios y milagros, hasta hacer flotar un
hacha que se hundió en el río. Definitivamente el sir-
viente del profeta será profeta. Principio de unidad se
llama esto.

Pedro y Juan. La iglesia comienza en Jerusalén y sigue
la norma establecida por Jesucristo al enviar a la gente a
sanar enfermos, a resucitar muertos, a calmar tempestades, a expulsar demonios; siempre lo hace en parejas,
de dos en dos. Jamás alguien hizo una cosa solo, va
siempre acompañado por otro con quien se encuentra
unido. Uno que le sirviera de cerradura para meter la
llave del acuerdo.

*Un día subían Pedro y Juan al templo a las tres de la tarde,
que es la hora de la oración* (Hechos 3:1).

Pedro y Juan no iban separados.

*Junto a la puerta llamada Hermosa había un hombre lisiado
de nacimiento, al que todos los días dejaban allí para que*

*pidiera limosna a los que entraban en el templo Cuando éste
vio que Pedro y Juan estaban por entrar, les pidió limosna
Pedro con Juan, mirándolo fijamente le dijo: «¡Míranos!»*
(vv. 2-4).

Los dos apóstoles estaban de acuerdo, el paralítico
los ve a los dos, no ve a uno solo. Pedro y Juan, coordi-
nan esta llave. «Míranos» es indicativo de plural. Juan es
la cerradura, yo tengo la llave. Estamos de acuerdo, vamos a movilizar esa puerta del milagro en el cielo a través
de la llave del acuerdo. ¿Qué pasó?

*El hombre fijó en ellos la mirada, esperando recibir algo «No
tengo plata ni oro —declaró Pedro—, pero lo que tengo te doy
En el nombre de Jesucristo de Nazaret, ¡levántate y anda!» Y
tomándolo por la mano derecha, lo levantó Al instante los pies
y los tobillos del hombre cobraron fuerza* (vv. 5-7).

Sabemos la historia: Aquel hombre incluso danzó en
el templo adorando el nombre del Señor. En desacuerdo
no se consigue nada sobrenatural. Es imposible. Por eso
dijo Jesús: «El que no es conmigo, contra mí es. El que
conmigo no recoge, desparrama». Y aquí observamos
como el acuerdo produce sanidad.

CÓMO LIDIAR CON DESACUERDOS

Somos de carne y hueso, e inevitablemente tendremos desacuerdos. La Biblia nos enseña cómo se mane-
jan los desacuerdos cuando se presentan como algo ineludible.

Abraham y Lot. Estos dos parientes cercanos ofrecen un ejemplo edificante.

Abram se había hecho muy rico en ganado, plata y oro (Génesis 13:2).

Era riquísimo el padre de la fe.

Por eso comenzaron las fricciones entre los pastores de los rebaños de Abram y los que cuidaban los ganados de Lot. Además, los cananeos y los ferezeos también habitaban allí en aquel tiempo (v. 7).

Hay un desacuerdo entre Abram y su sobrino Lot por causa de las riquezas materiales.

Así que Abram le dijo a Lot: No debe haber pleitos entre nosotros, ni entre nuestros pastores, porque somos parientes (v. 8).

El padre de la fe es Abram. Siempre supo manejar la llave del acuerdo. Inmediatamente comienza el problema, hay que ponerle punto final, es su clave.

Allí tienes toda la tierra a tu disposición Por favor, aléjate de mí. Si te vas a la izquierda, yo me iré a la derecha, y si te vas a la derecha, yo me iré a la izquierda (v. 9).

¿Qué nos dice la Biblia? Lot, a pesar de que su tío actuó con tanta generosidad, no le dijo, como sería de esperarse: «Tú eres mi autoridad y tienes el derecho de elegir».

Lot levantó la vista y observó que todo el valle del Jordán, hasta Zoar, era tierra de regadío, como el jardín del Señor o como

*la tierra de Egipto Así era antes de que el Señor destruyera a
Sodoma y a Gomorra* (v. 10).

Lot visualizó la mejor parte de la tierra, y puso sus
tiendas a la orilla del río Jordán hasta Sodoma, que era
una gran ciudad de la época. Compró un penthouse en
el Central Park y fue tremendamente prosperado. Y aunque Abraham tuvo que resignarse a un peladero, también en este caso funcionó la llave del acuerdo.
Abraham renunció a sus derechos en beneficio de su sobrino, ¿y qué sucedió? La tierra que escogió Lot, empezando por la gran ciudad de Sodoma con el penthouse,
fue arrasada por el fuego del cielo, y el peladero que le
tocó en suerte a Abraham se convirtió, por un milagro divino, porque Abraham manejó la llave del acuerdo, en la
tierra que fluye leche y miel.

El fruto del acuerdo es inocultable en este caso. Lot
es un ingrato. Abraham lo trajo consigo y, cuando su tío
elimina la contienda renunciando a sus derechos, elige
la mejor parte, lo que después queda reducido a cenizas. Este episodio demuestra que el desprendimiento
elimina el desacuerdo.

El apóstol San Pablo les dice a los corintios: «He oído
que tienen pleitos entre ustedes, ¿cómo es posible que
los cristianos tengan pleitos entre sí? ¿Por qué más bien
no se dejan defraudar antes que tener pleitos?» ¿No dijo
Jesús: «Al que te pida el manto dale también la capa»? El
acuerdo es el que permite que la bendición venga sobre
Abraham.

Esaú y Jacob. En la tierra de Mesopotamia, Padan-aram, en casa de su tío Labán, Jacob es tremendamente prosperado por su fidelidad. Se doblegó durante catorce años y ahora, riquísimo, recibe instrucciones de Dios. Obediente toma sus mujeres y sus hijos, sus criados y todos sus ganados y vuelve a Canaán, la tierra de su padre. Pero Esaú todavía se encuentra en Canaán y juró que lo mataría.

> Cuando Jacob alzó la vista y vio que Esaú se acercaba con cuatrocientos hombres, repartió a los niños entre Lea, Raquel y las dos esclavas Al frente de todos colocó a las criadas con sus hijos, luego a Lea con sus hijos, y por último a Raquel con José Jacob, por su parte, se adelantó a ellos, inclinándose hasta el suelo siete veces mientras se iba acercando a su hermano Pero Esaú corrió a su encuentro y, echándole los brazos al cuello, lo abrazó y lo besó Entonces los dos se pusieron a llorar Luego Esaú alzó la vista y, al ver a las mujeres y a los niños, preguntó:
>
> —¿Quiénes son estos que te acompañan?
>
> —Son los hijos que Dios le ha concedido a tu siervo —respondió Jacob (Génesis 33:1-5).

Jacob no tiene tan mal carácter como la gente se imagina. Después de ser perfeccionado por el Espíritu Santo, se convierte en una gran figura de la historia bíblica.

> Las esclavas y sus hijos se acercaron y se inclinaron ante Esaú Luego, Lea y sus hijos hicieron lo mismo y, por último, también se inclinaron José y Raquel

Llave 11

—¿*Qué significan todas estas manadas que han salido a mi encuentro?* —*preguntó Esaú*

—*Intentaba con ellas ganarme tu confianza* —*contestó Jacob*

—*Hermano mío* —*repuso Esaú*— *ya tengo más que suficiente Quédate con lo que te pertenece*

—*No, por favor* —*insistió Jacob*—*; si me he ganado tu confianza, acepta este presente que te ofrezco Ya que me has recibido tan bien, ¡ver tu rostro es como ver a Dios mismo! Acéptame el regalo que te he traído Dios ha sido muy bueno conmigo, y tengo más de lo que necesito Fue tanta la insistencia de Jacob que, finalmente, Esaú aceptó* (vv. 6-11).

El final de esta historia es hermoso: Cuando muere Isaac, sus dos hijos se unen en su sepelio. Esaú se quería convertir en otro Caín contra ese Abel que era su hermano. Ahora el uno sirvió de cerradura y el otro de llave, para abrir la puerta del acuerdo. Recuerda que Esaú había jurado matar a Jacob. Dios le indicó a Jacob que regresara a Canaán y él fue al encuentro de su hermano, después de muchos años de separación. No sabía cómo iba a reaccionar Esaú cuando lo viera, porque lo ha odiado durante todas esas décadas. Y ¿qué hace Jacob? Siete inclinaciones, siete reverencias ante su propio potencial homicida. Jacob, un gran carácter, nos enseña dos cosas: La tristeza de las contiendas familiares y la alegría de los acuerdos familiares. La humildad hace amigo al enemigo.

Pablo y Bernabé. Bernabé es la persona que sirvió de puente para que Pablo se hiciera amigo de los otros apóstoles. Bernabé era la llave de Pablo, andaban juntos para todas partes.

Algún tiempo después, Pablo le dijo a Bernabé: Volvamos a visitar a los creyentes en todas las ciudades en donde hemos anunciado la palabra del Señor, y veamos cómo están Resulta que Bernabé quería llevar con ellos a Juan Marcos, pero a Pablo no le pareció prudente llevarlo, porque los había abandonado en Panfilia y no había seguido con ellos en el trabajo (Hechos 15:36-38).

Marcos es sobrino de Bernabé. Cuando hicieron la primera campaña evangelística, él era un adolescente y se asustó porque los apedrearon y abandonó a Pablo y a su tío. Ahora Pablo piensa razonablemente no llevarlo consigo. Hasta ahora, Pablo y Bernabé han trabajado como cerradura y llave para abrir la puerta del acuerdo.

Ahora tienen un desacuerdo, porque son hombres; las diferencias de opinión se van a presentar siempre y las diferencias temperamentales son inevitables. No hay creyentes clones, cada ser humano es un original sin fotocopia. Ahí tienen a Pablo y a Bernabé separados por causa de Juan Marcos. No siguen juntos, pero nos enseñan cosas sabias. Si no estamos de acuerdo, es mejor separarnos para no seguir peleando. (Esto no cuenta con los matrimonios. Salvo claras causales de disolución).

Sin embargo, a todas estas, ¿se fue Pablo solo? ¿Se fue Bernabé solo? Este último, claramente razonó: «Mi llave necesita una cerradura. Me llevo a Marcos como cerradura de la llave del acuerdo». Cualquiera diría, San Pablo, un coloso espiritual, no necesita quien lo acompañe, él se basta a sí mismo. Pero Pablo es espiritual y sabe cómo vienen las bendiciones del Señor.

Mientras que Pablo escogió a Silas Después de que los hermanos lo encomendaron a la gracia del Señor, Pablo partió (v. 40).

Él dijo: «Yo también necesito una cerradura para mi llave del acuerdo, y se llevó a Silas». A veces hay diferencias de opinión, de visión y de opción. La primera es fácil allanarla, es más difícil cuando se trata de diferencias de opción, o cuando hay, sobretodo, diferencias de visión. La iglesia no puede ser bizca y debe tener una sola visión. Si el desacuerdo se trata bien, se convertirá en acuerdo. Un desacuerdo bien tratado es acuerdo.

LA NECESIDAD DEL ACUERDO

Pasamos por alto algunas de las enseñanzas de la Biblia. Eclesiastés debería ser de lectura diaria porque lo que nos muestra es cómo opera la vida humana sobre la tierra en concordancia con la voluntad de Dios. Es un libro práctico por excelencia.

Más valen dos que uno, porque obtienen más fruto de su esfuerzo (Eclesiastés 4:9).

Uno tiene que ser la cerradura, el otro tiene que ser la llave.

El acuerdo produce prosperidad. Hay mejor remuneración cuando estamos de acuerdo.

Más vale dos que uno, porque obtienen más fruto de su esfuerzo (Eclesiastés 4:9)

Uno tiene que ser la cerradura, el otro tiene que ser la llave.

El acuerdo crea solidaridad. En cada contratiempo, en cada caída, hay una mano amiga que nos levanta; pero solo cuando estamos de acuerdo.

Si caen, el uno levanta al otro ¡Ay del que cae y no tiene quien lo levanta! (Eclesiastés 4:10).

El acuerdo alimenta el amor. Qué sabia y tierna es la Palabra de Dios.

Si dos se acuestan juntos, entrarán en calor; uno solo ¿cómo va a calentarse? (v. 11).

El acuerdo afirma la victoria. Dos pueden resistir lo que no puede uno solo.

Uno solo puede ser vencido, pero dos pueden resistir (v. 12a).

El acuerdo ratifica la presencia de Dios. Dos hilos unidos se convierten en tres con Jesuscristo.

¡La cuerda de tres hilos no se rompe fácilmente! (v.12b).

El acuerdo asegura el caminar. El gran profeta Amós es bien expresivo.

¿Pueden dos caminar juntos sin antes ponerse de acuerdo?
(Amós 3:3).

¿Cómo puede funcionar una llave sin cerradura, o
una cerradura sin llave? Si voy a caminar, mis pies tienen
que estar de acuerdo; no puedo pretender que mi derecho camine para un lado y mi izquierdo para otro. Mis
ojos tienen que ver la misma imagen. Cuando hablo uso
dos labios. ¿A quién se le ocurre que mi labio superior
dice una palabra y el inferior otra? Tienen que estar de
acuerdo los dos labios para pronunciar la misma palabra.
Uno de los labios es cerradura y el otro es llave. Ustedes
tienen dos orejas, me imagino que ambas se ponen de
acuerdo para oír el mismo mensaje que yo doy. No es
que su oreja izquierda oye un mensaje y la derecha otro.

Cristo es el camino ¿cómo vamos a caminar por ese
camino en desacuerdo? Pasemos ahora a algo simple y
elemental que nunca tomamos en cuenta.

*Además les digo que si dos de ustedes en la tierra se ponen de
acuerdo sobre cualquier cosa que pidan, les será concedida por
mi Padre que está en el cielo* (Mateo 18:19).

Si dos creyentes concuerdan, uno tiene que ser cerradura y otro llave, y a través de ese movimiento, se
abre la puerta sobrenatural de la respuesta divina a lo
que pedimos. Una sola mente, un solo corazón, un solo
parecer: Principio de acuerdo. Dos personas en la tierra,
cerradura y llave, y un Dios en el cielo que abre la puerta
y envía la bendición ¿Por qué no recibimos de Dios todo

lo que él mismo nos prometió? Porque vivimos en contiendas, disensiones, pleitos, celos, envidias. Cómo honraría Dios la vida de los cristianos si entendieran este principio, si usaran esta llave. La necesidad humana mueve el corazón y la voluntad de Dios pero, para ello, es elemental estar de acuerdo.

Resumamos las bendiciones del acuerdo: El acuerdo produce prosperidad, crea solidaridad, alimenta el amor, confirma la victoria, ratifica la presencia de Dios, asegura el caminar y garantiza la respuesta divina. ¿Cuál es el más grande acuerdo que se conoce? El acuerdo de Dios con el hombre. ¿Cómo se logró? En el Edén el hombre rompió la llave del acuerdo, y fue necesario que Dios mismo, el Creador, el Inefable, el Gran quién sabe, el Indescriptible, el que habita en luz inaccesible, el indefinible, el completamente Santo, el Absolutamente otro, dijera: «No hay en la tierra quien ponga a los hombres de acuerdo conmigo; por lo tanto, yo mismo me haré hombre, para que el hombre se pueda poner de acuerdo con Dios». Es el misterio de la Encarnación.

Jesucristo, como lo dice el Credo de Atanasio, es verdadero Dios y verdadero hombre; Dios de la sustancia de su Padre, Hombre de la sustancia de su Madre. Igual al Padre en su divinidad, menor que el Padre en su humanidad. Y en esa doble naturaleza, él mismo se convierte en cerradura y llave para que Dios tenga un acuerdo con el hombre y este pueda vivir de acuerdo con Dios. Como Dios, intermediario de Dios con los hombres. Como hombre, intermediario de los hombres con Dios. Él es la llave, es la cerradura y él mismo es la puerta, pero su voluntad solo se mueve si nosotros actuamos conforme a lo que nos enseñó. El desacuerdo trae maldición. El acuerdo siempre genera bendición.

LLAVE 12

LA GENEROSIDAD

Hay quienes afirman que en realidad Pablo les escribió a los corintios tres cartas. La razón por la cual hay una que no figura en la Biblia, es que al parecer era bastante dura por parte del apóstol, llena de sentimiento y reclamos. Se supone tal cosa porque la que aparece aquí como número 2, se refiere a otra que se extravió finalmente. Pero eso carece de importancia. No figura en las Escrituras, porque el Espíritu Santo no lo quiso así. No es necesario especular. Debemos atenernos a lo que está escrito. Punto.

Ya conocen la gracia de nuestro Señor Jesucristo, que aunque era rico, por causa de ustedes se hizo pobre, para que mediante su pobreza ustedes llegaran a ser ricos (2 Corintios 8:9).

Para continuar con nuestra peculiar serie sobre las llaves del poder, trataremos ahora acerca de una muy especial. La incomprensión de esta herramienta hace que la vida de la gente no disfrute toda la riqueza que Dios ha provisto en todos los aspectos. Esta es la llave de la generosidad.

Algunos piensan que el dinero, por ser material, no debe ser tema de la enseñanza cristiana. Tales personas están equivocadas y, por sus incomprensiones, puede observarse al pueblo de Dios empobrecido, atravesando a menudo por grandes penurias. «Mi pueblo se ha perdido porque le faltó conocimiento», dice el profeta antiguo.

Analicemos cuidadosamente los puntos de este capítulo y llevémoslo a la práctica, para recibir la generosidad de Dios. El versículo citado ¿qué es lo que muestra? Que el primer ejemplo de generosidad es Jesucristo. Pero ¿qué es lo que dice Pablo allí? Jesucristo, siendo rico, dueño de todos los tesoros, de cuanto existe, visible e invisible; el Señor del universo, el rey de la creación, se hizo pobre, ¿para qué? Para que nosotros fuéramos enriquecidos. ¿Enriquecidos espiritualmente? Sí. Pero también en lo material.

¿En qué consiste la generosidad de Dios? En darse a sí mismo, en dar su Persona completa en la cruz. Piensa por un momento en lo que significa esta frase: Jesucristo se dio a sí mismo. ¿Quién podría abrir de una manera más amplia la llave de la generosidad que nuestro Señor? En la Biblia hay cosas que pasan inadvertidas pero son altamente significativas: Los evangelios contienen más advertencias contra el dinero y su abuso que sobre cualquier tema. Uno de cada cuatro versículos de los evangelios sinópticos: Mateo, Marcos y Lucas, es acerca del dinero. Uno de cada seis versículos de todo el Nuevo Testamento trata sobre el dinero. ¿A qué se debe esa insistencia de Dios? Sin duda a que considera que el tema es importante. La mitad de las parábolas de Jesús tratan del dinero. Judas vendió a Jesús por dinero. El temible 666, la marca de la Bestia, es una clave para poder comprar y vender, tiene una relación exacta y directa con el dinero. ¿Quién puede soslayar esa realidad? De comprender la importancia que en las Sagradas Escrituras tiene el trato del dinero, depende nuestra vida material.

Las dos sociedades más ricas de la tierra son, precisamente, las que practican los principios económicos de las Sagradas Escrituras: los gringos y los judíos. Dios creó las riquezas y las ha reglamentado. Él nos enseña y nos ordena la forma correcta de usarlas. Y una de las claves más importantes que nos da es la que vamos a analizar: la llave de la generosidad.

LAS RIQUEZAS QUE DIOS NOS DA

El Señor, en su infinita generosidad, nos entrega una serie de tesoros que debemos identificar muy bien.

La vida. La vida es la riqueza primordial.

El Dios que hizo el mundo y todo lo que hay en él es el Señor del cielo y de la tierra No vive en templos construidos por hombres, ni se deja servir por manos humanas, como si necesitara de algo Por el contrario, él es quien da a todos la vida, el aliento y todas las cosas (Hechos 17:24-25).

Aquí nace la civilización cristiana. Cuando Pablo llega al Areópago, que es el templo del dios Ares en Atenas, y la gente está consumida por la idolatría, el apóstol se limita a hablar del Único Dios Verdadero. El primer tesoro, la primera riqueza que recibes de él es la vida. Dios es el autor de la vida, por ello tienes que dar gracias a Dios todos los días. ¿De qué manera uso yo la llave de la generosidad con la riqueza de mi vida? Viviendo generosamente, repartiendo la vida que Dios me da en forma amplia. No puedo vivir avaramente conmigo mismo, no puedo ser egoísta, tengo que repartir la vida que Dios me da a todos los demás porque, sin discusión, la primera riqueza es la vida.

El tiempo. Pocas personas administran correctamente las horas de cada día.

Enséñanos a contar bien nuestros días, para que nuestro corazón adquiera sabiduría (Salmo 90:12).

El salmista no dice: «Contar nuestros milenios, contar nuestros siglos, contar nuestros años, nuestros semestres, nuestras semanas o nuestros meses». Dice: «Contar nuestros días», como Jesús enseñó: «No se preocupe por el día de mañana, viva hoy». Enséñanos a contar nuestros días, uno por uno. Hoy. Un día cada vez y hay que emplearlo a fondo. El propio Pablo nos exhorta a que redimamos el tiempo. Significa rescatarlo, usarlo con amplitud y eficiencia. El tiempo que Dios te da, úsalo con generosidad y no avaramente. A cada asunto que tienes que despachar dale todo el tiempo que sea necesario.

Los talentos. Ya examinamos esta Escritura cuando aprendimos la llave de la productividad. Pero no la confundamos con generosidad. Ambas llaves se usan en forma simultánea, aunque son diferentes. Productividad es por algo que hago; generosidad es por algo que entrego. Productividad es hacer; generosidad es dar.

El reino de los cielos será también como un hombre que, al emprender un viaje, llamó a sus siervos y les encargó sus bienes A uno le dio cinco mil monedas de oro, a otro dos mil y a otro solo mil, a cada uno según su capacidad. Luego se fue de viaje (Mateo 25:14-15).

En su parábola regresó a ver cómo habían invertido los talentos sus siervos. Talento, en el lenguaje bíblico de hace dos mil años, no solamente era una habilidad dada por Dios; también era una moneda de alto valor entre los romanos. Observa que el Señor ofrece doble enseñanza con una sola palabra: Talento como habilidad y como dinero. El talento es una moneda y la moneda otorga poder de compra. La generosidad usada como llave significa: Todas las habilidades que Dios te dio, todos los talentos que has recibido, todos los dones que Dios te ha entregado, debes usarlos con generosidad, darlos libremente al servicio de los demás. Porque los talentos son riquezas y por lo mismo, el buen uso del talento produce enriquecimiento.

Las posesiones. Al analizar las llaves del poder, hay porciones bíblicas frecuentes. Esta es una de ellas.

Abraham se había hecho muy rico en ganado, plata y oro (Génesis 13:2).

Cuando Abraham comenzó a hacer la obra de Dios, solo tenía lo necesario, y a poco andar, ya era riquísimo. Este patriarca tenía una virtud sobresaliente en su carácter: Era extraordinariamente generoso, hacía funcionar siempre la llave de la generosidad. Eso explica que llegara a tener muchas posesiones. Abraham había salido junto con su sobrino Lot de Caldea sin saber a dónde irían. El Señor le dijo: «A la tierra que yo te mostraré». Y el padre de la fe era riquísimo, manejaba bien lo que se le había encomendado, porque abría la llave de la generosidad. La contienda entre los pastores de Abraham y los de Lot, se debe a que ambos eran tan ricos que ya no cabían en la misma tierra. Como lo vimos en un capítulo anterior, el pleito se dirimió felizmente, por la sabiduría de Abraham. Por su extraordinaria generosidad.

Las finanzas. No se debe confundir finanzas con posesiones, porque no significan lo mismo. El trabajo es una posesión y por lo tanto, puedo decir: «Voy a posesionarme del trabajo». Tu salario es la finanza, lo que recibes por tu trabajo. Resulta lamentable la situación de muchas personas, en las iglesias cristianas, cuyos problemas son las finanzas. ¿Por qué? ¿Qué es lo que está fallando? ¿Por qué razón los recursos económicos no alcanzan? Algunos tienen posesiones, pero no tienen finanzas. La Biblia, como siempre, puede descorrer el velo:

Ustedes siembran mucho, pero cosechan poco; comen, pero no quedan satisfechos; beben, pero no llegan a saciarse; se visten, pero no logran abrigarse; y al jornalero se le va su salario como por saco roto (Hageo 1:6).

Cualquier parecido con personas de hoy, no es mera coincidencia.

Ustedes esperan mucho, pero cosechan poco; lo que almacenan en su casa, yo lo disipo de un soplo. ¿Por qué? ¡Porque mi casa está en ruinas, mientras ustedes solo se ocupan de la suya!, afirma el Señor Todopoderoso (v. 9).

Algunos no han entendido una verdad sencilla: Que somos simples administradores. Don Nicolás de Maquiavelo decía que el hombre perdona todo; las traiciones de los amigos y hasta la de la mujer, pero hay algo que ningún hombre perdona y es que le toquen la bolsa.

Algunos tienen la chequera por corazón, o el corazón por caja fuerte. Para ellos, este tema es tedioso. Proclaman, muy orondos: Mi casa, mi finca. No digas mí, mi, mi; porque eso es no, no, no. Nada es tuyo, todo es de Dios, solo que él, en su infinita misericordia, te permite administrar algunas de sus cosas. Si no entendemos esta verdad tan elemental, jamás podremos manejar correctamente las finanzas. Dios nos entrega algunos tesoros, pocos o muchos. Lo único que espera de nosotros es que seamos generosos. No pide nada más. Pero Dios tiene normas administrativas y políticas de empresa que tienes que cumplir si quieres que las finanzas funcionen bien. Debes aprender de memoria la clave de la caja fuerte, que se llama generosidad.

Observa que las riquezas no solo son escrituras públicas, títulos, valores, ni cuentas de ahorros; también tu empleo es una riqueza que Dios te ha dado y, donde quiera que labores, eres un administrador, tienes un jefe, un dueño de empresa, que vendrá a pasar revista a los libros de contabilidad y a tomar cuenta de la forma en que hayas administrado las riquezas que te confió: Sea la vida, sea el tiempo, sean los talentos, sean las posesiones o las finanzas. Lo único que Dios espera es que seamos generosos con las riquezas que nos confía.

REQUISITOS DEL ADMINISTRADOR

El Dueño de todo instituyó varios requisitos para sus administradores.

Fidelidad. Esta es una palabra en completo desuso.

Ahora bien, a los que reciben un encargo se les exige que demuestren ser dignos de confianza (1 Corintios 4:2).

El que administra las riquezas de Dios debe ser hallado fiel en cuanto a la administración. Nadie que sea infiel administrando las riquezas divinas puede pretender que el Gran Gerente lo bendiga. No te mientas a ti mismo, no es posible. La administración de esas riquezas se hace, no como tú quieras, sino como Dios ordena.

Por ejemplo: No puedes trastocar la Palabra de Dios para decir: «Señor, si me prosperas te daré el diezmo», pues Dios dijo lo contrario: «Sí diezmas, te prosperaré». En este asunto el orden de los factores sí altera el producto, porque la Palabra de Dios no puede ser adulterada. Precisamente el apóstol Pablo nos habla del tribunal de Cristo, ante el que tendremos que comparecer los creyentes.

Tal comparecencia no es para condenación ni para salvación, sino para repartir galardones a los que hayan sido fieles. El tribunal de Cristo es el *podium* de las condecoraciones. El deseo de mi corazón es que cuando vayas delante del Señor a su tribunal, después que haga el inventario de cómo administraste las riquezas que te confió, te pueda decir: «Bien, buen siervo y fiel, en lo poco has sido fiel, en lo mucho te pondré, entra en el gozo de tu Señor».

Voluntad de compartir. Dentro de una serie de normas de vida y conducta entregadas a través de los romanos, el apóstol de los gentiles destaca:

> *Ayuden a los hermanos necesitados. Practiquen la hospitalidad* (Romanos 12:13).

Los santos son los creyentes, los hermanos de la iglesia. Hay que compartir con ellos, sin ninguna clase de egoísmo. Hay personas que creen hacer la gran obra de misericordia porque a un drogadicto de la esquina le dan diez mil pesos dizque para desayunar, cuando lo que necesita es una jeringa para volverse a dopar. No se hace nada bueno con eso. Antes de dar, tienes que investigar a quién le estás dando. Otros se prestan al negocio sucio de las mafias de la mendicidad. Existe un cartel de las limosnas establecido por bandidos que venden la ciudad por sectores. Si les das el valor de una tarifa, te dejan pedir limosna en determinado lugar, en el semáforo de un barrio, de tal a tal hora. No se trata de compartir en forma irresponsable para que los problemas crezcan.

Vivir sembrando. La ley de la siembra y la cosecha es ineludible, como todas las leyes de Dios.

No se engañen: de Dios nadie se burla Cada uno cosecha lo que siembra (Gálatas 6:7).

Aquí no dice que alguien recogerá lo que no haya sembrado, sino claramente que lo que siembras, exactamente eso que siembras, es lo que vas a recoger como cosecha. Se cumple en forma inexorable. Si siembras amor, recoges amor; si siembras odio, recoges odio; si siembras guerra, recoges guerra. Una causalidad milimétrica. Siembras dinero y recoges dinero. Lo mismo que siembras es lo que recogerás.

Este principio eterno viene desde el Edén. El hombre fue colocado en la tierra por Dios como sembrador y segador. La siembra y la cosecha fueron un propósito de Dios para la humanidad. Algunos quieren especializarse en recoger sin sembrar, algo imposible. El que no siembra no recoge. Aun más grave: El que no siembra, llegará un día en que no tendrá una migaja que caiga de la mesa ajena, ni un grano de la sementera de su prójimo. Somos sembradores y segadores.

Ser generoso. Aquí tocamos fondo. Puedes discutir con quien quieras, pero no puedes discutir con Jesucristo. El Dios eterno hecho hombre es el que habla aquí:

> *Den, y se les dará: se les echará en el regazo una medida llena, apretada, sacudida y desbordante Porque con la medida que midan a otros, se les medirá a ustedes* (Lucas 6:38).

No dice: «Pide para que te dé», sino «Da primero para poder darte después». Las leyes de Dios son invariables porque su autor es invariable. Cualquier predicador o manipulador podrá vender ideas contrarias, pero la norma inmutable es explícita: No se recibe sin dar. Por mucho que le demos vueltas a este asunto no encontraremos solución distinta. Si se pudiera recibir sin dar, significaría que Dios se está contradiciendo a sí mismo. Nadie cambiará las leyes de Dios: No puedes lograr que el agua no moje, que el fuego no queme, que la gravedad no haga caer las cosas a tierra. Dios lo estableció así y como lo estableció, se ha de cumplir. Como se cumple en lo espiritual, se cumple también con el dinero. El que da recibe y ¿qué es dar? Es usar la llave para abrir la puerta de la bendición. No se recibe sin dar.

Pagar el impuesto. Malaquías es el profeta más odiado por algunos evangélicos, pero es necesario leerlo. El pueblo de Dios se debatía en una miseria absoluta cuando predicó Malaquías. Había desempleo, nadie cumplía las cuotas de servicios públicos, los intereses estaban altísimos, y el dólar por las nubes, ¿por qué?

Desde la época de sus antepasados se han apartado de mis preceptos y no los han guardado Vuélvanse a mí, y yo me volveré a ustedes —dice el Señor Todopoderoso— Pero ustedes replican: ¿En qué sentido tenemos que volvernos? (Malaquías 3:7).

Oye, Señor, nosotros somos muy cumplidos contigo, todos los sábados vamos a la sinagoga, cantamos, danzamos y oímos tu Palabra.

¿Acaso roba el hombre a Dios? ¡Ustedes me están robando! Y todavía preguntan: ¿En qué te robamos? En los diezmos y en las ofrendas (v. 8).

Piense lo que significa robar a Dios ¿Por qué la nación está en la miseria? ¿Por qué la carestía es galopante? ¿Por qué la inflación? Dios responde en forma tajante: «Porque me habéis robado en vuestros diezmos y ofrendas».

Ustedes —la nación entera— están bajo gran maldición, pues es a mí a quien están robando Traigan íntegro el diezmo para los fondos del templo, y así habrá alimento en mi casa Pruébenme en esto —dice el Señor Todopoderoso—, y vean si no abro las compuertas del cielo y derramo sobre ustedes bendición hasta que sobreabunde (vv. 9-10).

El sostenimiento de un reino se logra con la contribución de sus propios ciudadanos a través de los impuestos. No se ha inventando otro sistema en el mundo. Dios lo estableció así. Ahora bien, hay un dominio que se llama el reino de Dios y también se sostiene con sus propios impuestos, con lo que sus ciudadanos dan al erario. Y si viene cualquier predicador de nuevo cuño a contradecir esta palabra, le diré: «Estás mintiendo. He estudiado las Sagradas Escrituras más o menos en profundidad y no encuentro manera de retirar esta enseñanza. El impuesto del reino es el diezmo. Punto final».

Voy a contar un pequeño testimonio personal. Cuando me convertí al cristianismo, era un millonario en quiebra, y se me insistió durante nueve o diez meses tratando de convencerme de que debía diezmar, y siempre repetía lo mismo: «A esos pícaros predicadores no les daré mi dinero. Son ladrones que, en el nombre de Dios, vienen a robarme». En el pasado, un empresario muy importante me dijo: «Cuando vengan a hablarte de Dios, es que te quieren quitar el dinero». Idea bastante difundida, por cierto. Y no había poder humano que me hiciera diezmar. Hasta que un día un distinguido cristiano, que ya está en la presencia del Señor, me relató con pelos y señales sus propias experiencias antes y después de diezmar, y logró impactarme fuertemente.

Al mes siguiente me giraron el salario y de inmediato firmé un cheque y lo entregué al líder del grupo de oración al que concurría por entonces. Esa misma tarde, al llegar a la radiodifusora se me informó que el gerente quería hablar conmigo. Aquel ejecutivo me dijo: «Oye, estuve revisando la nómina y creo que debemos mejorar tu ingreso». El mismo día me hicieron un reajuste muy considerable.

CORRIENTES TEOLÓGICAS

La libertad de examen respecto a las Sagradas Escrituras ha traído como consecuencia que haya variadas interpretaciones de muchos aspectos. En materia económica tenemos tres corrientes principales:

Teología de la miseria. Es un subproducto que aún late en el inconsciente colectivo de la miserable predicación medieval, según la cual no se puede conquistar el reino de Dios sino a través de la pobreza. La Iglesia Romana creó una meritocracia de la santidad contraria a las Escrituras. La salvación se obtiene únicamente por medio de la fe. Dice Pablo: Jesucristo se hizo pobre, para que nosotros fuéramos enriquecidos.

Teología de la prosperidad. A esta se afiliaron los que han terminado en la cárcel por convertir la piedad en fuente de ganancia. Es lo que podríamos llamar: La Disneylandia cristiana, el sueño americano de la fe y cosas así. Es una tendencia muy peligrosa, pues tampoco dice la Biblia que hacerse cristiano es un buen negocio para la vida económica.

Ortodoxia protestante. Esto es lo único cierto y verdadero: Ni teología de la miseria ni teología de la prosperidad, sino ética del trabajo. El gran sociólogo protestante Max Weber, escribió un maravilloso libro sobre este tema. ¿Qué es lo que las Sagradas Escrituras nos enseñan? Lo que se observa en los países que practican los principios y valores económicos de la Biblia. Que Dios prospera la obra de nuestras manos, que bendice nuestro esfuerzo personal honesto, si nos sometemos a las leyes que él ha puesto para la economía.

Hoy existen, deplorablemente, en la enorme variedad del cristianismo evangélico, teologías y doctrinas disparatadas sobre asuntos de dinero. Algunos comentaristas dicen que el diezmo en el Nuevo Testamento carece de vigencia porque era una norma de la ley. Intentaremos un breve análisis de este tema.

Antes de la ley. En la época del patriarca Abraham no existía ley. Esta fue dada por Moisés, descendiente de aquel, unos cuatrocientos cincuenta o quinientos años después del padre de la fe. Abraham se movía, no por normas de las cuales carecía, ni regulaciones, ordenanzas ni leyes. Él se movía únicamente por fe.

Y Melquisedec, rey de Salén y sacerdote del Dios altísimo, le ofreció pan y vino Luego bendijo a Abram con estas palabras: ¡Que el Dios altísimo, creador del cielo y de la tierra, bendiga a Abram! ¡Bendito sea el Dios altísimo, que entregó en tus manos a tus enemigos! Entonces Abram le dio el diezmo de todo (Génesis 14:18-20).

¿Quién le dijo a Abraham que debía diezmar? El Espíritu Santo porque no había legislación que lo obligara a hacer tal cosa. Diezmó únicamente por fe, cinco siglos antes de que existiera una ley sobre la materia. Y por lo tanto, el diezmo no es de ley sino de fe.

Durante la ley. Ahora existe la ley, han transcurrido 500 años desde que Abraham visitó a Melquisedec en la pequeña aldea de Salén, cinco siglos desde cuando Abraham diezmó por primera vez solamente por fe. Ahora Moisés coloca en la ley el diezmo como una obligación.

> El diezmo de todo producto del campo, ya sea grano de los sembrados o fruto de los árboles, pertenece al Señor, pues le está consagrado Si alguien desea rescatar algo de su diezmo, deberá añadir a su valor una quinta parte En cuanto al diezmo del ganado mayor y menor, uno de cada diez animales contados será consagrado al Señor. El pastor no hará distinción entre animales buenos y malos, ni hará sustitución alguna En caso de cambiar un animal por otro, los dos quedarán consagrados y no se les podrá rescatar (Levítico 27:30-33).

Cuando analizamos el diezmo bajo la ley de Moisés, encontramos algo estremecedor, impensable para los días actuales: Había especificados varios diezmos, y los israelitas terminaban diezmando algo así como el cuarenta o cuarenta y cinco por ciento de todo lo que ganaban.

Bajo la gracia. Lamentamos que estén surgiendo por ahí algunos que pervierten la Palabra de Dios, que le hacen el juego al mentiroso Satanás. ¿Estamos obligados a diezmar en el Nuevo Testamento? Algún sentido debe tener que el Dios eterno, el que hizo que Abraham diezmara por fe y los israelitas por ley, diga esta cosa tremenda en el propio templo de Jerusalén a través de su Hijo.

¡Ay de ustedes, maestros de la ley fariseos, hipócritas! Dan la décima parte de sus especias: la menta, el anís y el comino Pero han descuidado los asuntos más importantes de la ley, tales como la justicia, la misericordia y la fidelidad Debían haber practicado esto sin descuidar aquello (Mateo 23:23).

Los fariseos eran muy escrupulosos respecto al diezmo, pero descuidaban la justicia, la misericordia y la fe. La llave de la generosidad no se utiliza solo con el dinero, hay que abrirla también con la justicia, la misericordia y la fe. Si diezmas y no tienes justicia, misericordia y fe, de nada te sirve. Sin embargo, si el Señor nos hubiera librado de la obligación del diezmo, no habría dicho en la parte final de ese versículo: «Debían haber practicado esto sin descuidar aquello». ¿Y qué es aquello? Diezmar. Jesús nos entrega la llave de la generosidad, es una llave de su reino y debemos utilizarla con justicia, misericordia y fidelidad, pero también con el diezmo. No estamos relevados de esa obligación. Lo contrario es robar a Dios, ser un ladrón de Dios; no se pueden decir las cosas de otra manera.

El diezmo no te pertenece a ti, es de Dios. Cuando diezmas estás devolviendo algo ajeno que pasó por tus manos. Por eso existe también la ofrenda, algo fuera del diezmo, o más allá del diezmo. Diezmar es devolver lo ajeno; ofrendar es dar algo mío. La generosidad es ir más allá de la tarifa mínima, que es el diez, porque este es el impuesto del reino de Dios.

FORMAS CORRECTAS DE DAR

Ilustraré acerca de algunos movimientos de la llave de la generosidad que pueden ser útiles. El apóstol Pablo, les escribió a los macedonios pidiéndoles una ofrenda para ciertos predicadores. En Macedonia la situación era muy difícil, como ha vuelto a serlo ahora con la invasión de los kosovares. Miren por dónde anduvo el apóstol Pablo trasegando con el evangelio. Dios bendiga su memoria. Y en esa zona tan conflictiva, donde principió el concepto de balcanización, había penurias económicas indescriptibles. He aquí los movimientos que el apóstol enseñó para la llave de la generosidad.

Dar aun en la pobreza. Los pobres creen estar relevados de dar.

> *En medio de las pruebas más difíciles, su desbordante alegría y su extrema pobreza abundaron en rica generosidad* (2 Corintios 8:2).

¿Qué tal? Eran pobres y, sin embargo, abundaron en riquezas de su generosidad. Hay que dar aun en la pobreza.

Dar más allá de las fuerzas. Algo para los que dan a duras penas.

Soy testigo de que dieron espontáneamente tanto como podían, y aun más de lo que podían (v. 3).

Estamos hablando de cómo se hace accionar la llave de la generosidad. Hay que dar más allá de las fuerzas.

Dar es un privilegio. Muchos piensan que el privilegio es recibir.

Rogándonos con insistencia que les concediéramos el privilegio de tomar parte en esta ayuda para los santos (v. 4).

Gente maravillosa esta. Eran pobres en riquezas materiales, pero ricos espirituales. Entienden como un privilegio que se les conceda el poder dar. Para ellos dar es un privilegio.

Darse a sí mismo. Lo más importante de todo. Dar el ser.

Incluso hicieron más de lo que esperábamos, ya que se entregaron a sí mismos, primeramente al Señor y después a nosotros, conforme a la voluntad de Dios (v. 5).

Los macedonios dieron cosas materiales, pero no estaban dando lo que se destruye con el uso. Sino a sus propias personas, se estaban dando a sí mismos. Generosidad es darse a sí mismo.

Dar como una obra de gracia. Damos por la gracia de Dios.

De modo que rogamos a Tito que llevara a feliz término esta obra de gracia entre ustedes, puesto que ya la había comenzado (v. 6).

¡Qué belleza! Son muchas las cosas que podemos aprender cuando escudriñamos las Sagradas Escrituras sin prevención y con inteligencia: Dar es una obra de gracia.

Dar abundantemente. No es fácil encontrar quien así lo haga.

Pero ustedes, así como sobresalen en todo —en fe, en palabras, en conocimiento, en dedicación y en su amor hacia nosotros—, procuren también sobresalir en esta gracia de dar (v. 7).

Los macedonios no solamente son generosos con el dinero. Su generosidad viene de su espiritualidad: son generosos en fe, en palabra, en ciencia, en toda solicitud, en amor. Ellos nos enseñan a dar en abundancia.

Dar prueba la sinceridad del amor. Amor, sencillamente, es generosidad.

No es que esté dándoles órdenes, sino que quiero probar la sinceridad de su amor en comparación con la dedicación de los demás (v. 8).

La generosidad pone a prueba a las personas como ninguna otra acción. Ciertamente dar prueba la sinceridad del amor.

Dar es aconsejable. Cuántos se molestan si les aconsejan dar.

Aquí va mi consejo sobre lo que les conviene en este asunto
(v 10a)

Pablo aconseja a sus discípulos que den y les exhorta sobre cómo dar; y aquí no está hablando del diezmo, sino de una ofrenda especial, porque dar es aconsejable.

Hay que dar queriendo dar. Nadie quiere dar. Pero hay que quererlo.

El año pasado ustedes fueron los primeros no solo en dar sino
también en querer hacerlo (v. 10b).

No se trata de dar por dar, sino de dar porque quiero, porque me nace del fondo del corazón. Hay que dar queriendo hacerlo.

Dar proporcionalmente. No es el monto, sino lo que corresponda.

Lleven ahora a feliz término la obra, para que, según sus posibi-
lidades, cumplan con lo que de buena gana propusieron. Porque
si uno lo hace de buena voluntad, lo que da es bien recibido se-
gún lo que tiene, y no según lo que no tiene (vv. 11-12).

Esto es proporcionalidad. Hay gente que se preocupa cuando razona: «Como no gano sino cien mil, me da vergüenza llevar diez mil», pero la cantidad no le importa al Señor. Lo importante es que demos en proporción a lo que ganamos. Si te ganas el millón, das los cien mil, pero si te ganas los diez millones, darás el millón. Uno debe dar conforme a lo que tiene, no a lo que no tiene. La clave es no dejar de cumplir con el Señor. La cantidad no le importa a Dios. Solo le importa la proporcionalidad.

Dar por reciprocidad. Dos llaves unidas: Causalidad y generosidad.

> *No se trata de que otros encuentren alivio mientras que ustedes sufren escasez; es más bien cuestión de igualdad En las circunstancias actuales la abundancia de ustedes suplirá lo que ellos necesitan, para que a su vez la abundancia de ellos supla lo que ustedes necesitan Así habrá igualdad, como está escrito: Ni al que recogió mucho le sobraba, ni al que recogió poco le faltaba (vv. 13-15).*

Creo que esta porción no requiere mayores explicaciones. Y si la causalidad es otra llave del poder, es fácil entender su uso simultáneo y coordinado con la generosidad.

Dar con perseverancia. Lo más difícil es persistir en el dar.

> *No nos cansemos de hacer el bien, porque a su debido tiempo cosecharemos si no nos damos por vencidos (Gálatas 6:9).*

Cuando siembro una semilla, debo tener paciencia, mientras brota la raíz, el tallo, las ramas y, finalmente, el fruto. No puedo cosechar inmediatamente después de sembrar. Algunos se imaginan que apenas den van a recibir. No es tan automático, hay que dar con perseverancia. A veces el Señor nos prueba, a ver cuánto aguantamos dando sin recibir, pero cuando abre la ventana, sus bendiciones son inatajables. Hay que dar con perseverancia. Alguien dice: «Yo sembré pero no he recogido». Vuelva a leer la Escritura, allí dice: «No nos cansemos». A su tiempo, no antes de tiempo, segaremos, si no desmayamos. Eso es perseverancia. Y, por supuesto, se sabe que al perseverante, Dios lo premia más abundantemente que al inconstante.

Tiempos De Crisis

Pasemos a un tema más sensible. El pretexto que hoy se esgrime para no darle a Dios lo que le corresponde es que: «El país está en crisis». Hasta hay quienes se inventan la teoría novedosísima de que la crisis que afecta al mundo tiene que afectar a los cristianos al igual que a los inconversos, y esa es una colosal mentira de Satanás. Por el contrario, las Sagradas Escrituras nos demuestran que en los tiempos de crisis los obedientes a Dios reciben una enorme prosperidad. Un principio bíblico indiscutible es este: El hijo de Dios no padecerá necesidad, si cumple las normas de la mayordomía.

En la tierra de los filisteos, había una gran hambre y un desempleo galopante. La gente huía para Egipto, como hoy muchos huyen a Estados Unidos, al Canadá, etc. No pretendo decir que el que haya recibido un llamado de Dios para irse no lo haga. Eso sería un absurdo, pues cada caso es personal en la relación con Dios.

En ese tiempo hubo mucha hambre en aquella región, además de la que hubo en tiempos de Abraham Por eso Isaac se fue a Guerar, donde se encontraba Abimelec, rey de los filisteos Allí el Señor se le apareció y le dijo: No vayas a Egipto Quédate en la región de la que te he hablado Vive en ese lugar por un tiempo Yo estaré contigo y te bendeciré, porque a ti y a tu descendencia les daré todas esas tierras Así confirmaré el juramento que le hice a tu padre Abraham (Génesis 26:1-3).*

Este hombre sembró en un peladero, donde no había esperanza, donde la gente se moría de hambre.

Isaac sembró en aquella región, y ese año cosechó al ciento por uno, porque el Señor lo había bendecido Así Isaac fue acumulando riquezas, hasta que llegó a ser muy rico. Esto causó que los filisteos comenzaran a tenerle envidia, pues llegó a tener muchas ovejas, vacas y siervos (vv. 12-14).

¿Por qué? Porque obedeció a Dios. Isaac, el hijo de Abraham, fue enseñado a aplicar los principios bíblicos y los cumplía en toda la línea. Pagaba el impuesto del reino. Era un buen mayordomo, se ceñía a las políticas de empresa de Dios. Abría constantemente la llave de la generosidad. Cosa deprimente ver, no digamos en el mundo sino en la iglesia cristiana, personas que se parecen mucho a ese estereotipo creado en su tragedia magistral por el gran dramaturgo francés Moliere, «El Avaro». Cosa triste ver en la iglesia cristiana gente que tasa en términos económicos hasta las cosas espirituales. Porfirio Barba Jacob, el gran poeta colombiano, lo describió muy bien en su *Canción de la Vida Profunda:*

Hay días en que somos tan sórdidos, tan sórdidos
como la entraña oscura de oscuro pedernal;
la noche nos sorprende con sus profusas lámparas
en rútilas monedas tasando el bien y el mal

En pocas cosas, como en esto de los bienes materiales, se cumple la premisa según la cual: El que cumple las condiciones recibe las bendiciones. Para que no nos confundamos con este asunto, iremos a este pasaje bíblico:

Si alguien enseña falsas doctrinas, apartándose de la sana en-
señanza de nuestro Señor Jesucristo y de la doctrina que se
ciñe a la verdadera religión, es un obstinado que nada entien-
de Ese tal padece del afán enfermizo de provocar discusiones
inútiles que generan envidias, discordias, insultos, suspicacias
y altercados entre personas de mente depravada, carentes de la
verdad Este es de los que piensan que la religión es un medio
de obtener ganancias Es cierto que con la verdadera religión se
obtienen grandes ganancias, pero solo si uno está satisfecho con
lo que tiene Porque nada trajimos a este mundo, y nada po-
demos llevarnos Así que, si tenemos ropa y comida, contenté-
monos con eso Los que quieren enriquecerse caen en la tenta-
ción y se vuelven esclavos de sus muchos deseos Estos afanes
insensatos y dañinos hunden a la gente en la ruina y en la des-
trucción Porque el amor al dinero es la raíz de toda clase de
males Por codiciarlo, algunos se han desviado de la fe y se han
causado muchísimos sinsabores (1 Timoteo 6:3-10).

Algunos preguntan: ¿Será ilegítimo tener bienes materiales? No, señor. Lo que es ilegítimo es poner el corazón en los bienes materiales. Por eso, en la misma epístola, el apóstol Pablo, aclara:

A los ricos de este mundo, mándales que no sean arrogantes ni pongan su esperanza en las riquezas, que son tan inseguras, sino en Dios, que nos provee de todo en abundancia para que lo disfrutemos Mándales que hagan el bien, que sean ricos en buenas obras, y generosos, dispuestos a compartir lo que tienen. De este modo atesorarán para sí un seguro caudal para el futuro y obtendrán la vida verdadera (vv. 17-19).

La única Palabra de Dios que conozco es la que predico en mi iglesia. Creo que concuerda con la ortodoxia cristiana, lo que hemos creído todos en todo lugar y en todo tiempo. En el cristianismo es hora de que no se escuche más: «No diezmo porque no tengo». Es mejor oír: «No tengo porque no diezmo». ¿Hay ladrones de los dineros de Dios? Sí. Sí los hay. Y a los que se les comprueben malos manejos deben someterles ante las autoridades a responder como corresponde. Pero no aceptaremos que se generalice, porque los ladrones eclesiásticos son la excepción: Jesús tenía doce colaboradores, uno se llamaba Judas y precisamente oficiaba como tesorero. Robaba de la bolsa del Señor directamente, dice el evangelio. San Pablo nos da otras claves que conviene escudriñar, porque complementan la enseñanza sobre la generosidad. Generosidad con todas las riquezas: Con la vida, con el tiempo, con los talentos, con las posesiones, con las finanzas. La llave de la generosidad abre el arca de los tesoros para la vida del creyente.

Recuerden esto: El que siembra escasamente, escasamente cosechará, y el que siembra en abundancia, en abundancia cosechará Cada uno debe dar según lo que haya decidido en su corazón, no de mala gana ni por obligación, porque Dios ama al que da con alegría Y Dios puede hacer que toda gracia abunde para ustedes, de manera que siempre, en toda circunstancia, tengan todo lo necesario, y toda buena obra abunde en ustedes Como está escrito: Repartió sus bienes entre los pobres; su justicia permanece para siempre El que le suple semilla al que siembra también le suplirá pan para que coma, aumentará los cultivos y hará que ustedes produzcan una abundante cosecha de justicia Ustedes serán enriquecidos en todo sentido para que en toda ocasión puedan ser generosos, y para que por medio de nosotros la generosidad de ustedes resulte en acciones de gracias a Dios Esta ayuda que es un servicio sagrado no solo suple las necesidades de los santos sino que también redunda en abundantes acciones de gracias a Dios En efecto, al recibir esta demostración de servicio, ellos alabarán a Dios por la obediencia con que ustedes acompañan la confesión del evangelio de Cristo, y por su generosa solidaridad con ellos y con todos. Además, en las oraciones de ellos por ustedes, expresarán el afecto que les tienen por la sobreabundante gracia que ustedes han recibido de Dios ¡Gracias a Dios por su don inefable! (2 Corintios 9:6-15).

LLAVE 13

LA ORACIÓN

Volvamos al Sermón del Monte, que es la «Constitución Nacional del Reino de los Cielos», en la continuación de nuestra serie sobre las llaves del poder.

Pidan, y se les dará; busquen, y encontrarán; llamen, y se les abrirá Porque todo el que pide, recibe; el que busca, encuentra; y al que llama, se le abre ¿Quién de ustedes, si su hijo le pide pan, le da una piedra? ¿O si le pide un pescado, le da una serpiente? Pues si ustedes, aun siendo malos, saben dar cosas buenas a sus hijos, ¡cuánto más su Padre que está en el cielo dará cosas buenas a los que le pidan! (Mateo 7:7-11).

Tenemos aquí una de las enseñanzas más claras de Jesús sobre una clave prodigiosa: La oración. Nunca, por ningún motivo, debemos olvidar esta verdad: No hay cristianismo sin oración. La oración es el elemento básico en la relación del hombre con Dios. Todo lo que ocurre y pueda pasar entre Dios y el hombre se hace únicamente a través de la oración. Es este el único medio de comunicación que existe entre el cielo y la tierra. Nadie ha descubierto ni puede descubrir otro, por muchos esfuerzos que haga. Ahora vamos a analizar es, nada más y nada menos, que la llave maestra, que se llama oración, la que abre todas las puertas.

Me impresiona el texto griego de este pasaje bíblico, pues se trata de un presente pluscuamperfecto. Dicho de otro modo, un eterno presente. Para aclararlo, podríamos traducir diciendo: «Permanezcan todo el tiempo pidiendo; permanezcan todo el tiempo buscando; permanezcan todo el tiempo llamando». Si siguiéramos esa línea de traducción, que sería muy ajustada al original, tendríamos que decir: «Quien permanece todo el tiempo pidiendo, estará todo el tiempo recibiendo y quien permanece todo el tiempo llamando, verá como todo el tiempo se le abrirá la puerta».

Algunos cristianos tienen un gran problema con la oración y es que se les hace algo circunstancial, coyuntural, casual, eventual. Algo de vez en cuando. En el contexto bíblico la oración es permanente. Por eso dice el apóstol Pablo: «Oren sin cesar». El mayor secreto de la oración es la perseverancia.

COMO NO DEBEMOS ORAR

La mayoría de los fracasos que el hombre experimenta, nace de la forma incorrecta en que ora. Santiago afirmó: «No recibes porque pides mal». Hay formas de pedir que no producen el efecto deseado porque son maneras incorrectas de orar.

La oración hipócrita. Este es uno de los modos más difundidos de orar.

*Cuando oren, no sean como los hipócritas, porque a ellos les
encanta orar de pie en las sinagogas y en las esquinas de las
plazas para que la gente los vea Les aseguro que ya han obtenido toda su recompensa* (Mateo 6:5).

Orar para los demás y no para Dios. Impresionar al
prójimo con nuestras oraciones para escuchar el comentario: «¡Oh, qué persona tan espiritual!» Jesús es muy
preciso en su lenguaje. A quienes así oran ni siquiera les
importa si los oyen. Observa que no dice: «Para ser oídos
por los hombres, sino para ser vistos por los hombres».
Se trata de payasadas religiosas. Es simplemente un acto
ostentoso y, por lo mismo, farisaico. Estos oradores viven
pendientes del aplauso del respetable público. Tal conducta es condenada por Jesús cuando enseña a orar.

La oración repetitiva. Vastos sectores del cristianismo la
practican.

*Y al orar, no hablen solo por hablar como hacen los gentiles,
porque ellos se imaginan que serán escuchados por sus muchas
palabras* (v. 7).

En esto son expertos, con todo respeto, algunos queridos católicos. Mucho camanduleo, repeticiones, jacu-
latorias, novenas, aménes interminables, oraciones me-
cánicas y prefabricadas. Esto tiene cierto parecido con lo
que hacen algunos evangélicos de los movimientos de
fe: «Proclámalo y recíbelo». Pero, dicho expresamente,
la oración no es repetición.

La oración grandilocuente. ¿Qué significa grandilocuencia? Dicho coloquialmente: charlatanería es el uso de palabras exóticas de un lenguaje rococó.

porque ellos se imaginan que serán escuchados por sus muchas palabras (Mateo 6:7b).

Un viejo chiste colombiano habla de un hombre muy rebuscado en la forma de hablar, que al llegar a una finca ganadera con ganas de tomarse un poco de leche, la pidió en esta forma: «Sírvame vuestra merced un ánfora pletórica del líquido perlático de la consorte del toro». Grandilocuencia. En vez de decir simplemente: «Deme un vaso de leche».

Algunos de estos intercesores creen orar mejor si ponen tesituras a la voz, como para competir con Plácido Domingo o Martha Senn. Son unas especies de cantantes operáticos que emplean multitud de figuras literarias y metáforas. En algunas iglesias cristianas sobresalen ciertos personajes que utilizan versiones antiguas con todos los arcaísmos de hace quinientos años para decir por ejemplo: «Señor Jehová, Elohim, Adonai, el Shaddai, el que no tiene principio ni tiene fin, líbrame de la concupiscencia y dame longanimidad para que pueda ser bienaventurado». Esas son oraciones grandilocuentes y si fuera verdad que en esto consiste la eficacia de la oración no serían escuchados en el cielo los simples o los lacónicos, que utilizan pocas palabras cuando oran.

Uno de los buenos predicadores protestantes de nuestro tiempo, el doctor Tony Campolo, relata en uno de sus libros, que un día se encontraba orando en su biblioteca al estilo que le habían enseñado en la escuela dominical de su iglesia desde niño. Con la longanimidad y la concupiscencia y el Rey eterno del universo cuando, de pronto, sintió cómo el Espíritu Santo le dijo muy dentro de su corazón: «Tony, no seas cursi». Si tu hijo necesitara algo de ti y entrara a tu biblioteca ahora mismo, haciendo genuflexiones desde la puerta y dijera: ¡Oh tú, el gran decano de teología, oh tú, autor de tantos libros de éxito; no te preocuparías, creyendo que tu hijo está enloqueciendo? ¿No sería mejor si él entrara, como es lógico, como siempre lo hace, hasta donde te encuentras, te diera un abrazo, un beso en la frente, y te dijera: «Viejo, tú eres lo máximo», y después, «dame las llaves del carro»? He ahí una forma simpática de ilustrar que la oración debe ser sencilla, sin necesidad de frases grandilocuentes. Algunos son tan orgullosos que imaginan: «Si utilizo palabras rebuscadas y conceptos eruditos, Dios dirá: A este tipo o a esta señora hay que darle todo lo que pida a causa de su facilidad de expresión». Jesús dice que no, que no es por palabrería barata que te van a escuchar en el cielo, sino por la sinceridad de tu corazón. Entendamos de una vez por todas que oración no es erudición.

La oración egoísta. Una buena manera de elevar el orgullo.

Dos hombres subieron al templo a orar; uno era fariseo, y el otro, recaudador de impuestos. El fariseo se puso a orar consigo mismo Oh Dios, te doy gracias porque no soy como otros hombres —ladrones, malhechores, adúlteros— ni mucho menos como ese recaudador de impuestos Ayuno dos veces a la semana y doy la décima parte de todo lo que recibo En cambio, el recaudador de impuestos, que se había quedado a cierta distancia, ni siquiera se atrevía a alzar la vista al cielo, sino que se golpeaba el pecho y decía: Oh Dios, ten compasión de mí, que soy pecador Les digo que éste, y no aquél, volvió a su casa justificado ante Dios Pues todo el que a sí mismo se enaltece será humillado, y el que se humilla será enaltecido (Lucas 18:10-14).

Esta parábola es tremenda. ¿Cuál es la actitud del fariseo? Puesto en pie, dice Jesús, oraba consigo mismo. Como quien dice, para oír el sonido de su voz autoelogiándose por lo bueno de su carácter, por lo perfecto que ha llegado a ser. La oración del hipócrita es para deslumbrar a los demás. En cambio, la del egoísta es para deslumbrarse a sí mismo. Oraba consigo mismo.

Recapitulemos las formas incorrectas de orar: La oración hipócrita, la oración repetitiva, la oración grandilocuente y la oración egoísta. Así no es la oración verdadera y eficaz.

PARTES DE LA ORACIÓN

Pero tú, cuando te pongas a orar, entra en tu cuarto, cierra la puerta y ora a tu Padre, que está en lo secreto Así tu Padre, que ve lo que se hace en secreto, te recompensará (Mateo 6:6).

Como es fácil deducirlo, esencialmente, la oración es personal, no colectiva. Dios no instituyó originalmente oraciones colectivas, la idea primaria de la oración consiste en que cada hijo de Dios hable en privado con su Padre, en una audiencia personal. Hay oraciones colectivas también legítimas, están autorizadas en la Biblia, pero son solo una extensión de la oración personal, del yo a la comunidad. Las oraciones colectivas de nada sirven, si cada uno de los miembros de la colectividad no desarrolla la oración individual. El que aprende a orar en secreto, solo con Dios, podrá orar después efectivamente en pareja, en familia y en congregación. Una costumbre lamentable que hoy existe es que las oraciones colectivas solo sirven como pretexto para reemplazar la oración personal. Y eso es bastante grave.

Uno de los líderes protestantes que más claramente ha hablado sobre este tema es el doctor Charles Spurgeon, conocido como «el príncipe de los predicadores ingleses». Una vez se vinculó a su iglesia un creyente que venía de una congregación donde todo el mundo se la pasaba orando siempre en voz alta. Este hombre se presentó a la oficina de Spurgeon y le dijo: «Ustedes son poco espirituales porque no oran». Spurgeon le replicó: «¿Y usted cómo sabe que no oramos? ¿Duerme acaso con cada miembro de esta iglesia y sabe a qué hora se despierta por la mañana para orar? ¿Le consta cuántas horas oro yo por la mañana?» El orador hizo una solicitud muy especial: «Quiero que en los cultos de su iglesia me permita tomar la palabra para llevar a toda la congregación a orar».

Spurgeon le respondió: «Hermanito gastafrases, en mi culto no orarás más de tres a cinco minutos; si tienes deseo de hacerlo más largamente, métete en tu habitación privada, cierra la puerta, ponte de rodillas y habla con tu Padre todo el tiempo que quieras». Las personas que no oran en su casa, suelen ir a orar en la iglesia. Pero ni siquiera oran, sino disfrutan que otro ore por ellos. Esa no es la idea: La oración personal es insustituible, es la base de la oración.

Filiación. Hay que tener identidad como hijos de Dios cuando oramos.

> *Ustedes deben orar así: Padre nuestro que estás en el cielo* (Mateo 6:9a).

Jesús no dice: Oraréis con estas palabras textuales, porque eso convertiría al Padrenuestro en una vana repetición. «Oren así», un adverbio de modo que significa: Con este sistema, bajo este método. Oren así: Padrenuestro que estás en los cielos. Acercarse al Padre íntimamente, no buscar a Dios como a un extraño, como a alguien que está muy lejos, indiferente, que no comprende tu necesidad. Jesús nos enseñó que Dios es un padre, un papá. Tú eres su hijo y debes hablar con él, de la misma manera como una criatura habla con su padre. Padrenuestro que estás en los cielos. Es más, en el arameo, que es una de las lenguas del Nuevo Testamento, la que se hablaba precisamente en Galilea, Jesús enseñó a orar diciendo: «Abba». Abba no significa padre;

quiere decir: «Papito». Tratar a Dios con confianza, con cariño, con intimidad. Así que puedes decirle: «Papito». Filiación es entender que estamos hablando con nuestro padre como hijos que podemos pedir con confianza lo que necesitamos de él.

Adoración. Confianza no significa falta de respeto.

Santificado sea tu nombre (Mateo 6:9b).

Algunos juzgan, y están errados en eso, que la adoración es una llave del poder. Por sí sola no es la adoración sino una arista de la llave de la oración. No confunda la arista, el diente, con la llave. Adoración es santificar el nombre del Señor, rendirnos a él por lo que es.

Sumisión. Parte delicada: Pocos se someten, todos quieren someter.

Venga tu reino, hágase tu voluntad en la tierra como en el cielo (v. 10).

Observa que dice: «Venga tu reino», y si dice venga es porque no está en la tierra, a despecho de quienes piensan que la iglesia es el reino de Dios. Este está en el cielo, lo que nosotros debemos pedirle al Señor es que esa perfección que hay en su presencia, se establezca en nuestra conducta, en nuestra vida personal, en nuestra familia, en nuestros negocios, en nuestras relaciones interpersonales.

Nuestro deber es establecer los principios del reino de Dios en la tierra. Dice: «Hágase tu voluntad»; no dice:

«Hágase mi voluntad». Por desgracia últimamente se le ha enseñado a la gente a sentar a Dios en un banquillo y darle órdenes orales para que satisfaga nuestros caprichos. Por favor, Dios habita en luz inaccesible, es el Soberano del universo. Se hace no lo que tú quieras, sino lo que quiera él.

Petición. La única parte que algunos quisieran cumplir, como lo advirtió hace unos años Larry Lea

Danos hoy nuestro pan cotidiano (v. 11).

Petición no es lo primero que debemos hacer al orar. Hay muchas personas que lo primero que hacen cuando se arrodillan o cuando están orando, no importa la posición, es pedir y pedir y pedir cosas. Pero hay un orden: Primero filiación, después adoración; luego sumisión. Ya cumplidos estos tres pasos, tendrás confianza para pedir. Jesús habla del pan que es lo básico, pero simboliza cualquier necesidad que tengamos; este es el momento de pasarle a Papá la lista del mercado.

Perdón. Casi nadie cumple de buena gana este requisito.

Perdónanos nuestras deudas, como también nosotros hemos perdonado a nuestros deudores (v. 12).

¿Se puede orar sin perdonar y sin pedir perdón? ¡En absoluto! Si no pides perdón, y si no perdonas, es inútil que ores. Inútil, repito. En tales condiciones la oración no pasará del techo de la habitación donde está haciendo su farsa religiosa. Y sería bueno comprender esta premisa: El que no perdona, no será perdonado.

Liberación. La verdadera guerra espiritual, sin extravagancias.

Y no nos dejes caer en tentación, sino líbranos del maligno (v. 13).

Hay principados, potestades, gobernadores de tinieblas y huestes de maldad todo el tiempo a nuestro alrededor, tratando de quitarnos la paz, o de causarnos algún daño. Cuando estamos orando debemos pedirle al Señor que nos proteja de esas fuerzas y tomar nosotros mismos autoridad para que los demonios no se nos acerquen.

La Casa De Oración

Ahora entraremos propiamente en materia. Leamos:

Jesús entró en el templo y echó de allí a todos los que compraban y vendían. Volcó las mesas de los que cambiaban dinero y los puesto de los que vendían palomas. Escrito está —les dijo—: Mi casa será llamada casa de oración; pero ustedes la están convirtiendo en cueva de ladrones. Se le acercaron en el templo ciegos y cojos, y los sanó. Pero cuando los jefes de los sacerdotes y los maestros de la ley vieron que hacía cosas maravillosas, y que los niños gritaban en el templo: ¡Hosanna al Hijo de David, se indignaron

—¿Oyes lo que esos están diciendo? —protestaron

—Claro que sí —respondió Jesús—; ¿no han leído nunca: *En los labios de los pequeños y de los niños de pecho has puesto la perfecta alabanza?* (Mateo 21:12-16).

Hay varias cosas que Jesús dice acerca de su templo:

Casa de limpieza. Cuando él llega a ese lugar y lo encuentra convertido en una cueva de ladrones, lo primero que hace es limpiarlo, echar afuera a los mercaderes. Hay muchos grupos religiosos de hoy que son cuevas de ladrones: Ladrones de la honra, ladrones de la libertad, ladrones de la pureza y ladrones también del dinero.

Casa de oración. Mi casa, casa de oración será llamada, establece el orden. Ya estando limpia, la locación vuelve a ser lo que debe ser siempre: Una casa de oración. ¿Cuál es la prioridad? El Señor no dice: «Esta es una casa de predicación, una casa de sanidad, o una casa de liberación». No. Esta es una casa de oración. La prioridad del templo es oración. Cuando ya tenemos la casa limpia, podemos orar. No se te ocurra orar sin limpiar la casa.

Casa de milagros. Un escenario para lo sobrenatural.

Se le acercaron en el templo ciegos y cojos, y los sanó (v. 14).

Hay personas que llegan a los templos con la idea de que las sanidades se producirán en forma automática. No es así. Primero debe haber limpieza y luego oración para poder producir los milagros. El orden de los factores sí altera el producto en este caso.

Casa de guerra espiritual. El templo como palestra de la batalla sobrenatural.

> *Pero cuando los jefes de los sacerdotes y los maestros de la ley vieron que hacía cosas maravillosas, y que los niños gritaban en el templo: ¡Hosanna al Hijo de David, se indignaron*
>
> *—¿Oyes lo que esos están diciendo? —protestaron —Claro que sí —respondió Jesús—; ¿no han leído nunca: En los labios de los pequeños y de los niños de pecho has puesto la perfecta alabanza? (vv. 15-16).*

Se desata la guerra espiritual porque los fariseos no están contentos con lo que sucede: Se dañó el negocio, hubo que sacar a todos los mercachifles del templo. Les desagradó la limpieza a estos sucios sacerdotes. Están furiosos porque ya no es una casa de lucro, una cueva de ladrones, sino una casa de oración. Se encolerizan porque el Señor está haciendo milagros en el templo. No les gusta la sanidad si se acaba el negocio. Están que trinan, como se dice, porque los muchachos alaban al Señor en el templo. Se desata la guerra espiritual contra los que se oponen a la obra de Dios.

Cuando entiendes esto: Casa de limpieza, casa de oración y casa de sanidad, es inevitable que las fuerzas de las tinieblas se desaten, porque viene la guerra espiritual. Los legalistas se oponen a la obra del Señor. No les importa la limpieza, la oración, ni la sanidad. Se molestan con la alegría desbordada de la juventud.

Casa de alabanza. Jesús les dice: «Nunca leíste ¿De la boca de los pequeños y de los niños de pecho has puesto la perfecta alabanza?» Allí tienes un templo en orden. La prioridad es la oración pero, por supuesto, hay que cumplir unos pasos: Casa de limpieza, casa de oración, casa de sanidad, casa de guerra espiritual y casa de alabanza. Lo que nos aclaró mejor que nadie el gran teólogo moderno Paúl Tillich es que en el Antiguo Testamento eran sagradas las cosas, y en el Nuevo Testamento son sagradas las personas.

Cuando Jesús dialoga con la mujer samaritana, esta declara sobre el lugar de la adoración: «Mis padres dicen que en este monte, y ustedes que en el templo de Jerusalén». Y Jesús le dijo: «Ni en este monte ni en Jerusalén. Dios es Espíritu y los que lo adoran lo tienen que adorar en espíritu y en verdad». Y, por eso, principalmente por San Pablo, que es el sistematizador de la doctrina cristiana, hemos entendido en nuestra mente y discernido en nuestro corazón, que la casa somos nosotros mismos, que cada uno de los creyentes es el templo del Espíritu Santo.

Examínate a ti mismo y piensa: ¿Soy cueva de ladrones o casa de oración? Si sucede lo primero, pídele al Señor que venga con su látigo misericordioso y saque a los mercaderes de tu corazón. Ese látigo se llama arrepentimiento. Pero cuando seas casa de limpieza, serás casa de oración; y, si eres casa de oración, será casa de sanidad; y si eres casa de sanidad, serás casa de guerra espiritual; y vivirás todo el tiempo como una casa ambulante de alabanza al nombre del Señor. Tú eres una casa de oración.

Oración En Acción

Esta es una historia que me gusta mucho:

Mientras iba de camino con sus discípulos, Jesús entró en una aldea, y una mujer llamada Marta lo recibió en su casa Tenía ella una hermana llamada María que, sentada a los pies del Señor, escuchaba lo que él decía Marta, por su parte, se sentía abrumada porque tenía mucho que hacer. Así que se acercó a él y le dijo:

—Señor, ¿no te importa que mi hermana me haya dejado sirviendo sola? ¡Dile que me ayude!

—Marta, Marta —le contestó Jesús—, estás inquieta y preocupada por muchas cosas, pero solo una es necesaria María ha escogido la mejor, y nadie se la quitará (Lucas 10:38-42).

Operativos y contemplativos. Como lo señaláramos anteriormente, estas mujeres, Marta y María, hermanas de Lázaro, nos muestran dos vertientes principales en el cristianismo: Los operativos y los contemplativos. Los primeros viven tan ocupados trabajando para el Señor, que no les queda tiempo para orar. Los últimos viven tan ocupados orando para el Señor, que no tienen tiempo para trabajar. Esencialmente las dos corrientes son válidas. Orar y obrar es más bien temperamental.

Cada uno de nosotros nace con una de las dos tendencias más pronunciada que la otra. A unos les gusta más obrar que orar; a otros les gusta más orar que obrar. El secreto es equilibrio y balance. No sirve la contemplación sin acción, aun cuando sea la mejor parte, como lo muestra María en este pasaje. El misticismo elimina el pragmatismo.

Quienes viven en las nubes y nunca aterrizan, no se percatan de que están aquí en la tierra y deben cumplir una tarea que Dios les ha dado en este planeta. Por eso, toda forma extrema de contemplación y de pietismo es contraria a la fe cristiana. El misticismo no se puede erradicar, pero podemos vivir todo el tiempo orando. El secreto está en que hay que orar y hay que obrar.

Por otra parte, tampoco sirve la simple acción sin oración. Se inutiliza la acción sin oración, como lo hace Marta en este pasaje al preocuparse demasiado por el microondas, el lavaplatos, el trapero, la escoba, el gas, las viandas y las menudencias. Charles Spurgeon, a quien ya mencioné, nos enseña asuntos muy sabios sobre la oración. Él puso las cosas en su sitio cuando dijo estas palabras memorables:

El que trabaja y no ora es un orgulloso.
El que ora y no trabaja es un hipócrita.

Obrar después de orar. El pueblo de Israel ha salido de Egipto, de las duras cadenas a que el Faraón lo tenía sometido, y ahora tiene la siguiente situación: Al frente, el Mar Rojo; detrás el ejército de Faraón ¿Qué hace Moisés? Con la frente metida en la arena ora largamente.

Pero el Señor le dijo a Moisés: ¿Por qué clamas a mí? ¡Ordena a los israelitas que se pongan en marcha! (Éxodo 14:15).

Dios dice: «Obren, pongan su fe en acción. Ya oraron lo suficiente». Y, claro, si se quedan ahí orando, vendrán por detrás los egipcios y los destrozarán. Moisés oró para recibir el poder que necesitaba para obrar. Se ora para poder actuar, la oración no es decorativa, ella nos entrega la facultad de obtener logros en nuestra vida práctica. He dicho muchas veces que la oración sin acción se parece a las dalias, flores muy grandes, llenas de color y vistosas, pero sin aroma.

Siguiendo esta comparación tendríamos que decir que la acción es el aroma de la oración. No se ora por orar, pues la oración se puede volver una especie de narcótico. Existen también los oradictos. Se ora para poder obrar.

Orando y dando. Esta es la historia de un hombre que no conocía la ordenanza del diezmo porque no era judío, sino un ciudadano romano, alto oficial del ejército del imperio, y que ejercía funciones en la ciudad de Cesarea.

Vivía en Cesarea un centurión llamado Cornelio, del regimiento conocido como el italiano Él y toda su familia eran

devotos y temerosos de Dios. Realizaba muchas obras de beneficencia para el pueblo de Israel y oraba a Dios constantemente
(Hechos 10:1-2).

Cornelio no solamente hace funcionar la llave de la
oración, sino que al mismo tiempo, abre la llave de la generosidad. Recordemos que las dos trabajan juntas. Cornelio oraba y daba. A este hombre se le aparece un ángel
con quien dialoga en estos términos:

—¿Qué quieres, Señor? —le preguntó Cornelio, mirándolo
fijamente y con mucho miedo.

—Dios ha recibido tus oraciones y tus obras de beneficencia
como una ofrenda —le contestó el ángel (v. 4).

No solo lo que oras, Cornelio, sino también lo que
das, ha subido delante de Dios, comenta el ángel. El
asunto es orando y dando, está claro en la Palabra de
Dios. Sabemos el resto de la historia. Pedro es enviado
por el Espíritu Santo a la casa de Cornelio, quien está
reunido con su familia y algunos amigos, un grupo casero
de oración. Pedro dice tomando la palabra:

Cornelio, Dios ha oído tu oración y se ha acordado de tus
obras de beneficencia (v. 31).

Oración y generosidad. Generosidad y oración. Orar
y dar. No hay que equivocarse con eso, porque las Sagradas Escrituras no contienen nada caprichoso. Como
un par de mancornas actúan la oración y la ofrenda.
Algunos piensan que el pacto con Dios es simplemente

pidiendo y recibiendo, pero es todo lo contrario; pidiendo y dando, y, como consecuencia, recibiendo y disfrutando. Manejar las dos llaves simultáneamente: Generosidad y oración, trae resultados maravillosos sobre nuestra vida. La cosa es pidiendo y dando; recibiendo y disfrutando.

EL PODER DE LA ORACIÓN

Es un error pensar que la eficacia de la oración consiste en lo larga que sea; algunos hasta colocan un cronómetro al frente cuando están orando para no hacerlo menos del tiempo señalado. Se vuelven esclavos del reloj y no pueden derramar su corazón con libertad delante de Dios. ¿Quién metió en el cristianismo la idea de que la oración debe tener una duración determinada? No se encuentra eso en ninguna parte de las Escrituras. Terminantemente la eficacia de la oración no depende de su extensión.

Pedro, caminando sobre las aguas, deja de mirar a Jesús y se hunde. En su angustia, ora concretamente: «Señor, sálvame». Bastaron dos palabras para que Jesús lo levantara de su mano. ¿Por qué? Por lo sincera e intensa que fue su oración. No estoy diciendo que hagan oraciones sintéticas todo el tiempo. La oración es algo a lo que uno se va acostumbrando; se comienza con disciplina y se termina en deleite a través de la oración.

Hace algunos años yo enseñaba: «Oración carta y oración telegrama». Eso ya se volvió obsoleto porque hoy nadie escribe cartas y menos telegramas. Sin embargo, la imagen sirve para ilustrar el punto: Cada día, en la mañana, envías una carta a tu Padre al cielo, minuciosa, bien detallada. Durante el día, cada vez que necesitas algo, pones un telegrama urgente y él te responde con la misma urgencia con que hiciste la petición.

Hoy en día podríamos decir, por las redes de Internet, que cada uno de nosotros posee un computador personal para comunicarse con el Padre. Si tenemos el correo electrónico o email en orden, por la mañana entramos a la red y enviamos un mensaje largo, minucioso y detallado basado en todas las partes que Jesús nos enseñó para la oración. Luego, durante el día, utilizamos el teléfono celular cada vez que necesitamos algo. El aparato está codificado, basta meter la tecla y el Señor contestará y enviará inmediatamente lo que nuestro SOS reclama.

Si no enviamos el correo del Internet por la mañana, es inútil marcar el celular durante el día. No habrá respuesta, la central estará apagada. No puedes pretender ser oído durante el día si no te presentas por la mañana ante tu Padre celestial. Si no te reportas por la mañana, no obtendrás respuesta durante el día.

Devocional. El rey David, especialista en oraciones hace la siguiente:

Por la mañana, Señor, escuchas mi clamor; por la mañana te presento mis ruegos, y quedo a la espera de tu respuesta (Salmos 5:3).

Hay que entender el método davídico de mañana me presentaré delante de Dios y le hablaré, luego, callaré para oír la voz de Dios, puesto que dice: Quedo a la espera de tu respuesta La oración no es un monólogo, no consiste en que Dios oye y tú hablas Orar es conversar, por lo tanto hay diálogo en la oración, hay dos partes involucradas Orar es hablar con Dios Escuchas mi clamor y quedo a la espera de tu respuesta. Hoy en día, muchos dicen lo contrario de lo que el pequeño Samuel diría en el santuario de Siló, al oír la voz de Dios. «Habla Señor, que tu siervo oye» Más bien sientan a Dios en una butaca y, le ordenan: «Oye, Señor, que tu siervo habla» Eso es incorrecto Tienes que oír a Dios. Él es el que da las instrucciones para todas tus necesidades.

¿En qué consiste el devocional? En que yo de mañana me presento delante del Señor, hablo y oigo. No hay pretexto para evadir el devocional Jesús siempre lo hacía según el método de sus antepasados.

Muy de madrugada, cuando todavía estaba oscuro, Jesús se levantó, salió de la casa y se fue a un lugar solitario, donde se puso a orar (Marcos 1 35)

A veces cuando hemos estado bajo mucho trajín, encontramos pretexto para no hacer el devocional. Veamos cómo había sido el trabajo de Jesús en las horas anteriores

Al atardecer, cuando ya se ponía el sol, la gente le llevó a Jesús todos los enfermos y endemoniados, de manera que la

población entera se estaba congregando a la puerta Jesús sanó a muchos que padecían de diversas enfermedades También expulsó a muchos demonios, pero no los dejaba hablar porque sabían quién era él (vv. 32-34).

Con toda la ciudad sobre él para buscar beneficios, ¿cuánto tiempo demoraría? Debió terminar a muy altas horas de la noche. Al día siguiente, siendo de madrugada, se fue a un lugar desierto para orar. No presentó disculpas: «Padre, sabes que trabajé para ti hasta muy avanzada la noche, estoy realmente cansado, haré el devocional más tarde».

Todo te saldrá bien durante el día, si haces tu devocional personal por la mañana. Después que lo hayas hecho puedes orar en familia, en pareja, en grupo, en la iglesia. Pero, definitivamente, primero tienes que entender que la oración es, esencialmente, una relación tuya con Dios. El rey David no dice: «De mañana nos presentaremos y oiremos», sino: «Me presentaré, oirás mi voz y esperaré», en primera persona. El individuo debe madrugar a orar.

Oraciones según la necesidad. Hay algo que jamás encontré en la Biblia y que tú tampoco encontrarás: Jesús o cualquier siervo de Dios, haciendo largas, tediosas y bostezadoras oraciones durante la jornada ordinaria de cada día. En cambio, podemos hallar en Jesús y en todos los siervos de Dios en general, oraciones muy cortas y efectivas.

Según una idea de Pat Robertson es como si estás en una finca y la energía eléctrica depende de una planta. Por la noche, cuando todos se van a la cama, apagas la planta y en ella queda toda la energía en reposo. Eso eres tú cuando estás durmiendo. Por la mañana, lo primero que hace el mayordomo es prender la planta. ¿A quién se le ocurre que las personas, al levantarse, empiecen a encender luces sin estar prendida la planta? Conozco muchos cristianos que se la pasan moviendo los interruptores para encender las luces y preguntan: ¿Por qué no funciona esto? Porque no han prendido la planta, majaderos. El devocional es la planta, las oraciones según la necesidad durante el día son los interruptores. Estos no funcionan si está apagada la planta. Si estoy cargado de poder desde por la mañana, al accionar mi planta eléctrica podré usar todos los interruptores, según los necesite, durante el día.

Uno de los hombres de Dios más impactantes que he conocido es el Dr. Bob Willhite, que dirige un ministerio sofisticado del cristianismo mundial. En la ciudad de Washington, Bob tenía la Embajada de Oración con representantes de distintos países, miembros del Congreso de los Estados Unidos, de la Suprema Corte, del Pentágono. Y Bob es, en toda la línea, un hombre de oración. Cuando estuvo en Colombia, hace ya varios años, lo llevé a casa de un cuñado mío que estaba enfermo y el médico decía que de cáncer.

Cuando todo el mundo esperaba que el Embajador de Oración utilizara un fluido de adjetivos, sustantivos y verbos, él tomó la Biblia, se acercó al enfermo y dijo «Señor, tu libro dice que este hombre es sano, yo lo creo, y así es, en el nombre de Jesús. Amén». Mi pariente fue sano en ese mismo momento Los exámenes posteriores salieron negativos Y la gente se preguntaba. ¿Por qué Bob puede hacer eso? Porque él prende la planta por la mañana y le funcionan los interruptores durante el día

Pondré rápidos ejemplos de las Escrituras que nos ilustran el tema· Para expulsar un demonio

> *¡Callate! —lo reprendió Jesús— ¡Sal de ese hombre! (Marcos 1 25)*

Jesús utiliza cuatro palabras para echar un demonio. Oración switche [interruptor].

> Un hombre que tenía lepra se le acercó, y de rodillas le suplicó

> *—Si quieres, puedes limpiarme*

> Movido a compasión, Jesús extendió la mano y tocó al hombre, diciéndole

> *—Sí quiero ¡Queda limpio! (vv. 40-41)*

Utiliza cuatro palabras para sanar un leproso Oración switche de Jesús

> *A ti te digo, levántate, toma tu camilla y vete a tu casa (Marcos 2 II)*

Para restaurar un paralítico, nueve palabras solamente.

«Extiende la mano» La extendió, y la mano le quedó resta-
blecida (Marcos 3:5b).

La mano que este hombre antes tenía seca, le fue res-
taurada con tres palabras. Para calmar una horrible tempestad en el mar:

« ¡Silencio! ¡Cálmate!» (Marcos 4:39b).

Dos Palabras.

Las oraciones de poder de Jesús son muy sintéticas,
concretas y específicas ¿por qué? Porque eran interruptores que el Señor accionaba durante el día después de
haber madrugado a encender la planta. Por la mañana
enviaba su correo de Internet y luego con el celular pro-
ducía efectos tan rápidos. Esto tiene antecedentes. Por
ejemplo: Está el profeta Elías en su famosa pelea con los
sacerdotes de Baal y Asera. Mira lo que hace:

A la hora del sacrificio vespertino, el profeta Elías dio un paso
adelante y oró así: Señor, Dios de Abraham, de Isaac y de
Israel, que todos sepan hoy que tú eres Dios en Israel, y que yo
soy tu siervo y he hecho todo esto en obediencia a tu palabra.
¡Respóndeme, Señor, respóndeme, para que esta gente reconoz-
ca que tú, Señor, eres Dios, y que estás convirtiendo a ti su co-
razón! (1 Reyes 18:36-37).

Veinte segundos de oración elevó el profeta Elías
¿Cuál fue el efecto?

En ese momento cayó el fuego del Señor y quemó el holocausto, la leña, las piedras y el suelo, y hasta lamió el agua de la zanja (v. 38).

El tremendo switche de Elías produjo un corto circuito arriba, en el cielo. Es evidente que Elías se levantaba todos los días a encender la planta. Hay también desarrollos de lo que Jesús nos ha enseñado. Por ejemplo en Hechos un paralítico está a la puerta del templo. Llega Pedro, con Juan y le dice:

«No tengo plata ni oro», declaró Pedro, «pero lo que tengo te doy En el nombre de Jesucristo de Nazaret, ¡levántate y anda!» (Hechos 3:6).

Quince segundos bastan para que el cojo se levantara de su camilla y empezará a danzar en el templo alabando el nombre del Dios eterno. Pedro y Juan prendían la planta por la mañana, se comunicaban por Internet y, por eso, les funcionaba maravillosamente el celular.

ORACIÓN POR LA NACIÓN

Aquí Salomón está consagrando el templo de Jerusalén al Dios del cielo. El Espíritu Santo ha hablado al rey y a la congregación, él sabe todo lo que sucederá a este pueblo tan singular. Observe lo que dice el Espíritu al rey y a su pueblo:

Si mi pueblo, que lleva mi nombre, se humilla y ora, y me busca y abandona su mala conducta, yo lo escucharé desde el cielo, perdonaré su pecado y restauraré su tierra (2 Crónicas 7:14).

La pregunta es: ¿Por qué no hay sanidad en nuestros países? Tiene que haber alguna buena razón para que esta tierra no haya sido sanada, debe haber algún motivo para que se encuentre en medio de tantas dificultades. En este pasaje, lo que nos muestra la Sagrada Escritura es que Dios pone cinco condiciones, para producir tres bendiciones.

Humillación. Si se humillare mi pueblo. Dice «mi pueblo», es para nosotros, es para la iglesia puesto que no dice: «Si se humillare el Presidente, si se humillaren los ministros, los parlamentarios, los industriales, los directores de los gremios económicos». Tampoco dice si se humillaren los guerrilleros, los paramilitares o el público en general. Expresamente dice: «Si se humillare mi pueblo». Es la iglesia la que tiene la obligación de humillarse. ¿Lo está haciendo? Al contrario, lo que se ve en el panorama del cristianismo es mucho orgullo denominacional, activismo y una desbordada competencia eclesiástica. ¿Será eso lo que el Señor quiere?

Invocación. Prestemos atención a estas instrucciones divinas.

Si mi pueblo, que lleva mi nombre

¿Cuál nombre? El nombre de Dios, el único nombre a través del cual podemos ser salvos. En los últimos tiempos hemos visto a muchos católicos invocando el nombre de la Virgen María en su advocación de Chiquinquirá, para salvar a determinado lugar. Aquí no dice: «Si se invocare el nombre de mi madre humana, ni el nombre de Judas Tadeo, o Antonio de Padua; ni el nombre de los ángeles». Aquí dice: «Si se invocare mi nombre».

Ahora bien, ¿Estamos invocando correctamente el nombre del Señor? Se percibe que hay grupos completos en los que se invoca más el nombre del pastor o el del evangelista que el nombre sagrado del Señor.

Oración. Esta es la columna vertebral de la advertencia de Dios a través del rey Salomón: Y oran, dice, pero ¿oran? Yo veo que se montan grandes espectáculos públicos, desfiles y vigilias, y cosas de esas. ¿Será suficiente? ¿La oración congregacional servirá de algo? Sirve, y sirve mucho, si cada uno de los que se congregan encienden la planta por la mañana y envían su correo de Internet de madrugada. Si no es así, por mucho que se reúnan, el bla, bla, bla religioso que hagan no sirve absolutamente para nada. Eso los convierte en una montonera informe que solo quiere impresionar al mundo con espectáculos religiosos.

Devoción. No es lo que piensan las iglesias: caras largas y aburridas.

Y me buscan

¿Buscar el rostro del Señor? ¿O por el contrario, el del enloquecido predicador que llega a decirnos a qué hora, de qué día exactamente será el arrebatamiento de la iglesia? Se vive una crisis idolátrica por los siervos de Dios dentro del cristianismo latinoamericano. Camino peligroso, pues el rostro que hay que buscar es el de Dios. Eso se llama devoción.

Conversión. Convertirse es volverse a algo o a alguien.

Y abandona su mala conducta.

No leo «si abandona su mala conducta la nación, ni los gobernantes, ni los líderes de los gremios económicos, ni los caudillos políticos»; leo claramente: Si abandona mi pueblo su mala conducta. Es el pueblo de Dios el que anda torcido: Torcido hacia los negocios, o con la política, o respecto a la escatología, torcidos de la verdad.

Si las condiciones se cumplen, producen tres bendiciones que estamos esperando ansiosamente para nuestros países.

BENDICIONES

Primero: El Señor escuchará, ¿por qué Dios no oye? Porque no se están cumpliendo las condiciones. Segundo: Perdonaré sus pecados. El Señor perdonará. Tercero: Y restaurará su tierra. El Señor restaurará tu nación.

¿Por qué no hay sanidad? ¿Por qué el Señor no perdona? ¿Por qué el Señor no oye? Porque no se cumplen las cinco condiciones. El Señor ha dicho que nos protegerá, pero ¿qué ganamos con ser protegidos nosotros solamente, si todo lo demás se descompone? Entendamos: Somos nosotros exactamente los que tenemos que cumplir con estas condiciones: Humillación, invocación, oración, devoción y conversión.

EL RETO DE DIOS

Una obra que no debe faltar en la biblioteca del ministro de hoy

En El Reto de Dios, el libro más vendido del año, el Dr Darío Silva-Silva expone con autoridad y claridad las claves para una iglesia integral. La experiencia que Dios le ha dado a este siervo de Dios pastoreando la Casa sobre la Roca, en Bogotá, Colombia, se plasma en esta obra que no debe faltar en la biblioteca del ministro actual.

El Dr. Darío Silva-Silva ejerció el periodismo político en su país, Colombia, cerca de treinta años en medios escritos, radiales y televisivos, llegando a ser presentador y empresario de un telenoticiero de vasta audiencia. Hoy es ministro del evangelio con reconocimiento de la Sucesión Apostólica Histórica en rango episcopal y graduado en varias instituciones reconocidas

CLAVES PARA UNA
IGLESIA INTEGRAL

EL RETO
DE DIOS

DARÍO SILVA-SILVA

Vida®

EL CASO DE CRISTO

Esta atrayente e impactante obra narra una búsqueda sin reservas de la verdad acerca de una de las figuras más apasionantes de la historia.

El veredicto... lo determinará el lector.

EL CASO DE LA FE

Escrito por el autor del éxito de librería *El Caso de Cristo*. La investigación de un periodista acerca de las objeciones más difíciles contra el cristianismo.

El Caso de la Fe es para quienes se sienten atraídos a Jesús, pero que se enfrentan a enormes barreras intelectuales que les impiden el paso a la fe. A los cristianos, este libro les permitirá profundizar sus convicciones y les renovará la seguridad al discutir el cristianismo aun con sus amigos más escépticos.

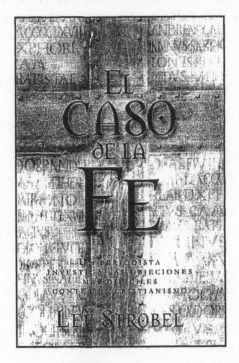

Nos agradaría recibir noticias suyas.
Por favor, envíe sus comentarios sobre este libro
a la dirección que aparece a continuación.
Muchas gracias.

Editorial Vida
Vida@zondervan.com
www.editorialvida.com